网络传播概论

袁 媛 编 著

北京理工大学出版社

BEIJING INSTITUTE OF TECHNOLOGY PRESS

内 容 简 介

本教材将网络传播理论与应用深度融合。首先，以中外互联网发展历程为基础，详细介绍了互联网的主要应用形式，重点阐述了社会化媒体理论和应用。其次，深入分析了网络传播的基本要素以及传播学理论在互联网环境下的嬗变，聚焦网络舆情、网络隐私权、媒介融合等问题。最后，提供数据新闻等实践指导。

本教材内容丰富，脉络清晰，表述流畅。理论深度适中，案例搭配适当。每章均包括学习目标、理论知识、相关案例、课后思考、课程思政五个部分。

本教材是作者多年传播学专业理论研究成果与教学成果的总结，可供应用型高等院校传播学、广告学等相关专业本科生使用，也可作为新闻传播领域从业人员的培训与自学用书。

图书在版编目（CIP）数据

网络传播概论／袁媛编著. --北京：北京理工大学出版社，2023.3

ISBN 978-7-5763-2204-0

Ⅰ. ①网… Ⅱ. ①袁… Ⅲ. ①网络传播-高等学校-教材 Ⅳ. ①G206.2

中国国家版本馆 CIP 数据核字（2023）第 047199 号

出版发行／北京理工大学出版社有限责任公司

社　　　址／北京市海淀区中关村南大街5号

邮　　　编／100081

电　　　话／（010）68914775（总编室）
　　　　　　（010）82562903（教材售后服务热线）
　　　　　　（010）68944723（其他图书服务热线）

网　　　址／http://www.bitpress.com.cn

经　　　销／全国各地新华书店

印　　　刷／三河市天利华印刷装订有限公司

开　　　本／787毫米×1092毫米　1/16

印　　　张／15　　　　　　　　　　　　　　　　责任编辑／王晓莉

字　　　数／350千字　　　　　　　　　　　　　　文案编辑／王晓莉

版　　　次／2023年3月第1版　2023年3月第1次印刷　责任校对／刘亚男

定　　　价／85.00元　　　　　　　　　　　　　　责任印制／李志强

前言

互联网自诞生之日起，就给整个人类社会的生活图景带来了深刻的变化。习近平主席指出，当今时代，数字技术作为世界科技革命和产业变革的先导力量，日益融入经济社会发展各领域全过程，深刻改变着生产方式、生活方式和社会治理方式。数字技术对媒体行业的深度再造既是机遇也是挑战，要想抓住机遇、迎接挑战，未来的媒体人不仅需要具备深厚的理论素养，更需要掌握纯熟的实践技能。通过理论的涵养与实践的指导，不断提高全媒体传播体系中新闻宣传和舆论引导工作的质量水平，不断增强眼力、脑力、笔力，才能够创作出更多有思想、有温度、有品质的新闻产品，为讲好中国故事、传播好中国声音，展现可信、可爱、可敬的中国形象作出积极贡献。

《网络传播概论》将网络传播理论与应用内容深度融合，第一章从中外互联网的发展历程开始，带领读者深度认识与理解互联网对传媒业的影响；第二章通过对网站传播、即时通信传播、搜索引擎传播、移动短视频传播、维基传播、网络直播等互联网主要应用形式的解读，帮助读者了解当前网络媒体的发展成果及动态；第三章以微博、微信为例分析了社会化媒体的主要理论和应用；第四、五两章深度解析了网络传播环境中传播者、传播内容及用户三大要素的变革与发展；第六章重点分析了传播学理论在互联网环境下的嬗变；第七章聚焦网络舆情的相关理论与智能媒体环境下的网络舆情监测与引导；第八章以网络隐私权为核心，介绍了网络传播领域的伦理与法规；第九章重点论述了网络传播视域下媒介融合研究的进展与主要应用；第十章聚焦网络传播实践，指导读者进行数据新闻的制作，微信公众号内容的写作与版式设计。

《网络传播概论》打破了传统的理论与实务完全分开的编写思路，在结构安排上，结合传播学原理与当下业界实践，从网络传播的历史、特点、主要形式、网络传播主体、网络传播管理、网络传播影响等角度出发，对网络传播中的新理论、新现象、新手段等进行了介绍与分析，能够使网络传播理论与应用融合得更加紧密，亦能使读者的认知更加深入。

作为一门交叉学科，传播学是在政治学、社会心理学等多个学科基础上慢慢形成的。作为传播学中内容涵盖范围最大、交叉性最强的网络传播学，目前学界还没有形成一个完整且严密的体系，再加上网络传播实践发展迅速、日新月异，越来越多的研究内容与其他学科出现交叉，因此，本书的研究框架也难免有所局限。同时，受作者自身的学术水平及研究视野等限制，书中内容难免存在疏漏甚至谬误，在此恳请各位读者批评指正。

袁　媛

目录

互联网与传媒业

学习目标

1. 国际互联网发展的三个里程碑
2. 中国互联网的发展历程与现状
3. 网络传播媒介属性的主要表现

第一节　互联网的出现与发展

一、互联网的定义

互联网即数据通信网，指利用计算机信息技术将两台或两台以上的计算机终端、客户端、服务端互联起来并通过网络软件实现网络资源共享和信息交换。目前世界上最大的国际性互联网络就是互联网（Internet）。从 20 世纪 60 年代至今，互联网不断进化。

二、国际互联网的发展历程

第一阶段：包交换技术理论（Packet Switching Theory）的提出。

包交换技术的提出是国际互联网发展历程中的第一个里程碑。包交换技术原理是将需要传输的数据分成若干个数据包，然后通过计算机网络进行储存和转发，从而提高传输线路的带宽利用率，减少通信响应时间。这一思想最早由麻省理工学院的伦纳德·克兰罗克（Leonard Kleinrock）于 1961 年提出，后来麻省理工学院教授利克莱德（J. C. R. Licklider）和克拉克（W. Clark）对这一思想进行了完善。

1969 年，阿帕网（ARPAnet）诞生，它是互联网的前身，由美国国防部资助，国防部高级研究计划署（Defence Advanced Research Projects Agency，DARPA）直接领导并管理。建立阿帕网的目的是将原本集中的军事指挥中枢变成分散指挥系统，从而确保整个计算机网络即军事指挥系统的安全性。

第二阶段：通信传输协议（TCP/IP 协议）的制定。

国际互联网发展历程中的第二个里程碑是通信传输协议（TCP/IP 协议）的制定。制定通信传输协议（TCP/IP 协议）的目的是实现不同类型网络之间的信息传输。通信传输协议（TCP/IP 协议）最早是由加利福尼亚大学的文顿·瑟夫（Vinton Cerf）和 DARPA 的研究人员卡恩（Kahn）提出的，这一同时具备开放性和兼容性的技术标准，促进了全球互联网的正式诞生。因此，瑟夫和卡恩两人被称为"互联网之父"。

1990 年，阿帕网被 NSFnet 取代，NSFnet 使互联网面向全社会开放，从此互联网不再是少数计算机研究人员和政府机构的专利。

第三阶段：万维网（World Wide Web，WWW）的诞生。

万维网的诞生是国际互联网发展历程中的第三个里程碑。1991 年，欧洲粒子物理研究所（European Organization for Nuclear Research，CERN）的蒂姆·博纳斯·李（Tim Berners Lee）开发出了第一个网页浏览器 World Wide Web，通过它可以很方便地从大量无序排列的文件中找到自己所需的文件，极大地降低了互联网的使用难度，使互联网应用真正进入了大众时代。

三、国内互联网的发展历程

第一阶段：利用国外网络。

我国早期的网络应用只限于电子邮件服务。1987 年 9 月 20 日，中国的第一封电子邮件由中国学术网发出，邮件主题为 "Across the Great Wall，we can reach every corner in the world"（越过长城，走向世界），从这封电子邮件开始，中国人迈进了互联网的世界。

1990 年 11 月，我国注册了顶级域名 CN，同时开通了使用中国顶级域名的国际电子邮件服务。但是当时我国尚未正式接入互联网，因此只能委托德国卡尔斯鲁厄大学运行 CN 域名服务器。

1994 年 4 月 20 日，中关村地区教育与科研示范网络通过美国的 Sprint 公司接入互联网，中国从此成为真正拥有互联网的国家。

1994 年 5 月 21 日，在钱天白教授和德国卡尔斯鲁厄大学的帮助下，中国科学院计算机网络信息中心建成了中国国家顶级域名（CN）服务器，结束了中国顶级域名一直委托国外机构运行的历史。

第二阶段：国内自主建网。

1992 年，中国第一个使用 TCP/IP 协议的校园网——清华大学校园网建成。1994 年，国内第一个 Web 服务器诞生在中国科学院高能物理研究所，该研究所还同时建成了中国的第一套网页，内容主要是介绍中国的高科技发展等。1994 年，国家智能计算机研究开发中心开通了中国第一个 BBS 站——曙光 BBS 站。

第三阶段：多领域广泛应用。

国内局部网络建设完成后，国家再次给予互联网发展强大的经济与技术支持，互联网发展开始扩散至教育、科技、经济等诸多领域，其中具有代表性的建设成果是四大网络工程：中国教育和科研计算机网、中国科学技术网、中国公用计算机互联网和中国金桥信息网。

第四阶段：高速发展。

21 世纪后，中国互联网进入高速发展阶段。

2006 年 1 月，中华人民共和国中央人民政府门户网站正式开通。

2007 年 9 月，国家电子政务网络中央级传输骨干网正式开通，这标志着统一的国家电子政务网络框架基本形成。

2008 年 3 月，第十一届全国人民代表大会第一次会议批准设立了工业和信息化部（简称工信部），并将其作为我国互联网行业的主管部门。

2010 年 1 月，国务院常务会议决定加快推进电信网、广播电视网和互联网三网融合。后又在三网融合基础上加入电网，称为四网融合。

2014 年 9 月，阿里巴巴、百度、腾讯和京东进入全球互联网公司十强，中国成为名副其实的互联网大国。

2015 年 3 月，第十二届全国人民代表大会第三次会议上，首次提出了"互联网+"计划。

2016 年 1 月，中国 5G 技术研发试验正式启动。

根据中国互联网络信息中心（China Internet Network Information Center，CNNIC）发布的第 49 次《中国互联网络发展状况统计报告》数据显示，截至 2021 年 12 月，我国网民规模达 10.32 亿，互联网普及率达 73.0%。网络基础设施全面建成，工业互联网取得积极进展，累计建成并开通 5G 基站数达 142.5 万个。网民规模稳步增长，城乡上网差距继续缩小，我国农村网民规模达 2.84 亿，农村地区互联网普及率为 57.6%。老年群体加速融入网络社会，我国 60 岁及以上老年网民规模达 1.19 亿，互联网普及率达 43.2%。

第二节　互联网的传播媒介属性

中国互联网络信息中心发布的《第 49 次中国互联网络发展状况统计报告》数据显示，截至 2021 年 12 月，中国网民使用网络新闻的用户规模达到 77 109 万，占网民整体使用率的 74.7%，增长率为 3.8%。在纸质媒体、广播、电视之后，网络俨然已经成为受众获取新闻的主要渠道之一，因此，互联网具备传播媒介属性这一观点是毋庸置疑的。与传统媒介相比，网络的传播媒介属性主要表现为以下几点。

一、传播过程的开放性

传统媒体时代，传播者主要是专业媒体机构。互联网的出现打破了传统媒体的垄断格局，每个网民都能够成为网络中的传播者，普通网民可以通过网络随时随地将其获知的信息分享出去。网络传播主体多元化，传播格局复杂化，这些都带来了传播过程的开放化。网络媒体没有传统媒体的"截稿时间"，也不受出版周期和播出时段等的限制，其信息发布处于全天候开放的状态，能够对重大事件、突发事件等进行全程跟踪报道，及时将事件发展的最新动态发布出去。

相关案例

辽宁朝阳地震新闻报道

2016 年 5 月 22 日 17 时 8 分，辽宁省朝阳市在一分钟内发生两次地震，最高为 4.6 级。2016 年 5 月 22 日 17 时 11 分，地震发生后仅 3 分钟腾讯新闻就及时发布了报道，且报道内容详细，数据也比较全面。2016 年 5 月 22 日 17 时 13 分，新浪新闻等也发布了相关报道，一系列报道很快就引起了网民的关注与评论。

传播过程的开放性不仅能够加速新闻的发布，提高新闻的及时性，还可能导致新闻在传播过程中的变形，这是传播过程开放性的消极影响。网络环境中传播的新闻会遭遇各个信息传播主体的增减删改，新闻主题和内容都有可能产生变形，甚至完全反转。网民可以通过微博、微信等多种途径对感兴趣的新闻进行转发，转发的过程中可以很方便地对新闻内容进行再编辑，网民的这种再编辑行为很容易导致信息的变形。同时，由于网络信息传播路径复杂，很难对传播过程中的新闻信息变形问题进行责任认定。

二、受众之间的连通性

受众之间的连通性是网络传播过程开放性的基础。从理论上讲，互联网中的每一个节点都是可以相互连通的，也就是说处于网络中的每个终端都是连通的，这个终端可以是电脑、手机等各种智能设备。除此之外，超链接技术的出现，又将网络中的各类信息连通起来。以百度百科为例，大多数词条的解释中往往会加入相关超链接，在帮助用户、加深理解的同时也促进信息传播，用户只需要点击一下，就能够获得带有超链接的词语的详细信息。网络中除了终端之间、信息之间的连通，还有传播者与受众之间以及受众与受众之间的连通，这些是网络更高层面的连通性的表现。其中，受众与受众之间的连通具有重大的研究价值和实践意义。相比于现实社会，网络社会中受众之间的连接更加复杂，即使是千里之外从未谋面的受众也可能产生直接而紧密的联系并相互影响。网络中的受众并不是孤立地发布或获取信息，他们获取的信息、秉持的态度和意见等都会受到网络中其他受众的影响。

 相关案例

2022 年 7 月 23 日新浪网转发了一条来自"潇湘晨报"微信公众号的文章《长沙岳麓山被游客踩矮了？官方回应》，该新闻下方有多名网友对这一现象进行了分析评论，这些评论被即时公布出来，后来的网友进行评论时可能会以前面网友的评论为参照，或者通过回复的形式对前面网友的观点表示支持或反对。这就是网络连通性的表现。

三、传播手段的多媒体融合性

网络平台能够呈现文字、图片、音频、视频、动画等多种媒体形式，因此，网络传播手段具有很强的多媒体融合性。近年，融合新闻报道成为重要的网络新闻报道形式，经常被用在一些重大事件、突发事件的报道当中，其多媒体形式极大地丰富了新闻内容，提升了用户体验。

相关案例

　　2022 年由新华网制作的以微纪录片为主体的融合新闻《行律千年——二十四节气》通过影视明星的宣讲等形式带领受众深度了解作为联合国人类非物质文化遗产、"中国第五大发明"的二十四节气。该作品以文字、图片、视频等多种媒体形式介绍了二十四节气的相关知识。以"雨水"为例，作品最上方为中文、英文两个版本的视频介绍。视频介绍下方的主要内容包括节气内涵、节气物候、节气文化、节气色彩、诗意节气、节气农谚等部分，通过图文配合的方式生动体现了与"雨水"节气相关的信息。融合新闻《行律千年——二十四节气》截图如图 1-1 所示。

图 1-1　融合新闻《行律千年——二十四节气》截图

（案例来源：新华网，https://liveun.news.cn/2022/solar_terms/rain-water.html）

四、传播效果的复杂性

网络空间中包含人际传播、群体传播、组织传播、大众传播等多种传播形式，因此，传播效果更加难以预测和控制。网络既是私人话语空间，网民可以通过电子邮件、微信等即时通信工具进行私人表达和交流，也是公共话语空间，网民能够通过网络论坛、微博等进行公共意见的表达和交流。值得注意的是，很多网络应用兼具私人话语空间与公共话语空间两种属性，如微信朋友圈、微博等。用户在微博等应用中发布的信息可能被淹没在信息海洋之中，仅仅是一种私人的表达和倾诉，也可能因为信息中的某些因素被广泛传播并形成讨论，从私人的表达和倾诉变成一种集体的声音、公共的话语。

 相关案例

> #### 青岛大虾事件
>
> 2015年10月5日，一个普通网友的微博引起了媒体和受众的广泛关注。微博内容讲述了该网友于青岛旅游期间，在一家名为"善德活海鲜烧烤家常菜"的饭店消费，结账的时候发现其中一盘海虾按"只"收费，每只售价高达38元，整盘大虾价格总计1 500多元。这条微博很快引起了媒体的注意，从@头条新闻的转发开始，转发和评论量短时间内就突破了5万次。央视新闻客户端、新华网、人民网、《新京报》以及澎湃新闻等也纷纷加入了报道阵营。"青岛天价虾"事件迅速从一个普通网民的微博话语转变为国庆长假后广大网友的热议话题，甚至还有很多网友以"P图""段子"等方式对地方旅游宰客现象进行调侃，以表达不满情绪。根据相关数据统计，截至2015年10月8日8时，互联网中关于"青岛大虾事件"的论坛帖文有1 221篇，博客文章共482篇，还有574 920条新浪微博评议。媒体发布的与青岛大虾相关的新闻报道共有4 162篇，其中各类报刊报道223篇。该事件经过媒体充分调查与曝光后，事实逐渐清晰。同时，青岛市物价局也根据相关法律法规对该商家予以立案处理，并对该商家做出了停业整顿、吊销营业执照、罚款9万元等行政处罚。从这一事件中我们能够看到，作为私人话语表达空间的微博兼具公共话语空间的性质，能够将个人的声音汇聚起来，从而产生强大的力量。

我们需要充分注意到网络兼具私人话语空间与公共话语空间的特质，为自己在网络中发表的言论和做出的行为负责，对这些言论和行为有可能产生的后果进行充分的判断和评估。虽然网络作为公共话语空间，能够将零散的、弱小的声音汇聚成集中的、强大的力量，但是汇集在一起的声音未必一定是理性的声音，强大的力量也不一定就是建设性力量，这种汇聚可能产生积极的影响，也可能产生消极后果，甚至造成他人死亡。

 相关案例

> #### "人肉"搜索致死案
>
> 2013年12月2日，汕尾陆丰市"格仔店"服装店的店主蔡某怀疑顾客徐某在她的店里试衣服的时候偷了一件衣服，于是将顾客徐某的视频截图上传到了新浪微博，并配上了"穿花花绿绿衣服的是小偷，求'人肉'，经常带只博美小狗逛街，麻烦帮忙转

发"等字幕信息，该信息发布仅一个多小时，顾客徐某的个人信息就全部被"人肉"出来，包括真实姓名、就读学校、家庭住址和个人照片等。服装店主将"人肉"出来的信息再次通过微博发布出去，一时间，网络中充斥着对顾客徐某的各种指责、侮辱和谩骂等，包括徐某的同校同学等也开始对其议论纷纷。微博发布的两天后，12月4日，徐某因不堪受辱等巨大压力跳水自杀身亡。案发后，蔡某的父母与徐某父母达成和解协议，蔡某父母一次性赔偿徐某父母人民币12万元，徐某父母出具谅解书，请求司法机关对蔡某从轻处罚。陆丰市人民法院以侮辱罪判处被告人蔡某有期徒刑一年。一审宣判后，被告人蔡某不服，向汕尾市中级人民法院提起上诉。汕尾市中级人民法院经审理认为，上诉人蔡某无视国家法律，因怀疑被害人徐某在其经营的服装店试衣服时偷衣服，遂在该店的视频截图配上"穿花花衣服的是小偷"等字幕后，上传到其新浪微博上，公然对他人进行侮辱，致徐某因不堪受辱跳水自杀身亡，情节严重，其行为构成侮辱罪，依法应当惩处。上诉人利用网络侮辱他人，造成的影响大、范围广，并造成了被害人死亡的严重后果，属于严重危害社会秩序，陆丰市人民检察院提起公诉并无不当。因此裁定驳回上诉，维持原判。

课后思考

1. 如何正确认识我国互联网的发展现状？
2. 网络受众之间的连通性有哪些现实意义？
3. 如何理解网络传播效果的复杂性？

>>>>>>【春风化雨 润物无声】

今天，我们身处"人人都有麦克风"的网络时代，享受更多元的表达、聆听更丰富的声音，但同时也出现了无序的情绪宣泄和肆意的网络暴力。看到体育赛场偶发的失误，有人飞短流长、强带节奏；面对社会热点事件的争议，有人言论过激、跟风起哄。更不用说，人肉搜索、辱骂攻击等网络暴力行为……一场场"言语风暴"的背后，是个别人"键对键"时挑拨是非、施放"冷箭"的结果。长此以往，不仅毒化网络风气、污染精神家园，而且极易给当事人带来精神压力和心灵创伤，甚至导致不可挽回的悲剧……广大网民是网络空间治理的主人翁和主力军，在尊德守法、文明互动、理性表达中既要把控自己的"言论边界"，又要保护自己的"权利边界"，不断涵养适应互联网发展的网络道德、网络伦理、网络素养。可以说，只有人人有责、人人尽责，才能壮大网络正能量版图。

2022年4月26日人民网评《治理网络暴力，人人有责人人尽责》节选

第二章 互联网的主要应用形式

✒ 学习目标

1. 网站传播的特点和国内网站的发展历程
2. 即时通信工具传播的功能、特点和社会影响
3. 即时通信工具中社会动员的特点
4. 搜索引擎传播的特点
5. 网络暴力产生的原因
6. 移动短视频的特点、社会影响
7. 移动短视频用户的使用与满足
8. 移动短视频的内容选择和盈利模式
9. 维基传播的特点和社会意义
10. 维基用户的使用与满足
11. 网络直播受众的使用与满足

第一节　网站传播

在 20 世纪 80 年代，网站传播开始出现。1987 年，世界范围内诞生了第一家网络报纸，由美国的《圣何塞信使报》（*San Jose Mercury News*）创办，这家网络报纸的诞生开启了网络媒体的新纪元。中国范围内出现的第一家中文电子杂志是由中国教育报刊社主办的《神州学人》。1995 年 1 月 12 日，《神州学人》网站开通，作为中国首家网络新闻媒体面向留学人员提供综合性资讯。同年，由中国国际贸易促进委员会主管的《中国贸易报》正式上网，成为中国第一家通过网络渠道发行的日报。1997 年，《人民日报》网络版创刊，从此开启了国内媒体大规模兴办网站的序幕。《神州学人》网站首页（2022 年 7 月 29 日）如图 2-1 所示，《中国贸易报》网络版（2019 年 4 月 23 日）如图 2-2 所示。

图 2-1　《神州学人》网站首页（2022 年 7 月 29 日）

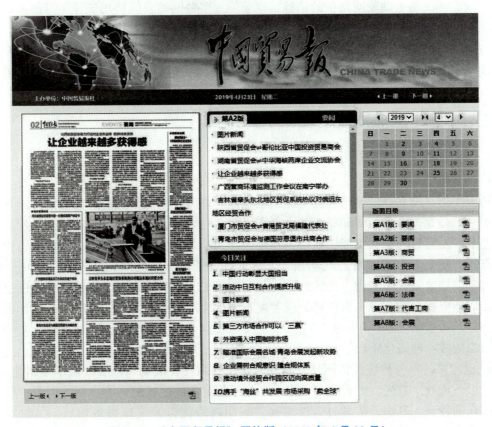

图 2-2　《中国贸易报》网络版（2019 年 4 月 23 日）

一、网站传播的特点

1. 技术要求高，维护难度大

相比于通过微博、微信等平台传播来说，网站传播的技术门槛较高。建立网站需要专业的技术基础，另外，网站的更新与维护也需要复杂的技术支撑，这样才能保证网站内容的及时性和丰富性。因此，对普通网民来说，将一个网站长期、良好地运营起来是比较困难的。

2. 控制权集中，把关难度小

网站传播的主体比较广泛，可以是媒体单位、政府、机构、组织、企业或者个人。无论是哪种主体，通过网站这种传播形式进行传播，都具有较高的控制权。受众在浏览网页的过程中，无法改变网站发布的内容和位置，即使能够对网站的内容进行评论，网站的经营者也可以对受众的评论进行删除等操作。因此，网站传播是一种与传统媒体传播类似的点对面式的传播，把关难度较小。

3. 受众不确定性强，互动性差

与微博、微信等传播形式相比，网站传播受众的不确定性更强。微博、微信等社交媒体能够通过受众的登录行为抓取受众的相关信息与人际网络。网站传播过程中，受众不需要登录就能够流畅地浏览网站中的信息，这使得大多数网站只能利用统计工具简单统计网站的流量，很难观察到网站受众的具体特征。

与传统媒体相比，网站传播具有一定的互动性。但是和社交媒体等相比，网站传播的互动性较差，受众只能采取在开通互动功能的新闻下方留言或者给网站管理者发送电子邮件等方式进行互动。这些互动方式的即时性差，互动效果不佳。

二、中国专业新闻网站的发展历程

1. 传统媒体网站的发展

第一阶段：翻版阶段。

传统媒体早期兴办的网站，无论是纸质媒体还是广播电视，都没有充分发挥网络传播的优势。纸质媒体大多数将印刷版的内容直接搬到网络上，网站中的内容与出版物的内容并无差别。虽然这种做法也能够在一定程度上起到扩大受众范围、提高媒体影响力和知名度等作用。但是忽略了网络的互动性、大容量等特征，导致网站传播发挥的作用十分有限。对于广播电视媒体来说，网站的作用基本类似于广播电视报，大多数网站仅仅通过网站介绍广播电视台的部分知名栏目，或者发布节目预告，网站内容十分有限，设计也比较单调，缺乏吸引力。

第二阶段：网络化阶段。

20世纪末，部分传统媒体网站开始逐渐认识到网站传播的特点，开始了网络化进程，取得了以下成效。首先，内容更加丰富，增加了传统媒体之外的内容，新增内容主要针对网络受众的特点。其次，信息时效性更强，利用网络优势开设新服务项目，及时发布信息，同时为新闻中的关键词及相关背景建立超链接，方便受众查阅相关信息，促进信息的多层级传播。最后，互动性更强，部分网站开设了网络论坛，通过网络论坛的方式和网站受众互动，弥补网站传播互动性差的不足。

第三阶段：独立、综合发展阶段。

21世纪初，传统媒体网站开始走上独立、综合发展的道路。一方面，在运营上，传统媒体网站开始单独招聘，以相对独立的方式进行运作与经营。另一方面，传统媒体网站在思维方式与制作方式等方面，逐渐开始向新媒体积极转变，不断利用文字、图片、动画、音频、视频等多媒体形式对新闻进行综合报道。这一时期，传统媒体网站的信息综合性更强，同时开始探索新的盈利模式，积极发展网络社区、娱乐等业务。

但是，网站的独立、综合发展需要强大的资金和技术支持，部分综合实力弱的传统媒体慢慢开始意识到兴办网站未必是一条经济可行的道路。事实上，也并不是所有的媒体都需要建立独立的网站，于是，部分网站开始了联合发展的进程。

第四阶段：联合发展阶段。

为了避免传统媒体网站重复建设的浪费以及多家媒体网站之间的恶性竞争，给传统媒体网站创造更大的发展空间和视野，2000年11月，《互联网站从事登载新闻业务管理暂行规定》出台，从政策上限定了传统媒体网站的发展方向，提出了具有中国特色的媒体网站联合发展模式。在这一政策的驱动下，多家传统媒体开始整合，集中人力、物力、财力打造大型综合性网站。其中具有代表性的网站包括四川新闻网、千龙网和东方网等。

 相关案例

四川新闻网

四川新闻网是由中共四川省委宣传部主管主办的全国首批省级重点新闻单位之一，于1999年1月正式开通。它整合了四川省内9家综合类报纸、42家专业类报纸、16家杂志、21家广播电台和广播电视台。目前四川新闻网已经发展成四川省最具影响力的综合性门户网站和重点新闻门户网站。作为省级主流媒体，四川新闻网每日更新时事新闻资讯4 000多条，年刊发专题超过400个，网民来自全球近200个国家和地区，成为世界了解四川的重要窗口，也是中央及地方新闻门户网站和各大商业门户网站在西部地区最核心的新闻源之一。

网站目前主打九大功能：第一，实时新闻报道，有效舆论引导。四川新闻网围绕四川省委省政府中心工作开展创新宣传，守好舆论阵地，新闻舆论传播力、引导力、影响力和公信力优势明显，牢牢捍卫四川网络舆论话语权。网站实现24小时全天候值守，第一时间发布新闻，提供最全面的信息服务。第二，精品专题打造，品牌栏目创建。负责进行重大社会实践与公益活动的特别策划报道，组建核心思想宣传及重大会议资料库，制作权威专业领域的电子书，承担民意调查问卷设计制作，为大型宣传报道和活动定制严谨而富有特色的专题网页；同时根据产品定位差异创建出丰富多样的品牌栏目。第三，互联网和手机视频。四川新闻网官方微博、微信公众平台及大四川客户端等互动推广应用平台，创新制作H5动态场景页面，推出时尚独特的手机直播节目，通过全新媒介形式广泛传播，力图打造更本土、更新鲜、更具四川特色的新媒体品牌。第四，平台运营托管智能建设服务。依托"互联网+政务"思维，为政府机关、事业单位、大型国企等打造大型政务网站及移动端产品，建设智能政务多功能拓展平台。已成功建设四川政协网、四川省党委（党组）中心组网络学习平台等系列大型项目，并打造法治四川等微信公众号。第五，精准舆情监测，高效舆情应对。依托网络舆情信息综合服务平台，通过检索网民在互联网上发布的针对客户的有较强影响力和倾向性的言论和观点，并对该类言论进行跟踪，分析并提供咨询建议，为各级党政机关及国有企事业单位提供个性化的网络舆情信息综合服务。第六，特色文化传播，文创产业开拓。通过四川省区域特色文化多媒体资源库云共享项目和群众文化共享项目的建设，采集并对外宣传，展示四川特色文化，同时与文创企事业单位合作，深度挖掘四川特色文化，力促文创产品的探索与研发，打造了记忆四川、中国川剧网、收藏四川等网站和移动端产品。第七，活动策划执行，品牌营销推广。与党政机关、事业单位合作，利用线上优势媒体宣传资源与线下落地活动策划进行品牌塑造、宣传及推广，打造精品活动。同时立足四川本土优势，网站品牌优势，开展全媒体营销传播，为各类型企业提供一站式广告专业服务业务。第八，大数据库建设，数据分析规划。打造数据平台，集数据存储、同步交换、管理备份于一身，高效获取、处置梳理海量资料，通过分析庞大数据组，提纯有用信息，为客户提供定制化、全方位的数据管理服务。第九，专业视觉设计，创意定制开发。提供专业的美术设计和动画效果、微视频制作服务，以实效、精准、互动、创意为理念，根据合作伙伴的需求，从PC端到移动端全方位量身打造最适合的设计作品。

千龙网

千龙网又称"中国首都网"，由中共北京市委宣传部主管主办，于2000年5月25日正式上线。千龙网最初是由《北京晨报》《北京日报》《北京晚报》《北京青年报》《北京经济报》《北京广播电视报》以及北京人民广播电台、北京电视台、北京有线广播电视台9家北京市属新闻媒体共同发起和创办的综合性新闻网站，是北京市属重点新闻网站、北京网络新闻信息的总门户，也是大型网上多媒体形态集聚平台、大型网上信息交互平台、大型综合类网络服务平台。千龙网是新型主流媒体，协办全国第一家理论宣讲报告视频网站"宣讲家网"，实现新闻网站与理论视频网站融合发展，建设运营和维护"北京地区网站联合辟谣平台"（http://py.qianlong.com），实现重点新闻网站、主要商业网站、传统媒体融合发展。

千龙网自主生产传播专业内容，有效传播用户生成的内容和其他专业媒体机构生产的内容，提供新闻信息、生活资讯、深度报道、观点评论、视频直播、在线访谈、论坛社区互动、社交应用、手机报及手机短信、博客和微博发布、微信交互、客户端传播、动漫设计制作、在线网页游戏和手机网游、用户生成内容、舆情观察、活动策划、企业广告和市场服务在内的一系列服务，满足网友浏览、表达、交流、分享、娱乐等的个性化诉求，以及机构的多样化服务需求。目前，千龙网已经构建起多终端立体化覆盖的现代传播体系和感知服务。千龙网倡行自主的PC互联网、移动互联网、地面互联网"三网并举"互联互通传播格局，倡行自主终端与外属终端协同传播格局，实现多终端、立体化的覆盖传播和网络层、应用层、终端层的全面感知。

第一，PC互联网（PC端）：拥有近50个频道（平台型栏目），通过中、英两个语种，每天 24 小时发布丰富多彩的北京新闻信息，内容涉及政治、经济、社会、文化等各个领域，提供背景、事实、观点分析，是海内外网友全面了解北京新闻资讯的首选网站。在北京市领导政务活动、权威信息发布和重要会议、重要活动、重要主题、亮点工作、典型宣传以及突发事件与热点话题舆论引导方面发挥主力军作用。

第二，移动互联网（移动端）：基于手机浏览器入口的手机千龙网，是基于 H5 页面的内容聚集。集新闻资讯、实用服务、政务服务、个性化编辑于一端的"智慧北京"客户端，覆盖 iOS、Android 等多个主流平台，提供微信推送信息与交互服务，提供手机报及手机短信等移动无线增值服务。

第三，地面互联网（地面端）：践行"地面端是千龙网发展伟大终端"的理念，立足首都，融入首都，传播首都，服务首都。与北京市区县、委办局和社会组织、社会团体建立密切联系，发展第一时间"信息源"。建设汽车、房市、金融等"本地化、区域化"专业频道，提供全方位、实用性、专业性资讯和线下应用服务。

第四，自主终端与外属终端协同传播：与北京市多终端建立良好合作关系，实现网络屏、电视屏、户外屏、楼宇屏、手机屏多屏联动，构建起立体化传播网，实现信息内容共享、传播路径叠加、传播效果倍增，扩大即时传播覆盖范围。拥有区域协同传播优势，与天津北方网、河北长城网共同建立"京津冀重点新闻网站协同报道机制"。

千龙网首页（2022 年 7 月 29 日）如图 2-3 所示。

图 2-3　千龙网首页（2022 年 7 月 29 日）

第五阶段：多层级发展阶段。

传统媒体网站经过多年的发展，最终形成了多层级发展的格局。政府部门开始实施重点新闻网站的建设工程，从具备新闻登载资质的网站中确定一批重点新闻网站，并多方面给予支持，帮助其快速发展。有 32 家新闻网站成为首批国家重点建设的新闻网站，其中包括 9 家中央级新闻网站和 23 家地方级新闻网站。于是传统媒体网站慢慢发展为三个层级。第一层级是国家级重点新闻网站，包括人民网、新华网、中国网、央视网、国际在线、中新网、中国经济网、中国台湾网、中国西藏网、中青在线、央广网、中国日报网等。第二层级是地方重点新闻网站，包括四川新闻网、千龙网、东方网等。第三层级是其他传统媒体网站或网络版。

📖 相关案例

部分国家级重点新闻网站介绍

新华网

由国家通讯社新华社主办的新华网是国家重点建设的综合新闻信息服务门户网站之一，也是新华社进行全媒体新闻信息产品传播的主要平台。该网站目前拥有 31 个地方频道，同时拥有英语、法语、俄语、日语等多个外语频道，平均每天通过多语种、多终端进行发稿的数量能够达到 1.5 万条。与国内其他新闻网站相比，其重大新闻首发率和转载率居于前列。

新华网国际影响力强，用户来自世界上 200 多个国家和地区，桌面端日均页面浏览量超过 1.2 亿，移动端日均覆盖人群超过 3 亿。新华网一直致力于通过真实权威及时的新闻信息服务来帮助全球网民了解中国。

根据 Alexa 排名（网站世界排名）显示，在全球 7 亿多个网站中，新华网的综合排名一直稳居前 40 位，与美联社、路透社、法新社等通讯社主办的网站相比竞争优势明显。从 2006 年开始，新华网累计获得 42 项中国新闻奖，获奖总数位于中央重点新闻网站前列。

新华网负责中国最大规模的政务网站集群的运营，包括中国政府网、中国文明网、中国应急信息网等在内的 20 多家政务网站均是由新华网承建的。新华网微信公众号用户规模超过 1 500 万人。2016 年 10 月 28 日，新华网股份有限公司成功挂牌上市。上市后的新华网股份有限公司业务体系主要内容如下。

第一，网络广告业务。网络广告业务是新华网股份有限公司的重要收入来源，目前已形成全系列的广告发布形态，为客户提供全方位、全媒体的优质网络广告服务。

第二，信息服务业务。新华网股份有限公司的信息服务包括多媒体信息服务、大数据智能分析服务，以及举办大型论坛、会议活动等。公司经常性地为政府部门及企事业单位提供多媒体信息服务。作为国内最早从事数据智能分析服务的专业机构之一，新华网股份有限公司推出在大数据智能分析基础上的系列服务和产品，依托权威媒体平台、先进技术手段和阵容庞大的专家队伍，搭建开放平台、整合社会资源，以网络大数据采集、智能分析和研判为基础，为客户提供智库类高端产品和服务。

第三，移动互联网业务。新华网股份有限公司拥有"新华网"客户端、手机新华网、新华网微博、微信和"新华视频"产品，拥有"4G 入口"／"5G 入口"、手机阅读、移动语音、手机视频、动漫游戏等移动增值业务，拥有"互联网小镇""特色小镇""溯源中国"（含食品溯源、医保药品鉴证核查、工业物联网）等业务，同时，提供教育平台技术服务、在线教育服务和党建活动服务。

第四，网络技术服务业务。作为中央重点新闻网站，新华网具有强大的媒体公信力、丰富的采编内容资源以及先进的网站建设技术。因此，新华网能够为各级政府、企事业单位提供专业的网站建设、内容管理、运行维护、技术保障等服务，建立起国内规模最大的政府网站集群之一。依托云计算基础设施，以视频云直播、内容云安全、云注册报名系统等产品为核心，提供全线覆盖的云服务解决方案和融合媒体解决方案。

第五，数字内容业务。数字内容产业是信息技术与文化创意高度融合的创新产业形态，是5G时代数字经济的核心支撑，新华网股份有限公司依托专业的人才团队、先进的技术设施和丰富的内容生产经验，利用人工智能、VR/AR等现代数字技术，瞄准视频化、移动化、知识化、智能化方向，进行融合形态数字内容的创意、策划、设计、开发、制作和跨平台销售。

人民网

人民网被称为"网上的人民日报"，是人民日报社控股的文化传媒上市公司。人民网于1997年1月1日正式上线。中国共产党新闻网、党的十七大、十八大、十九大新闻中心官方网站和历次全党主题教育官方网站均由人民网承建。

人民网目前有7个少数民族语言版本和12个外文频道，其运维的人民日报海外社交媒体账号粉丝数及影响力稳居国际主流媒体前十位。多年来，人民网累计获得中国新闻奖36次，其中特别奖1次，一等奖15次。近年来，人民网内容科技战略稳健起步。研发基于人工智能的"风控大脑"，打造人工智能技术引擎，为互联网内容、信息安全管理提供技术服务；承建由人民日报社主管的"传播内容认知国家重点实验室"，以人工智能研究为核心，聚焦"两个巩固"和宣传思想工作使命任务，面向国家重大战略需求，在主流价值观精准传播、内容智能审核与安全评级、网络空间治理三个方向开展研究，研发可计算、可感知、可认知、可运用的科技体系和综合平台，已取得多项成果，如网上群众工作大数据分析系统、涉政论述智能勘误"智晓助"产品、跨模态内容安全雷达"白泽"等。

中青在线

中青在线由共青团中央主管、中国青年报社主办，也是中央网信办直接指导的中央主要新闻网站之一。2000年5月15日，中青在线正式开通。进入从"互联网+"到"互联网×"的新媒体时代，中青在线紧紧围绕中国青年报社全媒体融合转型这项重大任务，持续提供技术支撑服务，并深度参与中国青年报社"融媒云厨"融合工程。中青在线助力中国青年报社构建一流新型主流媒体，同时着力打造以"青春正能量"融媒产品为主的新闻文化视频网站。中青在线首页（2022年11月17日）如图2-4所示。

图 2-4 中青在线首页（2022 年 11 月 17 日）

（图片来源：中青在线，https://www.cyol.com/）

2. 商业新闻网站的发展

从 1998 年下半年开始，一些商业网站开始把"新闻"作为流量增长点，纷纷开辟"新闻频道"或"新闻中心"。它们依靠对当时国内外重大事件尤其是突发事件的快速报道，得到了受众的广泛认可，成为网络新闻传播的重要主体之一。其中最具有代表性的是新浪、搜狐、网易、腾讯等。

 相关案例

主流商业网站

新浪网是商业新闻网站中最有影响力的网站之一，其前身是"四通利方"公司。"四通利方"原本是一家纯技术公司，公司为了进行技术支持才开通了"利方在线"网站，该网站在 1998 年世界杯期间，凭借丰富全面的内容、快速及时的发布速度以及独特的网友评论，逐渐形成了自己的影响力。1998 年年底，公司在"利方在线"的基础上成立了新浪网，这一举动标志着这家商业网站正式进入新闻传播领域。新浪网的出现也带动了一批商业网站，使它们纷纷进入网络新闻传播领域。

搜狐网的前身也是一家技术公司，运营着中国首家大型分类查询搜索引擎。1999年，搜狐网推出新闻及内容频道，奠定了综合门户网站的雏形。

网易自 1998 年成立新闻融合资讯平台，全天候 24 小时报道新闻热点及突发事件。

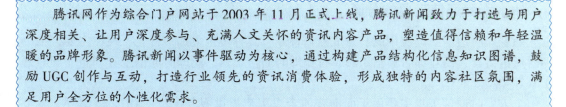

腾讯网作为综合门户网站于 2003 年 11 月正式上线，腾讯新闻致力于打造与用户深度相关、让用户深度参与、充满人文关怀的资讯内容产品，塑造值得信赖和年轻温暖的品牌形象。腾讯新闻以事件驱动为核心，通过构建产品结构化信息知识图谱，鼓励 UGC 创作与互动，打造行业领先的资讯消费体验，形成独特的内容社区氛围，满足用户全方位的个性化需求。

由于商业新闻网站没有时事新闻领域的采访权，因此，其开展新闻登载业务主要从以下两个方面着手。

第一，时事新闻领域的新闻整合。

商业新闻网站的新闻内容主要来自对国内外网站发布新闻的搜集、整理和加工。通过加强新闻的综合性、评论的深度等方式来提升新闻价值和网站的影响力。商业新闻网站运营初期，由于缺少知识产权意识，经常在没有征得原创网站同意的情况下就使用其稿件，极大地侵害了传统媒体的权益。1999 年 4 月，23 家中国新闻媒体在北京召开了网络新闻媒体会议，会议通过了《中国新闻界网络媒体公约》，呼吁加强网上新闻的知识产权保护，形成公平的竞争环境。经过有关管理部门的规范和传统新闻媒体的努力，商业新闻网站逐渐认识到公平竞争的必要性，开始转向与传统媒体网站在新闻发布等方面进行合作。2000年《互联网站从事登载新闻业务管理暂行规定》（以下简称《规定》）颁布，《规定》认可了商业网站从事新闻登载业务的资格，但同时也指出，在商业网站中，只有综合型网站具有登载新闻的资格，且登载的新闻只能出自国家指定的传统媒体。商业网站要与传统媒体签订协议，才能使用其新闻。2005 年，信息产业部和国务院新闻办颁布了修订后的《互联网新闻信息服务管理规定》，对商业网站的新闻业务范围进行了严格规定：互联网新闻信息服务单位，不得登载自行采编的新闻信息；互联网新闻信息服务单位，转载新闻信息或者向公众发送时政类通信信息，应当转载、发送中央新闻单位或者省、自治区、直辖市直属新闻单位发布的新闻信息，并应当注明新闻信息来源，不得歪曲原新闻信息的内容。

第二，非时事新闻领域的原创报道。

由于没有传统媒体工作习惯的束缚，商业新闻网站在进行新闻的选择与编辑时更加灵活多样，能更多地考虑普通受众的信息需求，其评论往往以更加客观、中立的面貌出现，受众认可度更高。因此其依靠非时事新闻领域的原创报道赢得了广大受众。

另外，商业新闻网站具有灵活的运营机制。商业网站广泛开展的各种民生、娱乐等服务，能够与新闻业务相互支撑和配合，有效提升了其在新闻传播领域的影响力。

第二节　即时通信传播

根据中国互联网络信息中心发布的《第 49 次中国互联网络发展状况统计报告》的调查结果，截至 2021 年 12 月，我国即时通信用户规模达 10.07 亿，较 2020 年 12 月增长了 2 555 万，占网民整体的 97.5%。即时通信工具的使用率多年来始终居于网民经常使用的互联网应用排行榜的第一位。

一、即时通信工具的分类

随着即时通信工具应用的日益成熟与普及，其种类也更加多样化，现在主要包括个人即时通信工具、商业即时通信工具、行业即时通信工具、泛即时通信工具和企业即时通信工具等类型。

个人即时通信工具主要用于面向普通个人用户提供服务，包括 QQ、微信等。本节内容主要围绕个人即时通信工具展开讨论。

商业即时通信工具主要用于购物网站内部商家与消费者之间的沟通，包括阿里旺旺等。

行业即时通信工具主要用于网络小游戏内玩家之间的沟通，包括 YY 语音等。

泛即时通信工具主要用于实现某一类别的通信功能，如腾讯会议，主要用于召开各种类型的线上会议。

企业即时通信工具主要面向企业提供专业办公管理服务，主要包括企业微信、钉钉等。

 相关案例

> 腾讯公司的企业微信 1.0 版本于 2016 年上线，旨在面向企业提供通信与办公管理服务。由于其与微信的使用方式类似，操作简单，容易上手，很快就在企业用户间普及开来。使用企业微信能够添加客户的微信，在单聊、群聊、朋友圈、视频号中向客户提供持续的服务，还可以结合小程序、支付等为客户提供更加灵活、深度的服务等。企业微信同时还提供丰富的协作工具和办公应用，包括集成文档、日程、会议等协作工具及打卡、审批等 OA 应用，积极引入丰富的第三方应用，同时支持接入由服务商代开发及企业自建的应用。通过配套应用的不断完善，由即时通信工具向企业的数字化基础设施方向转变，为企业运营的各个环节提供软件和硬件支持。
>
> （案例来源：企业微信，https://work.weixin.qq.com/）

二、即时通信传播的功能

1. 交流通信

能提供更加方便快捷、可控制性强、投入成本低的交流方式，是绝大多数网民选择使用即时通信工具的基础动因。相比于传统的网络论坛，即时通信工具中的交流对象更加明确、稳定，交流的质量和效率更高。

2. 信息共享

网民通过微博、微信朋友圈等提供的平台，可以共享文字、图片、音频、视频等多媒体信息。而且大多数平台具备一键转发等功能，为网友间的信息共享活动提供了便利。

3. 维护关系

即时通信工具能够为个体积累更广泛的人脉资源。通过即时通信工具进行的交流具有可控性强、交流成本低等特点，因此，对个体而言，通过即时通信工具编织起来的人际关系网络往往大于现实世界的人际关系网络，且只需要较低代价就能维护这一关系网络。

4. 形象管理

用户可以通过微博、微信等即时通信工具进行个人形象的构建、维护和管理。可以通过设置个性化的昵称、签名、头像等形式进行个体形象的构建，还可以通过在微博、微信朋友圈中分享与自己有关的信息、态度、意见、情绪等进行个体形象的维护和管理。因此，即时通信工具既是网民进行个体形象管理、印象整饰的平台，也是用户传递信息、表达情绪的渠道。

三、即时通信传播的特点

即时通信工具中包含人际传播、群体传播与大众传播等多种传播形式，在微博、微信等平台中既能够实现一对一的隐秘交流，也能够实现一对多、多对多的群体讨论和广而告之。因此即时通信工具构建起的社会网络覆盖范围广泛、交流状态稳定。在此基础上，即时通信工具传播呈现出以下特点。

1. 网状的交流结构

即时通信工具传播是建立在点对点技术基础上的传播，每一个用户就是这个社交网络上的一个节点，各个节点之间不需要通过服务器的中介就能够直接进行交流，这与依赖服务器实现中介服务的网站传播等形式相比，具有更好的稳定性和私密性，更加适宜于个体间的人际交流。

用户作为社交网络上的一个节点，可以与另一个节点进行一对一的交流，不为其他节点所知，甚至可以与多个节点同时进行私密交流，这满足了用户对传统人际交流的需求。另外，用户还可以通过网状交流结构进行一对多、多对多的群体传播和大众传播，例如，微信朋友圈中的动态展示就可以看作是一对多的交流，各种类型的群就是一种多对多的交流，用户通过个人微信订阅号等平台能够进行大众传播。

2. 同步的交流时效

在网络正常的情况下，用户以文字形式利用即时通信工具能够实现几乎零时滞的信息交流，信息发出与接收能够同步进行，接近现实中的人际交流体验。为了弥补文字输入技术难度大的缺陷，即时通信工具还支持语音通话、视频通话等形式。另外，即时通信工具还具备延时功能，如果用户不在线，可以采取给对方留言的形式传递信息。延时性能够提高沟通交流的效率，弥补传统同步即时人际交流的不足。以 QQ 为例，其延时功能可以通过"自动回复设置"实现，系统提供了包括"我去吃饭了，一会儿再联系"等在内不同形式的自动回复，用户还可以根据实际需要自主添加或者修改。

3. 可控的交流方式

依靠即时通信工具进行交流具有很强的可控性。首先，交流对象具有可控性。用户可以自主选择交流的对象并给交流对象分类，便于个人信息的披露和管理。还可以通过黑名单、隐身等方式屏蔽不愿意交流的对象。以腾讯公司先后推出的即时通信工具 QQ 和微信为例，QQ 可以通过设置个人在线状态，如"我在线上""离开""忙碌"等告知交流对象，避免不必要的打扰。微信则不显示用户状态，用户既可以选择不想交流时对信息"视而不见"，也可以选择在想交流时随时"主动出击"。其次，交流手段的可控性。各种类型的即时通信工具为用户提供了多种多样的交流手段，除了发送文字图片、语音通话、视频通话等基本功能外，还能实现更多样化的交流。通过QQ，用户可以传送文件、分享音乐、发送红包、远程演示等。通过微信，用户可以选择给对方发送卡券、文件、音乐，向对方发红包或转账，和对方分享个人收藏、位置或他人的聊天信息等。用户可以根据不同的交流对象、交流环境、交流内容、交流目的等选择不同的交流手段。另外，在即时通信工具中，不同的交流手段往往能够带来不同的交流深度，视频通话和语音通话等比文字和图片形式的交流更具深度，也不容易产生误解，但是这种交流手段往往是在相对比较熟悉的用户间使用的。最后，交流节奏的可控性。与现实中的人际交流相比，通过即时通信工具进行交流，用户能够更好地掌握交流的时长与节奏。现实人际交流中突然终止谈话会导致不良的交流效果，在即时通信中更容易找到各种借口来使交流停止或继续。

4. 强弱关系并存

所谓的强关系是指用户与稳定交流对象之间的关系。亲人、朋友、老师、领导、同事等大多数是强关系。强关系间的信任程度较高，信息与意见传播效率高。与现实相比，即时通信工具的网状交流结构为每两个节点之间进行连通提供了可能。

所谓弱关系是指经过中介产生的并不稳定的交流关系，即使是素不相识的人也有可能通过多个节点的传递被联系到一起，比如陌生人、网友等关系。弱关系间的信任程度较低，信息与意见的传播效率也较低。但这并不意味着弱关系的存在没有价值，恰恰相反，社交网络中普遍存在的弱关系能够产生一些强关系无法产生的价值。

首先，弱关系传递的信息异质性更强。强关系往往出现在小圈子中，圈子中不同节点间的联系更加密切、频繁，因此交流内容的同质性往往较强，用户要花费大量时间在重叠、冗余的信息交流上。弱关系往往出现在大圈子中，圈子中不同节点间的联系相对生疏，并不频繁，不需要投入太多的精力和情感进行维系，所以交流内容的异质性往往较强。交流内容的异质性越强，信息的价值密度越大，因此，弱关系能够帮助人们获得在强关系的小社交圈子中难以获得的信息、知识和经验。社交应用中各群体关系性质示意如图2-5所示，横轴从左至右代表不同关系的群体掌握信息的同质性由低到高，纵轴由下至上代表不同群体情感关系的紧密程度由低到高。情感关系越密切的群体，其掌握信息的同质性越高；情感关系越生疏的群体，其掌握信息的同质性越低。

其次，普遍存在的弱关系能够实现更广泛的信息传播。弱关系存在的普遍性还能够从六度分割理论中得到验证。六度分割理论又被称为六度分隔理论、小世界理论等，最早由美国哈佛大学心理学教授史坦利·米尔格兰姆（Stanley Milgram）在1967年提出。该理论认为，一个人和任何一个陌生人之间所间隔的人不会超过6个，也就是说，无论你想认识谁，最多通过6个人就能够实现。这一理论充分说明在社交网络中存在着普遍的弱关系。这些弱关系不但能够促进多种信息和意见的传播，使信息和意见在不同的群体间自由流动，而且由于弱关系存在的普遍性使信息能够产生更广泛的社会影响，甚至能够产生超越于大众传播的效果。价值越高、与越多人关联密切的信息，越能够在弱关系中实现病毒式传播，一传十、十传百，呈现出几何倍数的传播效果。另外，虽然即时通信工具中的弱关系与强关系相比，人们之间的信任程度较低，但相比于其他网络应用来说，即时通信工具中维护的弱关系仍然具有一定的信任基础，这也在一定程度上提升了传播效果。

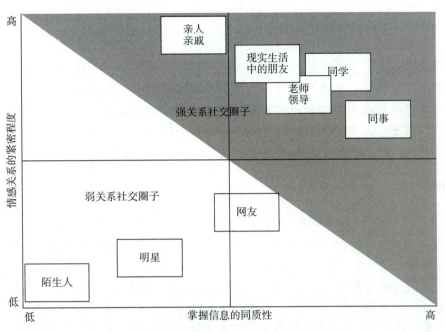

图 2-5　社交应用中各群体关系性质示意

　　另外，即时通信工具中的强关系和弱关系并不是一成不变的，两者之间存在互相转化的可能。 部分即时通信工具中的强关系可能因为现实关系的变化或疏于维护等原因转化为弱关系，部分弱关系也可能因为现实关系的变化或机缘巧合转变为强关系。以 QQ、微信等平台为例，二者都为用户提供了由弱关系向强关系转化的功能。QQ 在好友推荐中会根据用户的关系网络为其提供"可能想认识的人"，并标识出两名用户存在的共同好友的数量。微信中的"摇一摇"能够帮用户搜寻到同一时刻摇晃手机的人。这些功能都能够帮助用户完成从"无关系"到"弱关系"，再从"弱关系"到"强关系"的转化，需要注意的是，这种快速转化的社交关系中往往包含很多危险因素，因为这种关系的建立大多是在并不了解对方的人品、经历、生活环境等基础上的，关系转化的时间越短，关系越不稳定，危险性越强，甚至可能出现网络欺诈、人身伤害等结果。

四、即时通信传播的社会影响

　　即时通信工具不仅为更广泛、更便利的人际交流提供了新的手段和渠道，同时也对人们的思考方式、行为方式和生活方式等产生了很大影响，主要体现在以下四个方面。

1. 即时通信工具的使用加剧社交圈层化

　　在传统社会中，人与人之间大多是按照血缘、亲缘、地缘、工作等关系来建立和保持稳定且密切的联系的。在网络社会中，即时通信工具的出现使兴趣、立场、价值观、情感等成为人与人之间建立和保持稳定密切关系的新纽带。一些有相近或相同兴趣、立场、价值观的群体组成圈子，交流信息、沟通情感等。即时通信工具造成的社交圈层化利弊兼有。一方面，不同的圈子能够满足不同个体自由进行个性化表达的诉求，也能够使个体的情感归属需求获得满足，这是社交圈层化的益处。另一方面，同一圈层的群体的认知、观念和态度等往往相似甚至相同，容易出现认知窄化或思维固化，不利于新观念的接受和传

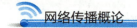

播；而不同圈层的人群也容易产生隔阂，这是社交圈层化的弊端。

2. 即时通信工具的使用带来社会人群的分化

不同的即时通信工具虽然在基础功能上差别不大，但是在个性化功能上仍存在较大差异，于是，个性化功能往往成为用户选择某种即时通信工具的主要原因。即时通信工具的开发者也会根据用户的特点不断强化其应用的个性化特征，进一步满足目标用户群体的需求，因此，不同的即时通信工具往往能聚合不同特点的使用人群，带来社会人群的分化。

 相关案例

早期出现的两种即时通信工具 QQ 和 MSN

QQ 和 MSN 是 21 世纪初最主要的两款即时通信工具。MSN 是由微软公司开发的，其在功能设计上更符合商务人士的使用需求，因此受到了北京、上海等外企集中地域的企业白领一族的青睐，甚至被贴上了"白领专属"的标签，于是更多的白领们为了加入这一群体而选择使用 MSN。相关调查数据显示，2006 年，北京、上海两地的高端人群中使用 MSN 的用户比例远高于 QQ。微软公司洞察到 MSN 的用户特征后，也不断强化 MSN 产品的白领化特征，包括提供白领一族感兴趣的资讯，开展与白领相关的各类市场营销活动等。在微软公司及其使用者有意无意的强化之下，MSN 与白领群体的关联度、吻合度越来越高，不断将白领群体聚合起来。相比之下，腾讯公司开发的 QQ 更受学生等年轻群体的青睐。QQ 的开发者也根据其主要用户群体的特征不断强化产品时尚、开放、有活力等特点，不断开发出各类聊天表情、网络游戏以及各类衍生产品，包括卡通玩具、背包等，使 QQ 的形象与文化特质进一步深入人心。目前 QQ 仍然是非常主要的即时通信工具，用户基数大，运营稳定。MSN 却早已经退出了市场竞争，2014 年 3 月，微软正式宣布关闭 MSN 软件，原本的 1 亿多名用户被整合到了 Skype 的网络中去。MSN 作为即时通信工具的角色从此结束。

另外，即时通信工具的功能与特色决定了其使用群体的特点，尤其是对于想拓展人际关系而不是维护现有人际关系的用户来说，某些即时通信工具的功能与特点可能会成为其选择使用的决定性因素。

 相关案例

陌陌

2011 年 8 月出现了一款新的即时通信工具——陌陌，其特点是以地理位置为基础，为用户构建关系。用户可以通过该即时通信工具认识附近的人，并通过文字、图片、音频、视频等形式展现自己，与身边的人更好地进行交流。这款软件用"陌陌"命名旨在改变传统即时通信工具中好友关系的建立方式，不需要获得对方许可，就能够单向关注用户感兴趣的对象的动态。就像它的宣传语一样：你好陌生人，总有新奇在身边，进入陌陌的世界，去结识那些陌生而有趣的人。陌陌的开发者意识到，传统即时通信工具中的好友申请方式容易带来用户使用过程中的挫折感，影响用户体验。

陌陌主打的单向关注功能能够极大地降低挫折感，提升用户体验。相比于在传统即时通信软件中加好友被拒绝的体验来说，默默关注他人往往不会遭到拒绝，因此，陌陌的使用人群特征十分明显。互联网统计报告数据显示，使用陌陌的群体主要是男性网民，占整体比率的61.8%，其中年龄在20～29岁的网民占51.5%，25%的使用者月收入在3 000～5 000元。这也是即时通信工具功能不同带来的人群分化的体现。

3. 即时通信传播中的舆论

社交媒体时代，即时通信工具成了网络舆论传播与表达的新平台和新渠道。即时通信工具中的舆论传播与表达具有以下特点。

第一，即时通信工具中很难直接形成意见气候。意见气候的形成是舆论形成的基础，即时通信工具是以点对点的方式进行传播的，虽然不同节点间都具有普遍联系，但是这种普遍联系主要是以一点对多点，而不是多点对多点的方式呈现的，因此，即时通信工具不适合群体讨论等大规模的群体互动。即使是在即时通信工具中的"群应用"中，群体讨论也会受到限制。以微信为例，微信群有明确的边界，相对较为封闭，成员间具备一定的信任基础，甚至存在较密切的现实联系，这些都不利于群体讨论的深入，而没有充分的群体讨论，意见气候就无法形成，所以，即时通信工具往往不会直接酝酿出舆论。

第二，即时通信工具中的舆论传播速度更快。虽然在意见气候的形成上，即时通信工具不能发挥巨大作用，但是已经形成的意见气候一旦进入即时通信工具，就会迅速传播，因此，即时通信工具是舆论的传播者和放大者，能够起到广而告之的作用。这一方面是因为即时通信工具的网状传播结构四通八达，信息能够以几何倍数的速度进行病毒式传播，另一方面还在于即时通信工具的用户间具有较高的信任程度和人情基础，以人际传播为主的信息与意见的传播更容易为用户所接受和信服。

第三，即时通信工具中传播的信息和意见相对比较简单。由于缺少群体讨论，即时通信工具中信息与意见的传播往往是通过转发或点赞等方式实现的，大多数用户在转发过程中只会简单表达意见、态度或情绪，很少长篇大论。以微信为例，微信的点赞机制使用户的意见表达更加二元化，对于某些复杂事件用户通过点赞的方式只能简单地表达出全部赞同或不赞同。另外，这种二元化的意见表达很容易造成态度趋同，达到一定规模后会产生"沉默的螺旋"，从而使群体观点更加极端。

4. 即时通信传播中的社会动员

所谓的社会动员是指通过整合社会资源，调动社会力量，将最广泛的民众集中起来共同参与到某个社会行动中，以实现某一社会目标的行为。社会动员由来已久，在传统媒体时代，社会动员主要依靠政府主导，通过政府组织及相关部门层层发动，自上而下地开展。这种社会动员模式必须依照相关的法律，遵守相应的社会规范，因此具有很强的组织性和制度性，但是自上而下的层层动员需要较长的时间，动员的进度比较缓慢，其动员效果的好坏主要取决于政府是否能够合理运用各类资源与方法。网络媒体时代，出现了新的网络社会动员模式，网络中的社会动员往往以网民为主导，通过网民间的自组织行为自下而上地开展动员。即时通信工具中的网络社会动员范围广、进程快、效率高，但是由于是网民的自发行为，因此也存在缺少组织性、制度性等问题。社交媒体时代，即时通信工具在网络社会动员中占据了越来越重要的地位。即时通信工具中的社会动员主要具有以下

特点。

第一，**即时通信工具中网络社会动员的民间性**。即时通信工具中的网络社会动员是由网民自主发起的动员，因此在动员之初就具有很强的民间性。这主要体现在社会动员目标的民间性上。即时通信工具中的网络社会动员大多数不是为了某项政策的施行，而是为了维护或实现网民的个人或群体利益。正是由于社会动员目标与网民群体利益的紧密联系，即时通信工具中的网络社会动员才能够吸引更广泛的网民自觉加入和积极响应。所以，即时通信工具中网络社会动员的效果与社会动员目标与网民利益的密切程度呈正相关，社会动员目标与网民利益的密切程度越高，网络社会动员的效果就越好，反之亦然。

第二，**即时通信工具中网络社会动员的隐蔽性**。即时通信工具中虽然存在多种传播形式，但是仍然以人际传播和群体传播为主，因此，相比于传统社会动员通过大众媒体等进行大众传播来说，即时通信工具中的社会动员过程往往具有隐蔽性。以微信为例，由于系统的封闭性等特点，初期的社会动员往往很难察觉。网络传播手段的多样性给网络社会动员带来了多样化的渠道，可以在很短的时间内实现广而告之的效果。网络社会动员主要利用网络中的人际传播与群体传播渠道，传播过程较为隐蔽，开始时往往不易察觉，但其影响可能会在某一时间迅速爆发。因此，要对一些可能产生消极影响的网络社会动员进行预防与控制也较为困难。

第三，**即时通信工具中社会动员网络的无中心性和扁平性**。网络中的社会动员往往没有明确的中心，尽管有些行动是由某些人倡导的，但是这些动员信息的传播是多渠道并发的。也可以说，整个社会动员的网络不存在某一个传播中心，因此，如果要阻止相关信息的传播，是比较困难的。传统的由政府等发起的社会动员需要通过层级式的动员网络，自上而下地开展，这种网络在一定程度上会影响社会动员的速度与效果。而网络社会动员所依赖的是扁平的人际关系网络，这个网络节点多，节点间的链接关系复杂，信息复制与传递速度快，因此效率也高。

第四，**即时通信工具中社会动员的人情基础与高效性**。网络社会动员很多时候依赖熟人关系形成的网络，人们彼此的信任度较高，有些人相互间还有深厚的感情。以人情为基础进行的劝说，比起制度化、公文式的动员，具有更高的劝服能力。网络社会动员如果与较大数量网民的利益诉求相吻合，往往动员的时间很短，动员的规模较大，且社会成员一致行动的能力较强。与传统的社会动员渠道相比，网络社会动员的效率更高。

 相关案例

奥巴马总统竞选

美国总统大选向来是资金交锋的战场。在 2008 年的这场选举中，奥巴马凭借互联网赢得了重要的筹码。因此奥巴马也被称为互联网总统。2008 年的大部分时间，奥巴马的竞选团队都在呼吁网络用户"加入我们"。所谓"加入我们"就是希望网民接收电子邮件或短信息、捐款、参加相关活动或充当志愿者，在初选和大选前，他便登出广告，号召选民登记和进行早期投票，并暗示选民用点击方式查找当地的投票站。奥巴马的社区网站大量利用了社交网络和互动元素，用户可以在网站上开展讨论组，自己举办筹款活动，观看视频等。"我的邻居""我的团体""我的朋友"分别对应着

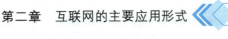

经由地域、兴趣话题立场、现实人际关系区分并建立的社会网络。该社区还整合了选民数据库，让支持者可以在线拨打电话给周边其他犹豫不决的选民，正是由于很好地利用了网络社会动员的人情基础，奥巴马通过网络打造了颇为成功的形象，拥护者的捐款从网上不断涌来。尽管捐款多是低于 100 美元的小额资助，但是由于支持者众多，奥巴马的网上募捐聚沙成塔，总额突破了 12 亿美元。

第三节　搜索引擎传播

所谓搜索引擎是指根据用户需求与算法规则在互联网中进行信息采集，将采集结果按照特定策略进行组织并反馈给用户的检索技术。中国目前最具影响力的搜索引擎是百度搜索引擎。

 相关案例

百度搜索引擎

百度搜索引擎目前的搜索服务主要包括网页搜索（搜索网络资料、资源）、视频搜索、音乐搜索、地图搜索、新闻搜索（搜索浏览新闻资讯）、图片搜索、百度识图（以图搜信息）、百度学术（中英文文献检索）、百度百聘（求职搜索）等。2000 年 1月 1 日，李彦宏在中关村创建了百度公司，推出了独立搜索引擎，直接为用户服务。2003 年，百度超过 Google，成为中国网民首选的搜索引擎。2007 年，百度首页从"百度搜索"变成了"百度一下"。2011 年，百度网页搜索引擎的市场份额达到83.6%。2017 年，百度发布了集搜索和信息流双引擎于一体的手机百度10.0，在移动互联网时代为用户提供新的交互体验。2019 年百度知识内容每天搜索量已达到15.4 亿次。百度大脑语音能力引擎日均调用量超过 100 亿次，应用规模业界第一。

一、搜索引擎传播的特点

中国互联网络信息中心最新发布的《第 49 次中国互联网络发展状况统计报告》显示，截至 2021 年 12 月，我国网民对各类网络应用的使用率中，搜索引擎的使用率高居第六位，用户规模达到 8.2 亿，有超过 80.3% 的网民使用搜索引擎。如此多的网民选择使用搜索引擎，和搜索引擎本身的各项特点是分不开的。互联网能够容纳海量信息，这是互联网的优势之一，但是，受众的注意力是有限的，面对海量信息，受众反而陷入难以选择、不知所措的困境。相对于海量信息的发布者来说，搜索引擎是海量信息的导航者，它能够根据用户的需求在海量信息中迅速检索出用户需要的内容，使海量信息真正为用户服务。搜索引擎与其他传播方式相比，其传播特点主要体现在以下几个方面。

1. 搜索引擎能够将信息集中有序地呈现出来

在没有搜索引擎的时代，要获取某方面的信息，只能通过使用浏览器登录网站的方式进行查找。此时网络中众多的信息传播者对于我们来说是分散的、隐藏的，甚至是不确定的，有的时候我们甚至感觉无从下手，不知道从何处找起。搜索引擎的作用就是迅速找到这些原本零散分布的、隐藏的、不确定的传播者，让他们在同一个信息搜索目标下聚合起来，成为集中、显性、有共性的整体。这就是搜索引擎集中化和显性化的作用。搜索引擎的另一个作用就是序列化，所谓序列化是指搜索引擎中的各项搜索结果并不是随机杂乱地排列的，而是按照搜索引擎制定的一系列规则来进行排序的。这种排序将会直接决定搜索结果中来自不同传播者的信息的排名，传播者的信息排名越靠前，与用户的接触程度越高；传播者的信息排名越靠后，与用户的接触程度越低。因此很多搜索引擎都会将其含有相关信息的子产品放在搜索结果的第一位。搜索引擎的这种做法就是对自己产品的一种推介。从这一点上我们也能够感受到搜索引擎对于传播者的控制能力。以百度为例，在百度的搜索结果中，其子产品百度百科、百度视频、百度图片、百度贴吧、百度百家号等往往位于搜索结果的前几位。

2. 搜索结果取决于用户的搜索能力

在使用搜索引擎的过程中，用户的需求不一定总是得到充分满足，主要原因在于以下两个方面：第一个方面，互联网中缺少用户搜索信息的相关储备，也就是说，用户寻找的信息过于冷僻，互联网中没有，但是这种情况并不多见。第二个方面——用户搜索技能的限制，这是主要原因。用户之所以找不到自己需求的信息，是因为他们的搜索技能不够高。尽管大多数用户都使用搜索引擎，但是其中掌握丰富的搜索技巧的人并不多。搜索引擎支持用户通过关键词的方式进行搜索，这要求用户对自身的搜索需求具有一定的概括和提炼能力。但是，仅仅具备概括和提炼能力也不一定就能够搜索到自己想要的信息。要想让搜索结果更加精准，还需要用户掌握一些搜索的高级技巧。比如，同样使用百度的网页搜索功能进行搜索，如果使用带书名号的《网络传播》这一关键词进行搜索，那么搜索结果中大部分内容是和《网络传播》这本书相关的。但是如果去掉书名号，那么搜索结果中大部分内容就和网络传播这一学科相关了。仅仅是一个标点符号的差别，就能够导致搜索结果的千差万别，可见用户的搜索能力对搜索结果的巨大影响。

3. 用户的搜索行为独立性和关联性并存

用户使用搜索引擎的过程既具有独立性，也存在关联性。其中的独立性很好理解，因为大多数用户提交的搜索请求是自己独立提交的，是自身的个性化信息检索需求的体现。但是这种独立性并不是绝对的而是相对的，因为用户在互联网中的搜索行为还会受到其他搜索用户群体的影响，群体效应影响个人行为，这是搜索引擎中用户搜索行为具备关联性的原因。每个搜索用户都是搜索网络中的一个节点，彼此间存在着千丝万缕的联系。因为很多用户缺少对自身搜索请求的概括和提炼能力，于是，大多数搜索引擎的页面下方，都会根据用户的搜索关键词列出部分其他网友使用频率较高的相关搜索关键词，帮助用户进一步精确自身的搜索请求，用户在使用其他人的关键词重新搜索的过程中就与其他用户产生了关联。另外，大多数搜索引擎网站还会将某一时段的热门搜索关键词列出来，吸引用户对热门关键词的注意，激发用户的搜索行为，这种由搜索引擎引导的用户之间的互相参照也能够构成用户搜索行为的关联性。

4. 传播内容的相对无序性

搜索引擎中传播的内容是不是都是真实的？答案当然是否定的。因为搜索引擎的工作是由机器基于算法自动实现的，并没有编辑对内容进行把关。搜索引擎虽然能为受众提供众多的相关信息，但是它没有鉴别信息真伪的功能，因此，从一定程度上说，它所传播的内容是无序的，而这种无序性的表现有时候会更加隐蔽，这主要表现为以下两点。

第一，排名不等于质量。在搜索结果中排序靠前的内容不一定就是真实、质量高的搜索结果。搜索引擎不是内容的生产者，只是内容的导航者，其主要功能在于帮助用户把包括某一关键词的内容从网络中搜索出来，并将搜索结果按照一定的顺序整理并呈现给用户。搜索引擎的这种排序只是机器基于算法规则等自动实现的，在搜索结果中靠前的链接可能只是因为这个网站中关键词出现的频率比较高或者网站被链接的次数比较多，和内容质量没有太大的关系。

第二，排名不等于用户需求吻合度。在搜索结果中排序靠前的内容不一定就是与用户搜索请求最匹配的搜索结果。有时候尽管用户的搜索目标很明确，但是搜索引擎基于自身经济利益的考虑，未必会将与受众请求的搜索目标吻合度最高的相关信息排在搜索结果的最前列。

 相关案例

魏则西事件

2016 年，一个名叫魏则西的年轻人的死亡引起了网民的广泛关注。魏则西是西安电子科技大学的学生，2014 年 4 月，魏则西被查出患有一种恶性软组织肿瘤——滑膜肉瘤。两年之后的 2016 年 4 月 12 日，魏则西因滑膜肉瘤晚期病逝，年龄只有 22 岁。他去世前在知乎网站发帖，详细描述了自己的治疗经历，魏则西患病时在百度上搜索到了武警北京第二人民医院，该医院声称其引进的美国生物免疫疗法能够有效地治疗魏则西所患的滑膜肉瘤。然而事实却是，该医院的这项技术在美国早就因为临床失败率太高而被淘汰了。但是当时的魏则西却因为误信这一医院导致耽误病情直至死亡。

2016 年 5 月 2 日，国家网信办和相关部门成立了联合调查组，调查组进驻百度公司后，集中围绕百度搜索在"魏则西事件"中存在的问题、搜索竞价排名机制存在的缺陷进行了调查取证。调查结果认为，百度搜索相关关键词竞价排名结果客观上对魏则西选择就医产生了影响，百度竞价排名机制存在付费竞价权重过高、商业推广标识不清等问题，影响了搜索结果的公正性和客观性，容易误导网民，必须立即整改。针对调查结果和整改要求，百度搜索公司完全接受，并表示将深刻反省自身问题，从各个方面积极落实调查组的整改措施。

〉〉〉〉〉【春风化雨　润物无声】

搜索引擎是普通用户进入互联网世界非常重要的入口，是信息流动的中转站。构建互联互通、开放共享的产业生态，提供精准、客观、全面的信息服务，才能满足国家、社会和用户的基本要求……对于直接服务亿级用户的互联网平台，公共性和公益性是第一属性。平台越大，责任越大……大就要有大的样子。这里的"大"，指的不仅是体量大、规模大，更要包括格局广、境界高。手握巨大的数据洪流，坐拥数以亿计的用户流量，如何管理考验着互联网巨头的智慧和能力。要知道，产业再多、市值再高，都必须涵养顺应时代呼声、回应用户需求的企业文化，与互联网经济发展壮大同气同求，与中华民族伟大复兴同心同向。

2019 年 1 月 31 日至 2 月 1 日人民网《三评"百度已死？"》节选

二、社会化搜索引擎

在信息超载时代，搜索引擎成了新的技术把关人，将互联网中的信息集中起来并进行筛选整理，其序列性和关联性等使它拥有了强大的议程设置功能，但是由于技术限制以及搜索引擎的利益驱动，它仍然存在传播内容无序的缺陷。另外，目前的智能搜索引擎技术还有待完善，不能完全满足用户多样化的搜索需求，尤其是复杂的难以准确概括和提炼的搜索需求。于是，社会化搜索引擎就成了当前智能搜索引擎的有益补充。社会化搜索引擎主要依靠用户间的互助式问答来满足用户的搜索需求，是人工力量对智能搜索技术的补充，能够准确地满足用户复杂的、个性化的搜索需求，如新浪爱问、百度知道等。

百度知道诞生于 2005 年，是一个基于搜索技术的互动式知识问答平台。其搜索机制有效结合了人工与技术的力量，有搜索需求的用户在平台中发布问题后，可以通过积分奖励的方式吸引其他用户进行解答，同时该用户的问题和获得的解答会作为搜索结果提供给具有相同或相似搜索需求的其他用户。百度知道首页（2023 年 1 月 13 日）如图 2-6 所示。

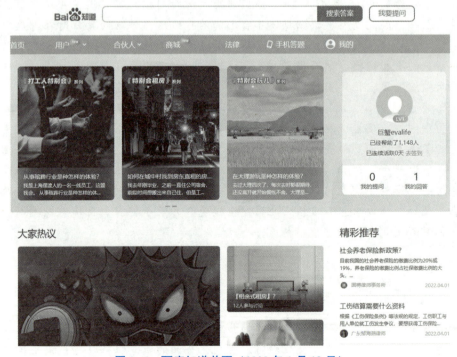

图 2-6　百度知道首页（2023 年 1 月 13 日）

为了保障用户间自助行为的有效性，百度知道为提问者提供了一系列辅助功能。如果提问者第一次发布的内容不能够清楚地描述问题，提问者可以进行问题补充。提问者还可以为自己的提问设置标签以提高获得解答的速度。为了吸引更多的解答者，提问者可以设置悬赏财富值，悬赏财富值越高，吸引的注意越多，越有可能获得高质量的解答。当用户从若干解答中选择了最佳答案，财富值将赠送给最佳答案的提供者。如果提问者对回答不满意，还可以对回答者进行追问。每个提问者最多能进行 7 次追问，从第 4 次追问开始会扣除提问者的财富值。财富值是百度知道应用中的虚拟货币，用户可以用财富值来悬赏、匿名提问、购买或者兑换知道商城的实物礼品等。百度知道商城首页（2022 年 7 月 30 日）如图 2-7 所示。

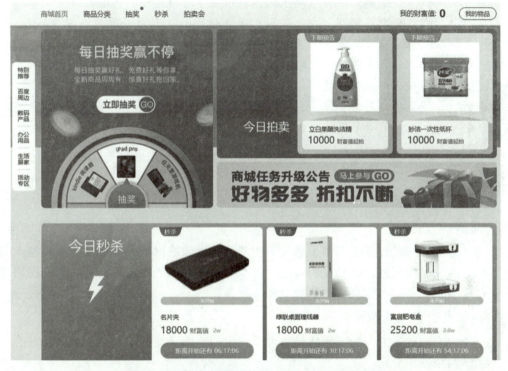

图 2-7　百度知道商城首页（2022 年 7 月 30 日）

另外，针对回答者，百度知道也制定了一系列规则。如针对一个问题，回答者只能回答一次，但是可以对已经回答过的内容进行修改。如果回答者的回答内容参照了其他书籍、网页等他人文章，需要标明出处。如有知识产权等纠纷，需回答者本人承担相应法律责任等。

社会化搜索引擎中还有一种特殊的搜索形式——"人肉搜索"。"人肉搜索"是利用社会化搜索引擎搜索特定的人或事，集合广大网民的力量贡献与目标人物或事件相关的信息，从而获知人物的身份或事件的真相等行为。这个词最早起源于猫扑论坛。最早让"人肉搜索"这一名词进入大众视线的，是发生在 2006 年的虐猫事件。

虐猫事件

2006年2月26日晚，一个昵称为"碎玻璃渣子"的网民在猫扑网上发帖并上传了多张视频截图。视频截图的主要内容是一个穿着高跟鞋的女性杀害一只小猫，画面血腥残忍，很快就引起了网民尤其是动物保护者的极大关注。网民们开始自发根据图片中的信息寻找该名女性。该帖文发布6天后，与该视频截图相关的3位当事人的各类信息就被网民从互联网的信息海洋中打捞出来，包括三个人的姓名、工作单位、电话号码、QQ号、邮箱地址、照片，甚至身份证号、车牌号等个人隐私信息。拍摄视频的地点也确认了。随后该事件引起了媒体和相关部门的重视，当地县政府对事件当事人做出了停职、免职等处理，中央电视台等主流媒体也针对此事进行了深入报道。广大公众围绕"动物保护"这一议题展开了广泛的讨论。但该事件的影响不仅如此，网民为调查事件真相而采用的人肉搜索的方式也对事件当事人造成了很大伤害。网民自发组织的这场轰轰烈烈的网络缉凶行动既起到了正面的作用，也带来了不可小视的负面影响。在很多网络群体事件中，网民的人肉搜索行为虽然能够推动事件的快速进展，促进相关问题的完善和解决，但是，这一行为带来的隐私侵害、网络暴力等问题需要引起重视。

三、网络暴力

1. 网络暴力的概念

网络暴力包括网民在互联网中采用文字、图片、音频或视频等形式发表的对他人具有攻击性、诽谤性、侮辱性、煽动性的言论，以及公开他人隐私信息等行为。有的网络暴力行为还会延展到线下，产生现实的骚扰或侵害行为。

2. 网络暴力产生的原因

区别于现实中的暴力行为，网络暴力现象产生的原因更加错综复杂，可以从社会心理学和传播学两个视角分析。

（1）社会心理学视角。

第一，网民情绪的宣泄。当今社会紧张的工作和生活节奏加大了网民的社会压力，情感的宣泄成了网民的心理需求之一。很多研究人员在讨论网络暴力产生的原因时，都把情绪的宣泄作为网络暴力产生的主要原因之一。个人情绪宣泄的方式是多种多样的，一种是直接宣泄，例如哭、闹、打、骂等，另一种是间接宣泄，也就是把自己的情绪发泄到其他的事物或他人那里。人在承受较大的社会压力时，会产生负面情绪，随着压力的持续甚至增加，负面情绪会不断渗透到学习、生活和工作中，使部分人群感觉到自己莫名地烦躁、暴躁，甚至暴戾。这种莫名的压抑因缺乏具体对象而难以直接宣泄，更多的是通过间接的方式来实现。于是，当网络上一些不符合社会价值判断或者不符合个人价值判断的事情发生的时候，个人情绪的宣泄就找到了一个突破口，部分网民在表达对某种价值观维护的同时，还会通过语言的攻击等行为的张扬，达到自身情绪宣泄的目的，甚至这种宣泄在部分网民看来，是一种可以愉悦自己却不一定对他人造成伤害的"好"方式。

第二，群体心理的影响。古斯塔夫·勒庞在研究群体心理的时候提出了"群体心理"的概念，他认为，群体心理不是个体心理的总和，而是自觉性的消失，以及感情和思想转向另一个不同的地方。网络暴力行为是网民群体行为的一种极端表现，若干个网民因为某个人或某件事而临时聚合到一起，就具备了群体的特征，每个群体中的网民也会或多或少受到群体的影响。首先，感染理论认为，群体的情绪容易受到感染。当具有导火索性质的人物或事件引起网民的注意甚至突破网民的道德底线时，会引起网民间的迅速传播，迅速聚集起来的网民群体，其情绪往往容易夸张，甚至走向极端。其次，群体的自制力往往是有限的，甚至在勒庞看来是没有的。网络群体的行为相对简单，却固执、偏执甚至专横，当网民以个人的面貌出现时，对很多问题尚能讨论和辩论，一旦若干个网民形成了群体，某个判断事物的价值标准在确定后就很难再改变，甚至出现混淆是非、颠倒黑白的情况。

（2）传播学视角。

第一，网络环境的虚拟性。网络环境的虚拟性赋予了普通网民自由发表言论的安全感，再加上网络群体对个人心理力量的助长，使得部分网民更加有恃无恐。在现实生活中，受法律法规和社会道德的约束，人们会主动规范自己的言行，避免承担相应的后果。网络的虚拟性让网民产生了隐匿感，网民更容易放松对自身言行的约束，出现网络行为失范现象。当具有导火索性质的事件出现时，部分网民很容易突破自身的道德底线，出现对事件当事人进行侮辱、谩骂等语言暴力行为，这类行为如果得到其他网民的支持和附和，网民群体的情绪会更加极端，当附和的人越来越多时，还可能产生"沉默的螺旋"，使观点和情绪更加极端。网络的虚拟性还赋予了网民一种"隐匿的快感"，自以为身在暗处，不被人发现，而把明处之物看得一清二楚，并能够通过对他人的语言攻击等获得快感。在对他人进行攻击的过程中，"隐匿的快感"又转变为"免责的快感"，网络的虚拟性使网民产生了免除责任的错觉，似乎在网络环境中的放声高骂非常轻松而无后顾之忧。

第二，网络把关难度加大。在传统媒体时代，把关的权力非常集中，主要掌握在专业媒体手中，媒体在信息的发布和流向中起到至关重要的作用。网络媒体时代，受众的角色向传播者转变，每个网民都能够随时随地发表信息和意见，把关权力也被极大分散，把关难度加大。当群体事件产生时，海量的信息和意见让传统把关人力有不够，而网民作为新的把关人又缺乏相应的专业素养，很难及时对网络暴力言论和行为采取有效措施。

 相关案例

　　2022年4月3日家住上海虹口区的女孩Joshua因新冠肺炎疫情需要在家中隔离。其父亲住在上海青浦区，年龄大，手脚不便且有听力残疾，无法自己做饭，一直依靠女儿送餐。隔离状态下女孩只能通过外卖的方式给父亲送饭，但是受疫情和道路遥远等因素影响，女孩下单后始终无人接单。情急之下她想起了之前曾经给自己配送过一次菜的叮咚骑手。电话讲明事件原委后，骑手小哥余某同意帮她跑一趟。因为疫情，上海很多地区的道路都进入了封闭状态，再加上配送路程太过遥远，配送小哥余某最终花费了4个小时的时间才把菜送达。女孩因此非常感动，给骑手余某发了红包，但是余某却怎么也不收。因为余某的拒绝，她只能给余某充了200元话费来表达谢意，

并表示，疫情结束后要给他送锦旗，请他吃饭。同时她还写了一封感谢信发给各大媒体和微博博主，希望这位配送小哥的助人精神能够让更多人知道。叮咚官方了解此事后也对余某进行了表扬并颁发了奖金。女孩为表达谢意发布的朋友圈如图2-8所示。

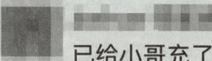

已给小哥充了话费。小哥昨天半夜两点多才到住的宾馆，今天一早还要继续派单。感谢所有给过帮助和支持的人，感谢这善心里的每一环。🙏🙏🙏🙏

热泪盈眶！上海一叮咚小哥不取分文，单程27公里给独居听障老人送食物！

1分钟前　　　　　　　　　　　　　　　···

图2-8　女孩为表达谢意发布的朋友圈

但事情并未就此结束，很多网友开始在网络中斥责这个女孩，例如："200块钱你也好意思拿得出手，人家这么帮助你，你在这打发叫花子呢？""原来人还可以这么抠门，帮了你这么大的忙，竟然只有200块钱的酬劳！就算正常配送，也得用得上这个价吧。"网络中的言论攻击让女孩不得不出面澄清，表明自己经济条件有限，一直在家带孩子没有收入，前段时间刚刚找到工作但是工资还没发，自己父亲身患重病，需要照顾，生活压力很大。虽然只有200块钱，却是自己的一番心意，尽力而为。但是女孩的澄清并没有得到网络暴民的谅解，有网民将女孩的个人账号等信息"人肉"出来，引来了更多网友对其进行跟风辱骂，2022年4月6日，女孩因不堪压力，选择跳楼，不治身亡。

>>>>> 【春风化雨　润物无声】

网络暴力，大多是非理性的情绪攻击。对施暴者来说，这可能是一种对现实不满的情绪发泄，这种情绪发泄容易引起情感共振，形成情绪传染。被害者在遭受网络暴力后，首先会产生情绪反应，负责情绪的脑区被激活，而负责理性的脑区处于劣势，甚至暂时丧失对情绪的调控功能。控制感是人类最基本的需求之一。每个人都需要有一种能够掌控环境的感觉，希望自己的每一个行为都尽可能有相应反馈和结果。按一下开关，我们可以看到灯亮了或灭了；给别人发一条微信，能够收到回复；经过一段时间努力，可以看到自己的进步……这些都是有控制感的表现。网络暴力，相对于传统的肢体暴力，大大降低了施暴的条件，只要具有基本网络操作水平的人，皆可以通过留言、弹幕等方式进行施暴。同时，网络暴力的传染性更强，传播性更广，危害性也更大。在这种状况下，身处网络暴力之中的受害者，会产生一种强烈的失控感、无力感和无助感。每个人的心理能量都是有限的，当网络暴力这只无形的大手扼住了受害者的咽喉，剧烈的挣扎反而会使这只手越扼越紧，控制感急剧降低，能量终将被消耗殆尽……言语攻击，体现了网络暴力最可怕的一点：对受害者的尊严进行践踏。社会计量器理论指出，自尊是个体对其人际关系好坏的一种内在反映，它代表着个体和社会以及重要他人之间的关系，被排斥和被攻击的客观经历和主观感受都会给个体的自尊带来消极影响。网络暴力，把排斥和攻击无限放大，会使得受害者产生羞耻感和耻辱感，尊严丧失，直到怀疑人生的价值。自杀的动机-意志整合模型认为，自杀意念的产生主要来自挫败或羞耻的体验所引发的受困。很明显，持续遭到网络暴力，容易使受害者在丧失尊严后，产生绝望心理，甚至走向自杀。因此，我们之所以坚决反对网络暴力，不仅因为其行为本身的非正义性，也因为它会对人的心灵产生不可估量的伤害和影响。

2019 年 12 月 5 日中青在线《网络暴力最可怕的是对尊严的践踏》节选

第四节　移动短视频传播

移动短视频是指依托移动智能终端进行快速拍摄和剪辑，时间以秒计时且能够即时分享的新型视频形式。中国互联网络信息中心发布的《第 49 次中国互联网络发展状况统计报告》数据显示，截至 2021 年 12 月，我国网络视频用户规模达 9.2 亿，占网民整体的 94.5%；其中，短视频用户规模达 9.34 亿，占网民整体的 90.5%，高居各类互联网应用用户规模和网民使用率的第二位，仅次于即时通信应用的需求。

移动短视频最早发源于美国。2011 年，Viddy 开始尝试短视频领域，对外正式发布移动短视频应用，以短视频的形式首次出现在人们面前。Viddy 的推出，使用户能够随时随地进行拍摄，记录生活，同时还可以进行便捷化的分享——用户能够通过一键分享的功能将视频内容分享至 Facebook、Twitter、YouTube 等社交平台。2013 年，Vine 正式发布，人们可用于拍摄的时长为 6 秒钟，同样可以分享至其他社交平台，受到用户的追捧喜爱，引发热潮，也促使短视频开始真正地融入人们的日常娱乐中。之后 Instagram 也相继推出短视频功能，进入短视频市场进行角逐。

国内移动短视频的发展相较于国外，起步较晚。2013 年，微博内嵌了"秒拍"的功能，使用户可以在其页面内拍摄短视频，也可以在秒拍的客户端内将画面分享至微博。2014 年，美图公司推出美拍 APP，作为一款主打微小拍摄的短视频，受到众多用户的喜爱，美拍 APP 也作为移动短视频的代表，开启了新型的视频社交形式。2016 年是移动短视频元年，各类移动短视频层出不穷，移动短视频市场竞争激烈。小咖秀、火山小视频等呈爆发性的增长态势。同年，抖音移动短视频正式上线，仅用 6 个月的时间，用户量便突破 1 亿。

一、移动短视频的特点

移动短视频主要以移动智能终端为载体，来实现从生产制作到发布分享的全过程，因此其特点与移动状态下的传播是分不开的，主要包括以下三点。

1. 制作简便

终端的智能化以及各种智能化拍摄、剪辑等软件的出现，使用户的视频生产和传播流程更加简单。传统的视频生产过程复杂，要求用户具备较高的专业制作技术，硬件投资成本和时间投入成本都很高，普通用户难以企及。移动短视频的出现大大降低了用户的使用门槛，用户无须具备较高的专业技术，通过视频的一键录制，便可完成十几秒的拍摄。此外，用户还可以套用移动短视频的视频模板，借助一键生成的功能，来完成视频的制作与分享操作。这些功能，使得用户能够随时随地拍摄记录、分享生活。

2. 传播碎片化

各类短视频平台对上传的作品都有严格的时间限制，这就使很多完整的长视频不得不被剪辑成段，内容的碎片化传播不可避免。以抖音平台为例，抖音普通用户最长能发布15秒的视频，想要获得发布长视频的权限，需要用户粉丝量达到一定数量或者产出大量的优质作品后通过平台进行申请。因此，对于大多数用户来说，通过移动短视频平台传播的内容都是视频片段。这一方面满足了快节奏生活中，移动状态下受众的信息娱乐需求，另一方面，叙事的片面性、视角的单一性等也导致受众理解的片面性，容易出现认知偏差。

3. 内容冲击力强

由于时间的限制，短视频不能叙述完整的事件，所以为了抓住用户的眼球就要做到先声夺人，使用户快速沉浸在短视频传播的场景内。这个场景一定是事件最重要、最高潮的部分，可以让用户对内容产生兴趣，有进一步了解的欲望。

短视频的特点就在于短时间内迅速让用户获取视频内容的重点，利用渲染传播内容的冲击性来达到吸引用户的目的。对于传统视频来说，想要传达一个完整内容需要有开头、过程和结尾，需要内容完整，需要将前因后果叙述清楚，每个新闻事件的阐述最少也要3分钟。而对于短视频平台来说，想要传播信息只需要传达事件内容中最高潮的一部分即可。短视频可以用几十秒时间呈现出传统视频几分钟信息中最重点的部分，让事件在短时间内对受众形成强烈的冲击，从而使受众印象深刻，产生共鸣，甚至刺激受众对内容进行再次传播，周而复始，信息自然就流传开来，达到传播信息的目的。

二、移动短视频用户的使用与满足

1. 满足用户的信息认知需求

在移动短视频内容的选择接触与使用过程中，获取资讯、拓宽眼界是用户的重要使用动机。短视频多样化的内容形式，可供用户进行多样性的选择，满足其不同层面的信息需求。央视新闻、人民日报等专业媒体机构和各类自媒体运营者极大地满足了用户的信息和认知需求，并在一定程度上提高和改变了网民原有的认知水平。

2. 满足用户的娱乐消遣需求

随着社会节奏的不断加快，生活和工作压力日益增大，受众自身可支配的大块时间段却越来越少，网民时间呈现出"碎片化"特点，因此，利用琐碎、零散的时间缓解压力，调节情绪，达到消遣娱乐的目的显得格外重要。移动短视频的内容时长等特点与用户的碎片化需求不谋而合。

在网络媒体时代，用户获取信息的方式发生了很大变化。以往传统媒体中的文字、图片不再受到人们的青睐，广播、电视等媒体中的长视频也开始渐渐失去其优势，移动短视频凭借其自身的特点迅速赢得了碎片化阅读状态下用户的青睐。这是因为移动短视频受到时长的限制，往往会选取人物或事件中最精彩的片段集中呈现，再加上流行音乐和特效，很容易让用户感受到趣味性和新鲜感。

3. 满足受众的记录表达需求

在移动短视频平台，每个人都能成为传播者，在法律允许的范围内，在平台提供的各项功能支持下，网民能够自由表达个人思想认识，记录个人生活。移动短视频平台为用户提供了情节化、故事化、立体化表达的可能性，因此，在大多数移动短视频平台上，内容都极为丰富，呈现出百花齐放的景象。各大移动短视频平台倡导的"记录美好生活""记录世界、记录你"等口号，真切回应了网民利用影像记录自身生活的直接诉求，也推动着短视频的生活化新实践。

4. 满足受众的社会交往需求

布劳的社会交换理论认为，人类的一切行为都受到某种带来奖励和报酬的交换活动的支配，一切社会活动都可以归结为交换。因此，短视频用户在平台中的分享行为可以被看作资源整合、置换的社交性行为。短视频用户在平台中发布视频、获得点赞和评论，在评论区发表各自观点、与他人交流等，都在一定程度上满足了用户社会交往的需求。

三、移动短视频的社会影响

1. 碎片化视觉呈现带来的认知偏见

视频相较于其他媒介如图片、文字、音频等更容易使人过度沉浸，在短视频所构筑的视觉文化场域中，这种虚拟的沉浸感伴随着连续不断的碎片化内容使大众没有间隙进行过多的思考，容易将过多的时间花费在单纯的"刷"视频中，影响自己的现实生活，此时技术"从帮助人们开发和呈现世界转变为反向规定人类的观念行为，促使人类在其设定的关系中生活"，用户在刷短视频时易失去时间知觉，对于抽离短视频场域中的控制力欠佳，使大众产生对短视频的媒介依赖。虽然短视频中的部分内容可以给大众带来切实的收获，但是同时存在大量浅表化的一次性碎片化内容，这样的碎片化内容缺乏完整的逻辑结构，并且由于多出自自媒体，在真实性与内容深度上都存疑，长此浸淫在浅表化碎片内容的场域中，会加深人们对碎片内容的依赖性，以为通过短暂的视频浏览获得了某种技能或开拓了认知，其实最终反而难以形成对问题的全面系统的理解，甚至有时会出现曲解或者片面性理解。另外，长期沉溺于短视频可能会致使用户的行为习惯在时空上出现碎片化的切割，此行为习惯的衍生效果可能导致用户无法长时间集中在某一持续性事物上，本应基于人的主体性而产生的多元化内容选择，却消解了人的深度思考能力。

针对用户的沉迷行为，很多短视频平台都设置了防沉迷机制来保障用户单次使用时长，多以画面提醒的形式进行。此种方式首先在强制力上缺少有效性，其次对于用户行为的指导也无法起到切实作用。

2. 个性化叙事带来的媒介伦理困惑

短视频作为一种快消式的视频形式，其内容来源于生活的不同侧面，传播者来自社会的不同角落，这种形式在保证了短视频内容多样性的同时不免会出现内容不可控的情况。5G 时代，自媒体内容随着高速的信息网络，可以获得更多的能见度，信息以多中心的形式不断向外波式传递。由于网络的不断普及，下沉市场的用户也可进入传播链，但网络赋权下的传播者素质参差不齐，部分传播者不具备相应的自律性与媒介素养，此种没有良好的自我素养作为约束而进行的内容生产难免会带有诸多弊端。

首先，内容抄袭降低原创动力。优质的作品在进行创作时，需要耗费创作者大量的时间与思考成本，但是抖音、快手等的模仿功能使得内容的抄袭可以轻易实现，甚至借助网络的传播能够取得比原创内容更好的流量，这就导致平台中出现大量同质化的内容。原创内容被低劣的二次创作作品淹没，使短视频平台呈现出进行内容生产的用户在短期内随5G 的红利效应得以增多，但是原创优质内容却增速缓慢的局面，而原本意图进行原创的创作者们不免陷入疑虑以及对媒介不信任的状态。

其次，泛娱乐化影响社会秩序。在现今大众普遍焦虑的社会环境中，大众乐于去用不需多加思考的方式来填充自身的碎片时间。在这样的市场需求刺激下，短视频不免带有泛娱乐化的标签色彩，在对严肃事件进行呈现时，此种泛娱乐化会将事情引入戏谑的境地，模糊事件本身的意义。需要注意的是，如果泛娱乐化现象内化到社会运转之中，将会出现公众为追逐热点而对社会规则进行挑战等问题。

四、移动短视频的盈利模式

1. 原生广告模式

短视频原生广告是移动互联网下，根据短视频的传播特点而诞生的一种全新的广告体验。原生广告不同于传统的贴片广告，它并不独立于内容存在，而是将广告融入内容的生产，在实践中表现出了丰富的延展性和创意的可塑性，最大限度降低用户因为硬植入而产生的抵触心理，因此在实际的传播中收获的用户体验更好，广告的转化率也更高，深受媒体的喜爱。短视频和原生广告的结合，使品牌和内容以一种高度融合的姿态呈现，虽然兴起不久却展现出了极大的市场价值。

2. 短视频电商变现

短视频平台推出了将网红经济与电商购物相结合的商业模式。这一模式在美妆、美食、母婴等短视频内容生产领域取得了良好的效果。凭借对短视频垂直领域内容的精准投放和用户画像的准确把控，电商模式已经成为短视频流量变现的主选渠道之一。短视频电商变现以"所见即所得"为生产核心，以内容代替广告，以场景代替销售。依托短视频电商变现的盈利模式，提高了视频内容在电商渠道上的转化效率，对于加强电商平台的活跃度、巩固流量和提高用户黏性都有重要的推动作用。

3. 短视频 IP 化变现

"IP"即知识财产（Intellectual Property）的缩写，从法律角度来说，指的是"心智的创造"（Creations of the Mind）。从词语符号到文学、音乐、影视剧、艺术品等，只要是倾注了作者心智创造的作品，均属于 IP 的范畴。法律赋予了创作者对这些作品的"知识财产权"，给予商标、商业外观、商业包装等多方面的法律保护。因为法律的保护，心智创造的 IP 也成了无形的资产。短视频在生产内容的同时若是能进一步实现 IP 化运作，变现空间将会得到大幅提升。短视频作为内容的承载媒介，在各类题材内容的包容性上较强。再加上目前市面上大部分的短视频分发渠道是免费的，因此平台开辟的短视频业务往往能吸引巨大的流量。这从另一方面也给了短视频生产者接触吸引用户的机会，节目中的爆款也拥有了进一步发展为其他商业作品的基因。

五、移动短视频的内容选择

移动互联网时代，很多网民更加热衷于通过移动短视频应用来传递信息、分享生活。随着移动短视频影响力的不断增大，传统媒体也开始通过移动短视频平台发布信息，扩大自己的影响力。抖音、快手等短视频平台也成为当下热门的网络应用。

1. 移动短视频平台的流量分发逻辑——以抖音为例

抖音于 2016 年的 9 月上线，是一款音乐创意短视频社交软件，由今日头条孵化，是一个专注年轻人的 15 秒音乐短视频社区。用户可以通过这款软件选择歌曲，拍摄音乐短视频，形成自己的作品。平台会根据用户的爱好来更新用户喜爱的视频。

抖音的流量分配机制主要包括两个层次。第一个层次进行初次分配，初次分配的流量主要受内容质量、创作者的粉丝量和用户兴趣等因素的影响，内容质量越高，创作者粉丝数量越多，内容越符合用户的兴趣，抖音的初次流量分配越多，两者呈正比例关系，但是抖音的初期流量分配只占整体流量分配的 10%。第二个层次是基于用户互动反馈情况的二度流量调配，二次流量分配占整体流量分配的 90%。在二度流量分配中起到关键作用的指标分别是完播率、互动率和关注度等因素。其中，完播率指的是能够完整观看视频的用户比率，互动率包括抖音的点赞数、评论数以及评论的质量等，关注度是指抖音的关注量、粉丝数等。内容的完播率越高，互动频率越高，粉丝的关注度越高，抖音的二次流量分配越多，两者也呈正比例关系。在抖音的二次流量分配中，起决定性作用的仍然是内容质量，只有高质量的内容才能带来高完播率，才能吸引粉丝的关注，才能激起受众互动的兴趣。抖音通过二次流量分配机制确保抖音平台传播的无中心化，这也是抖音平台经常出现爆款视频的原因。

2. 移动短视频平台中的爆款内容

第一，能够引起共鸣的内容。能够引起共鸣的内容往往会获得大家的关注，这种共鸣可以是观念的共鸣，也可以是遭遇的共鸣，还可以是经历的共鸣、身份的共鸣。体现爱国思想与情怀的短视频之所以能广泛传播，原因之一就在于观看者能从中获得"中国人"这一身份的共鸣。

第二，能够激发好奇心的内容。能够激发受众好奇心的内容往往与这几个词有关，分别是"Why""What""How""Amazing"。也就是说，热点事件的原因、真相、事件发生的过程或者事件中令人惊叹的细节，还有新奇的事物等，都能够激发受众的好奇心。

第三，利益相关性强。短视频既可以是和我们个人利益息息相关的内容，也可以是和某个群体利益相关的内容，还可以是和某个地域的利益相关的内容等。

第四，能够引起思考的内容。比如某些人生哲理或生活感悟。

第五，能够引发欲望的内容。包括食欲、保护欲等追求美好的欲望，其中引发食欲的

内容最为常见。美食内容的分享能够引发食欲，小动物和小朋友的视频内容很容易引起人的爱欲和保护欲，一些能够反映良好心态、美好生活的内容能够引发人们追求美好的欲望。

第六，探索未知的内容。未知的内容包括指新奇的事物、新鲜的生活、新鲜的景色，还可以指人新鲜的一面。

第七，满足幻想的内容。包括对爱情的幻想、对美好生活的憧憬等。

第八，刺激用户感官的内容，包括听觉和视觉上的。比如热门歌曲的剪辑、高清影视作品的剪辑等，通过精彩片段的集中展示让受众充分体验听觉和视觉上的震撼。

第九，具有价值的内容。包括有用的信息、实用的技巧、有价值的知识、有帮助的常识等。

第十，能够反映出强烈冲突的内容。包括角色身份、常识认知、剧情反转等的冲突，冲突造成的强烈反差能够带来极大的戏剧性和趣味性。

第五节　维基传播

维基（Wiki）是一种开放的、支持多人协同创作的超文本网络系统。在该系统的支持下，每个用户都能够对同一个主题进行解释与讨论，发表自己的意见和看法。各种各样的网络百科采用的大多是维基技术，如百度百科、互动百科等。

 相关案例

> ### 百度百科
>
> 　　百度百科是百度公司推出的一部内容开放、可供多人协同写作的网络百科全书。2006 年 4 月，百度百科测试版上线运营，运营不到两年时间就积累了超过 100 万个词条。2008 年 4 月 21 日，百度百科正式版上线。百度百科旨在创造一个涵盖各领域知识的中文信息收集平台。截至 2022 年 8 月 1 日，百度百科共有超过 26 520 039 个词条，有超过 7 582 721 个人参与了词条编写，总编辑次数超过 216 056 644 次，词条内容包括新闻、艺术、科学、自然、地理、社会等各个方面。

一、维基传播的基本特点

1. 维基传播具有高度协作性

维基传播是一种以内容为中心的多人高度协同写作模式。如在百度百科中，用户以词条为中心展开协作，平台为用户提供了详细的参与方法与规则，帮助用户平等沟通，顺利合作。如用户进行词条内容的完善时，平台要求用户应当注意使用规范的文字或措辞、避免无意义修改和信息重复等情况。其中规范的文字和措辞包括使用平实的、简明扼要的、客观准确的叙述撰写百科内容，避免使用比喻、拟人、夸张、设问等修辞手法和第一人称的措辞、主观的描述、时效性描述（如"昨天"）等。

2. 维基传播具有相对平等性

在维基传播平台上，没有绝对的中心，所有参与者相对平等，所有人都有权力编辑、修改任意一个词条，发表自己的观点、看法。维基传播所倡导的平等对话精神无形中塑造了网民的精神世界，使网民更加多元、包容，更加善于从多个角度去思考问题。在百度百科中，任何用户在发现词条内容不正确或者不全面的时候，都可以对词条内容进行修改，还可以根据自己掌握的资料对词条内容进行增加或删除，补充新的资料、图片、表格、地图等丰富的内容，删除冗余、无效的内容等。平台同时要求用户提交的内容必须真实、客观，可以查证。尤其是更正其他人的词条内容，应当在更正的内容后面使用"参考资料"按钮功能标注参考资料的来源。

3. 维基传播内容高度多样化

维基传播主体的多样化带来了传播内容的高度多样化，维基将焦点文化与边缘文化结合起来，在同一个平台上共同展示。其中既有社会广泛关注的热点人物和事件，也有仅少数人关注的个性化内容。百度百科会将每天大多数用户搜索的词条编辑成热门词条在单独的板块予以展示。这些热门词条是焦点文化的反映，它们能够反映一定时期内社会关注的焦点和社会的典型特征。百度百科热搜词条（2022 年 8 月 1 日）如图 2-9 所示。

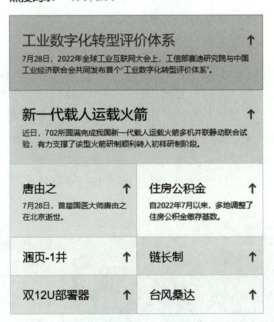

图 2-9　百度百科热搜词条（2022 年 8 月 1 日）

与此同时，只有少数人感兴趣的冷僻词条也被百度百科收录进来，边缘的或小众的文化也可以在这里获得受众的关注。

二、维基用户的"使用与满足"

马斯洛的需求层次理论将人类的需求划分为五个等级，分别为生理需求（如食物和衣服）、安全需求（如工作保障）、社交需求（如友谊）、尊重需求和自我实现需求。在维基传播模式中，用户的需求主要体现在社交需求、尊重需求和自我实现需求等较高层次的目

标上，具体表现如下。

1. 社会分享需要

知识与信息分享是维基类应用的核心特征，也是大多数维基用户使用此类应用的主要目的。用户将自身的知识、信息、意见等通过维基类应用与他人分享，用户在维基平台中编辑的每个字、每句话，都有可能被成千上万的网友读到甚至记住。因此，用户为他人提供信息、意见等帮助的同时，自己也能获得社会参与感等多重精神满足。

2. 自我提升需要

要想参与维基类应用中的词条建设，用户就必须具备一定的知识水平与文字功底。因此，用户在使用维基应用的过程中可以不断学习到新知识，开阔视野，促进自身能力的有效提升。每一个百科词条都可以被看成是一篇文章，首先，词条内容的叙述要遵循认识事物的一般逻辑，从主要到次要，从整体到部分，从一般到特殊，从原因到结果，从概念到应用，或者按照时间顺序、空间顺序等。其次，词条内容在力求全面的同时也不能无节制地追求细节，要对主体进行摘要性的概括总结而不能事无巨细地全部添加进去，要按照内容的主次进行详略安排。另外，语言要准确明了，通俗易懂。要想"写好这篇文章"，就需要用户不断提升自身的知识水平与创作能力。

3. 社会报偿需要

在维基类应用平台中，词条的贡献者能够得到多种社会报偿，包括他人尊重、社会认可等精神报偿和部分实质回报与物质奖励。这些精神与物质报偿为词条贡献者的再生产提供了动力源泉。不同的维基类平台往往采用不同的激励机制来刺激用户持续生产。以百度百科为例，其中"百科任务"是科友发起、编辑、评审任务的平台，参加任务的用户就能够赢取财富值，兑换百科商城中的实物礼品。百科等级大于等于3级的用户就能在百科任务平台中发起新任务。加入百科评审团，就能够参与任务词条的评审。百度百科任务截图如图2-10所示。

图2-10 百度百科任务截图

百度百科根据用户的贡献度对其进行等级划分，其中资深用户被称为"蝌蚪团"。当用户贡献的特色词条数量达到 5 个或者等级达到 4 级就可以申请进入百科蝌蚪团。作为百科蝌蚪团的成员，将会获得专属的身份标识，能够使用专属工作室特权优化词条，帮助百度百科进行词条的评审和管理，在百科商城兑换礼品时能够享受低价优惠。百度百科每年还通过荣誉殿堂对贡献佼佼者的优秀工作情况等进行展示并奖励，以刺激更多的用户持续参与。百度百科卓越贡献者截图如图 2-11 所示。

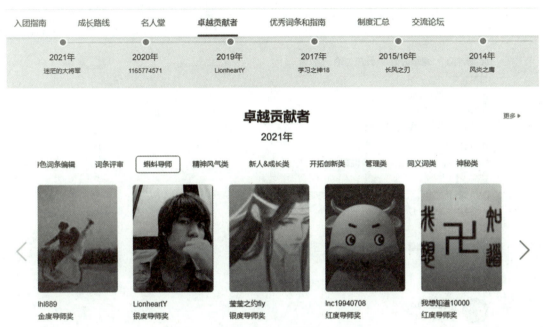

图 2-11　百度百科卓越贡献者截图

4. 自我表达需要

编辑哪些词条、如何编辑词条在某种程度上是词条编辑者的一种自我表达。同一个词条，不同编辑者的知识与信息的选择也是不同的，是词条编辑者对词条态度、意见与情绪等的反映。词条编辑者的兴趣爱好、价值取向等也会通过其编辑词条的内容反映出来。以百度百科为例，为了满足每一位词条编辑者的表达需求，在词条的上方提供了"编辑"和"讨论"功能，其中"编辑"功能支持用户对词条的增减删改等操作，但是在词条内容已经比较完善的情况下，并不是所有用户都能够修改词条，只有百科等级达到 4 级并且贡献词条的通过率达到 85% 以上的用户才能进行修改。没有编辑权限的低等级用户就可以参与"讨论"，通过发起或回复与词条有关的讨论，指出词条的错误点、缺失，或者发布对词条主体的观点和见解等。百度百科"汶川地震"词条截图如图 2-12 所示。

#5·12汶川地震 (2008年5月12日...) 阅读 6093 | 讨论 46

讨论规则 你可以在这里发起和回复与5·12汶川地震有关的讨论。指出词条的错误点、缺失，请选择"编辑讨论"，以便问题快速解决；发布对词条主体的观点、见解，请选择"开放讨论"，以便收获更多互... ∨

编辑讨论 ❓ ｜ 开放讨论 ❓

分享关于5·12汶川地震的知识和见解...

全部讨论　编辑讨论　开放讨论　公告　　　　　　　最新　最热

一滴水46xyz
2022-06-10
5·12汶川地震，部分内容缺失
中国澳门也有震感
编辑讨论 ＞ 关联词条　5·12汶川地震　　　　　　💬 1　👍 赞

　　讨论已结束，无法继续讨论。结语：未检索到相关资料，暂不补充
　　椿兮如霖 😎 ⚙ ✧　操作于2022-06-14

　　　　椿兮如霖：请提供相关资料佐证
　　　　2022-06-11　　　　　　　　　　　　　　　　回复　👍赞

叶博士Study
2022-06-10
5·12汶川地震，词条内容有误
修改为：地震特点：...... 1.5g~2.0g .... 查看全部 ∨

编辑讨论 ＞ 关联词条　5·12汶川地震　　　　　　💬 3　👍 赞

　　词条已修改，讨论已结束，无法继续讨论。结语：反馈属实，词条已修改
　　wsyaox3 😎 ⚙ ✧　操作于2022-07-12

　　　　叶博士Study：这里应该是加速度（重力加速度）g，而不是质量克g。
　　　　2022-06-10　　　　　　　　　　　　　　　　回复　👍1

　　　　wsyaox3：反馈属实，已递交修改版本待审核
　　　　2022-07-11　　　　　　　　　　　　　　　　回复　👍赞

共3条讨论 ＞

图2-12　百度百科"汶川地震"词条截图

三、维基传播的社会意义

1. 促进知识整合与传播

维基诞生的目的就是知识生产与分享。基于维基技术的百科应用收录的信息广度远远超过世界上任何一部已经出版的百科全书。另外，维基应用允许不同用户在同一个平台上介绍知识、发表观点，不但加快了知识更新的速度，还更容易消除偏见，达成共识，开阔用户视野，提升用户综合素养。维基类百科平台中的与新闻人物、新闻事件的等相关的词条往往来自多个用户对多家媒体报道的综合分析与整理，这类词条有效促进了新闻的整合与传播。以百度百科中"香港回归祖国25周年"词条为例，词条贡献者们综合了来自新华网、澎湃网、新浪新闻、中国新闻网、南方新闻网、央视新闻、环球网、中国经济网、新民晚报、北京日报等多家媒体的二十多篇报道，围绕"香港回归祖国25周年"这一新闻事件详细介绍了各项庆祝活动、发表的各类相关作品、具体的节日布置以及发行的纪念邮票等，使其他用户能够通过一个词条就基本了解新闻事件的全貌。

2. 提供公共话语空间

网络为广大用户提供了一个虚拟的公共话语空间，在网络空间中，用户可以随时随地对自己感兴趣的话题发表意见，或者与他人进行讨论。大量信息的传播与意见的讨论还可能形成公众的舆论。维基类应用为其用户进行意见的交流与探讨提供给了一个理想的平台，同一词条中聚合了来自多名网友的意见，用户在进行知识共享的同时，也在通过理性的思考与讨论促进公共问题的解决。因此，从某种程度上说，维基类应用为用户提供了公共话语空间。

 相关案例

2014年4月4日，百度百科上的词条"PX"的浏览页面上部显示"锁定"，无法通过编辑入口进行编辑，关于这一词条的描述被锁定在"低毒化合物"上。百度百科这一词条锁定的原因在于有部分网民恶意修改"PX"词条。3月30日凌晨，网友@幻想书生wjc悄悄将百度百科词条中关于PX的毒性描述由"低毒"改成"剧毒"。此后，有网友多次对恶意篡改行为进行客观更正，但连续几次又被人改成"剧毒"。4月2日下午，清华大学化工系一学生无意中发现百度百科词条中对PX的描述竟是"剧毒"，马上再次进行了更正。为了对抗有心人士的恶意篡改，更多的清华化工系学生加入修正词条的队伍，并在修改原因中写道："清华化工系今日誓死守卫词条。"有近10人昼夜自发捍卫词条，确保PX低毒属性这一科学常识不被恶意修改，仅6天时间，PX词条就被反复修改了36次。随后，对"PX"是否有剧毒等相关知识的科普逐渐拓展到了人人网、知乎等各大网站，清华化学系和化工系的学生们自发组织在各大网站中为网民解释疑惑。清华大学教师也对学生的行为给予了肯定，"PX从化学毒性上看，的确是低毒的。学生的行动是科学理性的，他们是学生，不会从行业利益角度进行判断，这是一次对科普责任的主动担当。百度百科对PX词条的锁定，巩固了科普成果。"《人民日报》高度赞扬了清华学子的行为，并发表评论文章，具体内容如下：

PX 是低毒还是剧毒？在日前广东茂名芳烃项目引发风波的当口，清华大学化工系学生围绕着"PX"这一百度词条的解释，展开了一场特殊的"攻防战"，并最终"坚守住科学的阵地"，防止了谣言的进一步扩散。此事经媒体报道之后，引发社会各界众多赞赏。

从转基因食品到环境安全，现代社会，很多社会矛盾都与专业性的科学问题产生了关联。不同群体的利益诉求各不相同，但科学真相只有一个。在有人恶意连续篡改的情况下，清华大学学子站在客观公正的立场捍卫真理、阐明真相，对于化解冲突、达成共识有着非同寻常的意义。他们在此过程中展现出的不只是一种科学态度和科学精神，更有一种守护真相的责任担当。

"知是行之始，行是知之成。"科学的素养与精神，不仅体现在对科学知识的了解，更体现为运用这些知识维护和捍卫科学的勇气与能力。拥有这种勇气和能力，我们就不仅能确保自己行为的科学理性，也更能促进社会不断去伪存真、去邪扶正。

3. 建构民间集体记忆

集体记忆是一个社会心理学概念，作为群体共有的记忆，集体记忆是群体中人们共同传承和构建的。在传统媒体时代，集体记忆的构建多由政府机构、大众媒体或社会精英引导。在新媒体时代，网络的无中心化使网民能够获得相对平等的社会话语权，多种信息的传播与多种意见的交汇最终形成信息舆论场，并构建出区别于官方集体记忆的民间集体记忆。在百度百科等平台中，用户对部分词条的共同编写就是一种民间集体记忆的编织过程。

 相关案例

百度百科中的词条"八一建军节"

截至 2022 年 8 月 1 日，百度百科中的词条"八一建军节"内容主要包括节日由来、节日庆祝、起义过程、诞生之地和军旗简介五个部分，全文近 8 000 字，还包括大量的图片和视频。这一词条经过无数次的修改和完善，其中节日庆祝部分内容更新幅度最大，记录了 2017 年至今所有八一建军节的相关庆祝活动，其中最新的内容是 2022 年 8 月 1 日更新的来自新华网相关报道的内容："2022 年 7 月 31 日，中华人民共和国国防部在人民大会堂举行盛大招待会，热烈庆祝中国人民解放军建军 95 周年。"在一次次的修改中，网友也不断生成和完善着对"八一建军节"这一节日的民间集体记忆。

第六节　网络直播

网络直播自 2012 年开始出现后迅速发展，到 2016 年呈井喷之势，全国网络直播平台数量达到将近 200 家，用户数量达 2 亿人，因此，2016 年也被称为"网络直播元年"。中国互联网络信息中心发布的《第 49 次中国互联网发展状况统计报告》数据显示，截至 2021

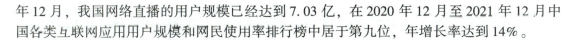

年 12 月，我国网络直播的用户规模已经达到 7.03 亿，在 2020 年 12 月至 2021 年 12 月中国各类互联网应用用户规模和网民使用率排行榜中居于第九位，年增长率达到 14%。

一、网络直播的概念

所谓的网络直播是指以互联网为技术基础，通过视频等多媒体形式向受众实时发布信息的传播活动。网络直播作为一种新的媒介技术将原本只属于专业媒体的直播权利赋予了普通受众，网络直播作为一种新闻媒介形态创造了新型的互联网内容产品，为每一位用户提供了创作的机会。

二、网络直播的分类

1. 电商直播

电商直播是网络直播行业中发展最为突出的形式。网络直播平台的低成本、低投入吸引着越来越多的商家，尤其是中小型商家将其作为主要销售渠道。从经营多年的老字号品牌到经营刚刚起步的小商户，纷纷投入网络直播平台。近年，电商直播作为一种新的销售业态正不断向农村地区延伸，给脱贫攻坚和乡村振兴赋能，既方便了消费者，又促进了农副产品"走出去"，实现了多方共赢。2020 年 4 月 20 日，习近平总书记来到位于陕西商洛柞水县金米村，调研脱贫攻坚情况，并实地考察了金米村的产业扶贫成果。习近平总书记充分肯定了电商在推广农产品中发挥的重要作用，称电商作为新兴业态，既可以推销农副产品、帮助群众脱贫致富，又可以助推乡村振兴，是大有可为的。

近年来，电商直播这一网络直播形势蓬勃发展，主要得益于以下三个方面力量的助推：一是各级政府深刻认识到电商直播在提高经济发展水平、拉动促进消费增长等方面的巨大潜力，在出台相关政策、引进专业人才、加大基础设施建设等方面积极扶持电商直播业务的发展，为电商直播的发展提供了重要保障。二是各大互联网巨头，包括淘宝、拼多多、抖音、快手、百度、搜狐等，纷纷在电商直播领域布局，积极投入资金、人才和媒体资源，为电商直播的快速增长奠定了坚实的基础。三是随着网络用户的线上购物需求不断提升，电商直播成为网民购物的主要渠道之一，以实时性、互动性为核心特点的电商直播购物形式不仅能带给网民沉浸式的购物体验，还能在"乡村振兴""助农经营"等目的的带动下赋予网民在购物过程中的获得感。

 相关案例

谢谢你为湖北拼单

2020 年年初，受新冠肺炎疫情影响，湖北省农副产品外销面临阻碍，不仅影响湖北广大群众的就业和生计，还将影响全面建成小康社会、决胜脱贫攻坚的大局。4 月 6 日，央视新闻新媒体创新性地将"直播带货"融入新闻直播，由央视主播朱广权和网络主播李佳琦隔空连线，策划出全新的新闻直播形态，推出《谢谢你为湖北拼单——"小朱配琦"带货直播》，通过央视新闻客户端、微博、淘宝等多个互联网平台推荐湖北产品。两个多小时的直播中，央视新闻客户端、微博、淘宝等平台的观看量超过 1.22 亿人次，直播间点赞数超 1.6 亿；微博话题#谢谢你为湖北拼单#阅读量达到 4.1 亿，话题#小朱配琦#阅读量 3.9 亿，两个话题下网友讨论量超过 26 万；央视新闻微信公众号相关报道阅读量超过 600 万。节目融合了主流媒体的权威性、公信力和带货直播的大流量、新颖性，激活了公众的公益理念与责任意识，身体力行地下单购买，两个多小时的直播共售出 4 000 多万元湖北农副产品和名优特产，以"众人拾柴火焰高"的方式解决了湖北的燃眉之急，凝聚了社会共识，拉动了湖北企业复工复产。随后，人民日报、新华社等众多主流媒体纷纷加入直播带货的行列，通过这种形式为湖北加油，为全国脱贫攻坚助力，成为 2020 年媒体"战疫"报道中的一道亮丽风景。

（案例来源：央视网，http://news.cctv.com/2021/05/06/ARTImOBN61PMnZDfl73g2Y9V210506.shtml）

2. 游戏直播

游戏直播也是网络直播的传统形式之一，其直播受众以青少年为主要群体。直播平台主要包括虎牙、斗鱼、企鹅等，其中斗鱼和虎牙两大平台占据的市场份额最大。根据相关数据显示，截至 2022 年年初，斗鱼和虎牙两者的游戏直播市场份额超过 70%。近两年，在游戏直播行业高速增长期逐渐结束的背景下，两大平台采取了不同的经营策略，其中虎牙继续大幅度投入电竞赛事版权，如 2021 年年初以 20 亿元购买英雄联盟职业联赛（LPL）5 年（2021—2025 年）的独家直播权等。相比之下，斗鱼的运营策略旨在降低经营成本，坚持以差异化内容为核心，根据不同的用户喜好，制定不同的内容。斗鱼平台将用户划分为重度玩家和轻度玩家，其中少数重度玩家相对关注游戏中竞技流的主播、选手，多数轻度玩家则倾向于在享受游戏的本身，选手技术等之外更享受主播营造的直播间气氛。针对重度玩家，斗鱼推出了专业的资质比赛，通过展示主播的竞技实力，提升赛事的观赏度。针对轻度玩家，则重点推出更加重视用户参与度的娱乐赛事。

3. 体育直播

狭义的体育直播主要指体育赛事直播，广义的体育直播还包括健身直播等多种形式。其中体育赛事直播是网络直播领域中赛事版权资源竞争最激烈的直播形式，赛事版权的归属往往能够直接决定体育直播平台的发展前景。随着 5G、云计算等新兴技术的发展与应用，体育赛事直播能够带给用户更加生动真实的沉浸式体验。如 2021 年东京奥运会首次投入使用了阿里云与奥林匹克广播服务公司联手打造的奥林匹克转播云 OBS Cloud。OBS Cloud 能够提供 3D 运动员追踪技术，基于人工智能和机器视觉技术，在田径短跑项目中，观众可以看到每个运动员的实时奔跑速度。除了各大赛事的网络直播外，在社交媒体平台上，健身直播迅速崛起，包括课程在线直播教学、弹幕互动交流、付费课程销售等多种形式。依托于抖音、快手等短视频平台的健身直播在相对有限的家居空间，为观众开拓了健身互动的新场景。直播通过特有的实时性、互动性等特点，让受众能够在更加轻松、愉悦的环境中强身健体。其相对低门槛的技巧学习、更为宽松的健身空间等，不断刺激更多的网民加入。

相关案例

"人鱼线马甲线我想要，腰间的赘肉咔咔掉。""跟着刘畊宏老师来打卡，一起瘦瘦瘦。"近日刘畊宏和妻子在直播平台的燃脂健身操刷屏网络，在某视频平台上刘畊宏的粉丝已经突破 3 000 万人，直播累计观看人数超过 1 亿人，以周杰伦《本草纲目》为背景音乐的毽子操，更是引发包括消防员、医生、学生在内的全民打卡健身热，不过也有人在社交网站上分享了自己跟练后腿抖如筛走出"企鹅步"，有网友戏言自己像是被袋鼠殴过一般浑身酸痛。

刘畊宏网络直播爆火"出圈"，究其原因，首先是刘畊宏有健身的专业基础，并多年来坚持健身，良好的身型和活力满满的状态引发网友的向往。相对于其他健身操，刘畊宏选择的动作多数比较简单，但如果跟着直播持续跳一个小时强度也非常大，可以满足网友"爆汗"的需求；其次，新冠肺炎疫情下人们居家时间多，身心压力较大，需要一种健康解压的释放方式；再者，直播时代，不用花钱办卡、不受环境限制，还有众多在线伙伴互相陪伴鼓励，让运动显得不那么孤独和难以坚持，"云健身"成为最简单直接的健身方式。加上刘畊宏常带着妻子一起健身，刘畊宏在前方跳得有力，妻子在背后累得咧嘴，直播的氛围有趣和谐。良好的家庭氛围也是刘畊宏走红的一大因素。互联网不断丰富着人们的精神世界，改变着生活方式，"万物皆可网上学"，望更多正向内容的直播成为主流所倡，健康清朗的网上内容成为人们生活的主流。

节选自人民网《人民体谈："刘畊宏女孩"已伤？健身虽好可不要贪多》

4. 生活类直播

生活类直播是内容最为丰富、种类最为多样、与受众贴近性最强的直播形式。直播者在直播的过程中通过展示和分享获得社会归属感和经济报偿，观看者通过直播获得信息、寻找陪伴、放松心情。生活类直播的传播者大多是普通网民，在激烈的流量竞争中，部分播主为博取眼球不断追求标新立异，甚至不惜触碰道德及法律底线。以生活类直播中的"吃播"为例，"吃播"顾名思义就是直播吃饭，这一现象最早起源于日韩。对受众来说，主播吃的大多是日常可见的食物，便于模仿。另外，观看主播吃东西能够满足自己对食物的需求，属于一种解压方式。对主播来说，"吃播"更适宜带货，无论是食物的制作过程还是使用过程都可能引发受众的消费欲望，带动商品销售。但是，伴随着"吃播"潮流的兴起，也催生了畸形的"吃播"文化，出现了假吃、催吐、辣播、怪播甚至食用违禁食品等违规操作。2022 年 8 月，网红博主"提子"直播拍摄水煮、烧烤鲨鱼，视频中的噬人鲨为国家二级保护动物，任何私自捕捞上岸、留存和销售噬人鲨的行为，都属于违法行为。博主邹某壮等三人录制食用国家二级保护动物法螺视频涉嫌危害珍贵、濒危野生动物被刑事拘留。对此，人民网"人民艺起评"栏目评论文章《搭建互联网平台，讲好中国饮食文化故事》给出了非常好的解答。该文章部分内容节选如下：

"吃播"也好，美食短视频也罢，初衷在于分享饮食的文化与乐趣。一饮一食与生活息息相关、颇接地气，天然拥有接近性和好感……念本心，才能讲好故事；不短视，方可发展长远。

形式或许各异，但通过视听语言呈现出食物的美感和美味，让屏幕前的受众获得多维交织的美的体验，这一点是共通的。说的是"好好吃饭"，背后蕴藏的则是"好好生活"，美食类直播和短视频烟火气满满，可以让人释放压力，获得心灵的抚慰。

更为重要的是，参差多态的美食类直播、短视频内容，背后实则是博大精深的中国饮食文化。"怎么做"背后有中式烹饪的哲思，"选什么"体现了什么季节吃什么的时令和靠山吃山靠水吃水的地域特色，"如何吃"也蕴含着不同风俗习惯和文化背景。一道道美食的背后是"吃的门道"，是中国的饮食器具、餐桌礼仪、地理风光、人情世故等中华传统文化……规模庞大、题材丰富的中华美食类直播和短视频，与非遗文化、功夫绝技和民族音乐等一起，成为对外讲好中国故事的重要途径，让更多海外受众更为真切地感受到不同视角的中华文化魅力。

5. 新闻直播

网络新闻直播是传统新闻直播在网络时代的拓展和延伸。当前最主要的网络新闻直播方式之一是传统媒体与微博、微信等社交媒体平台共同合作开展的。传统媒体丰富的报道资源、专业化的报道队伍以及多年积累的权威性和公信力与社交媒体平台强大的用户黏性、频繁的受众互动及灵活的传播方式相结合，双方优势互补，有效提升了新闻直播的传播价值和影响力。随着网络直播技术的不断成熟，一种新的直播形式——慢直播也悄然兴起。所谓的慢直播是指对事件及其场景全程不间断地进行直播，无剪辑、无脚本、无旁白解说、无背景音乐，重在原生态记录。不同于电影、纪录片等由创作者来讲述故事的方式，在慢直播中，观看者自行发现亮点、诠释内容。国内的慢直播最早被应用于旅游观光类内容的传播。早在2013年，央视网推出的熊猫频道就以大熊猫为主题，通过全天、全方位、全时段直播大熊猫野化放归、繁育交配、新生大熊猫宝宝亮相及其他珍稀物种等热点内容，为民众普及关于大熊猫和其他珍稀物种保护的知识，向民众展示近年来中国对生物多样性保护和生态环境保护的成果。

相关案例

2020年1月27日，央视频推出的《疫情二十四小时》正式将新闻慢直播带入了受众的视野。该节目从1月27日起对火神山医院和雷神山医院的建造过程进行24小时不间断直播，直播过程中没有主持人解说，仅通过一个固定机位实时展示工地的现场情况，这场直播获得了极高的关注度。相关数据显示，仅几天时间，就有9 000多万网友通过"云监控"的方式"参与"到这场伟大工程的建设中来。网友们通过点赞、评论等方式诉说了对这一新颖直播形式的感受，也表达着对"战疫"一线的关注与支持。

与传统网络新闻直播形式相比，新闻慢直播具有以下优势：一是真实性强。通过持续不断的直播，让观众时时"在场"，随时跟进当下正在发生的事件。在移动互联网时代，各种信息纷杂难辨，朴素原始的直播方式反而更有力量。二是参与性强。慢直播具有身临其境的在场感，为广大观众提供了广阔的交流场域，人们在观看慢直播和在线互动中，更容易凝聚情感，强化共同记忆。

除了以上形式外，网络直播还包括真人秀直播、演唱会直播等多种形式。

三、网络直播受众的使用与满足

1. 满足受众的社交需求

网络直播升级了主播与受众、受众与受众间的互动方式，主播与受众间的实时对话、不断更新的弹幕文字、各种类型的打赏道具调动起用户的全部感官，从互动场景中获得满足。尤其是打赏行为，受众通过直播平台购买货币或道具，再兑换成虚拟礼物赠送给主播，以利益为核心的情感表达方式能够极大提高主播与受众间的互动频率与反馈效率，使受众获得持续的社交互动满足。作为网络直播中的主要互动方式，直播打赏为受众提供了一种支持与喜爱的表达方式，也因此吸引了更多普通人在网络上分享生活、展示才艺，促进了直播经济的繁荣发展。但同时我们也需要注意到，直播打赏机制直接导致了网络直播中主播行为失范等现象，一些违规主播不惜通过"言语刺激""情感暗示"等方式，引诱骗取受众消费。尤其对未成年网民群体来说，打赏行为容易滋生不劳而获、一夜暴富等观念，极易引发跟风心理、攀比心态等。2022 年 5 月，《关于规范网络直播打赏 加强未成年人保护的意见》（以下简称《意见》）出台，《意见》指出，在"禁止未成年人参与直播打赏"上，禁止（网站平台）为未成年人提供现金充值、"礼物"购买、在线支付等各类打赏服务；在"严控未成年人从事主播"上，要求（网站平台）不得为未满 16 周岁的未成年人提供网络主播服务等。该意见为营造未成年人健康成长的良好环境，促进网络直播行业规范有序发展划出了底线红线。

2. 满足受众的娱乐需求

网络直播内容主题的丰富性极大满足了受众的娱乐需求。另外，网络直播主体的贴近性和直播场景的既视感能够带给受众真实的"在场感"，这更让网络受众的娱乐需求获得沉浸式满足。艾媒咨询发布的《2022—2023 年中国 MCN 行业发展研究报告》（以下简称《报告》）数据显示，在中国直播（包括短视频）用户偏好的内容类型中，排名前两位的都是娱乐内容，其中综艺节目占 64.8%，影视音乐占 57.3%。网络直播能够满足受众的娱乐需求，让受众在紧张的学习或工作之余能够放松心情，缓解压力。但同时，我们也需要注意到，以娱乐为导向，盲目追求感官刺激，唯流量是从等泛娱乐化现象正在影响直播行业的健康有序发展。《报告》数据显示，当前用户对 MCN（Muti-Channel Network）行业的不满意因素主要集中在内容同质化、主播（网红）素质低、内容质量低等方面。网络直播行业仍需加强监管力度，不断提升内容质量和主播素质，为受众提供健康的娱乐产品。

3. 满足受众的陪伴需求

陪伴是人们消除孤独感的主要方法，是受众普遍的心理及情感需求。在网络时代，现实群体的离散现象日益明显，网络直播能够帮助受众打破地域和社会群体的限制，在虚拟空间中加入群体并获得社会归属感。以学习直播为例，其直播的内容不包含教学环节，只是对自习过程的实时记录，其目的就是让受众能够在主播的陪伴下专注学习。学习直播的受众主要为学生群体。对于主播来说，直播学习能够建立学习过程的仪式感，并通过仪式感实现自我展示和自我监督。对于受众来说，观看直播学习能够帮助其消除自身的孤独感，产生"并不是我一个人在战斗"的意识，从而获得学习的动力。学习直播作为由陌生人临时组成的"班级",其参与者往往具有相同或者相似的学习目标,甚至相似的学习、生活和工作经历,在直播互动过程中意见一致性较强,很容易达成共鸣,能够极大满足个体对群体归属感的需求。另外,这种虚拟的"陪伴"方式与现实的陪伴相比,对时间、地域、精力等成本要求低,且不需要太多的情感连接与维系,对部分受众来说,更加经济实用。中国青年报社会调查中心联合问卷网进行的专项调查数据显示,79.6%的受访者看过学习类的直播,54.5%的受访者直播过学习,54.4%的受访者觉得"直播学习"对自己有帮助,可以提高学习效率。

课后思考

1. 与即时通信工具中的新闻传播相比,网站新闻传播具有哪些优势和劣势?
2. 网络中普遍存在的弱关系具有哪些价值?
3. 结合实际案例谈谈网络暴力产生的原因。
4. 除了本章介绍的内容,还有哪些内容容易成为移动短视频中的爆款?
5. 在百度百科中亲自编写一个词条并审核通过。
6. 分析当前网络直播中存在的问题并提出相应的解决策略。

>>>>>>【春风化雨 润物无声】

习近平总书记强调:"网络空间天朗气清、生态良好,符合人民利益。"网络内容建设,是净化网络空间环境的关键……拥有众多粉丝、自带流量的网络主播,在带来商业价值的同时,也应在传播科学文化知识、丰富精神文化生活等方面发挥积极作用……网络空间是亿万民众共同的精神家园。让社会主义核心价值观在网络空间蔚然成风,需要每一位网络直播从业者在努力赢得公众关注的同时,肩负起相应的社会责任,以身作则、向上向善。依法加强网络空间治理,加强网络内容建设,更好发挥教育引导功能,才能让正能量充沛、主旋律高昂,也才能推动网络直播行业实现高质量发展。

2022年7月8日《人民日报》景星维《营造天朗气清的网络空间》节选

第三章 社会化媒体

学习目标

1. 社会化媒体的主要特征
2. 社会化媒体中网民互动行为的动因分析
3. 社会化媒体中新闻事实核查的主要方法
4. 微博的基本特点和传播机制
5. 微博用户的使用与满足
6. 政务微博管理者的经营原则
7. 微信传播与微博传播的区别
8. 微信公众平台的传播特点
9. 类信息流模式下传统媒体微信订阅号存在的问题与解决策略

第一节 社会化媒体的相关理论

一、社会化媒体的概念

尽管社会化媒体已经成为当下网民最主要的互联网应用之一，但是学界及业界仍旧没有就社会化媒体的概念达成一致。最早提出这一概念的是美国学者安东尼·梅菲尔德（Antony Mayfield），他在其撰写的《什么是社会化媒体》（*What is Social Media*）一书中表示，社会化媒体是一个集参与、公开、交流、对话、社区化、连通性于一体的，为用户提供广大参与空间的新型在线媒体。随着互联网技术的发展，特别是 Web2.0 技术的运用，内容生产与社交相结合成为社会化媒体的重要特征，因此在这里将社会化媒体界定为基于互联网技术，为用户提供社会交往与内容生产功能的平台。

二、社会化媒体的主要特征

1. 内容生产与社会交往相结合

社会化媒体中的内容生产和社会交往是相伴相生的，用户的社会交往需求构成了其内容生产的动力，同时，用户持续的内容生产会使社会化媒体上的用户关系更加密切。因此，对专业媒体来说，通过社会化媒体进行内容传播，需要把内容是否能促进用户间的点赞、转发、评论等互动行为作为主要的考量因素。

2. 用户是内容生产的主要力量

尽管政府机构、媒体、企业等也通过社会化媒体进行传播，但是在社会化媒体平台中，它们与网民的地位是平等的，与之相对的是，社会化媒体平台上的网民数量远远超过政府机构、媒体、企业单位等的数量。因此，在社会化媒体平台中，网民才是最主要的内容生产力量。除此之外，社会化媒体中的信息传播也主要依靠网民之间的互动。

三、社会化媒体中网民互动行为的动因分析

社会化媒体平台中网民的互动行为主要表现为点赞、转发和评论等行为。社会化媒体中网民产生互动行为的原因主要有以下几个。

1. 信息管理

各类社交媒体平台都会将网民点赞、转发或评论的信息统一集合到某一个或几个分类当中，因此，网民就可以通过点赞、转发或评论等行为构建个人信息中心，将自己感兴趣的信息集合到一起进行分类管理。另外，基于用户画像的算法系统在识别到用户的互动行为后，会根据用户点赞、转发或评论的主题为其推送相关内容，这在无形中也促成了网民对信息来源的管理。

2. 彰显存在，表达自我

网民在社交媒体平台中点赞、转发或者评论等，一方面能够塑造自身形象，另一方面能够传达自身观点。相比于直接发布信息，这类互动行为具有低成本、低风险的优势，这也使得互动行为的发生更加容易。低成本是指用户不原创任何内容，直接转发自己感兴趣的内容就能够塑造自身形象，传达自身观点；低风险是指如果点赞或转发的内容出现问题、引起争议等，作为该条信息的转发者也不需要花费太多的时间和精力去解决问题、平息争议，借他人之口抒己方之见且不需要承担过多责任使转发的风险降低。但低风险并不是零风险，转发虚假的险情、疫情、灾情、警情等，严重扰乱社会秩序或造成严重后果的，都将受到法律惩罚。《中华人民共和国刑法修正案（九）》中关于微信谣言的规定，就对此类行为有严格的界定。

3. 拓展社会关系，获取社会资本

点赞、转发和评论行为都能够帮助用户维持或拓展社会关系。其中点赞是最简单、成本最低的互动行为，仅仅通过一次点击就能够表达对他人的关注和好感，便于双方关系的长期维系。转发行为能够将对方的观点扩散至更广泛的区域，可以理解为一种网民间的互动行为，这种互动行为不但能够维系关系还能够拓展新关系。另外，点赞和转发行为都不需要费力思索想要表达的内容，也不容易因为某些不恰当的表述而引起他人的误解，因此依靠这类互动行为维系社会关系的成本和风险都很低。相比于前两者来说，评论的互动成

本较高，但相较于前两者来说互动效果也最好，它能够让信息发布者进一步了解其发布的信息是否正确、是否能引起他人共鸣等。评论本身也能够维持并激发创作者的创作热情。相关调查结果也证实，点赞这一互动行为虽然成本低，但获得的社会报偿也极少，很难引起信息发布者的注意，评论则恰恰相反。

4. 获得经济利益

社交媒体平台的传播是点对点的网状式传播，网民的转发行为能够实现信息的有效扩散，尤其是意见领袖等社交媒体平台上的关键节点，传播能量巨大，因此转发行为也成为某些微博、微信等平台意见领袖获得经济利益的主要方式之一。他们通过转发广告等为企业进行宣传，并获得相应的经济回报。

5. 获得社会归属感

社会归属感是人的主要心理需求。通过点赞、转发和评论等行为进行互动，是网民实现社会参与、获得社会归属感的有效方式之一。参与网络中某个热议话题的讨论就意味着加入了某个群体，成为群体中的一员，反之则会出现孤独感。

四、社会化媒体中的新闻事实核查

在传统媒体中，把关的权力主要集中在专业媒体从业人员手中。在社会化媒体中，把关权力分散，平台运营者、媒体从业人员和普通受众都对信息把关发挥作用，尤其是数量巨大的网民，他们是促进社交媒体平台上信息传播的主要力量，对信息的把关起关键作用。信息把关权力的分散带来了虚假新闻等一系列问题。在社交媒体平台上，面对纷繁复杂的信息，可以从以下几个方面鉴定真伪。

1. 追根溯源

所谓的追根溯源是指寻找信息的原始出处。在社会化媒体中，很多信息在传播的过程中，由于传播者的增减删改等原因导致信息的变形甚至出现虚假新闻。比如，某网友对某篇微博文章深有感触，在转发的同时还添加了表达自己理解的解释性文字，这些文字未必完全符合原作者的意图，很可能造成后续读者对原作品的误解。尤其是在社会化媒体中传播的名人名言，有的是对某位名人只言片语的断章取义，还有的是凭空杜撰或者张冠李戴，借名人之口抒个人之见。

除文字外，对社会化媒体中的照片也要追根溯源。有些新闻中文字部分虽然无误，但是图片也有可能造假，尤其在一些突发性新闻事件的报道中，如地震、火灾、暴雨等，常有信息发布者为博人眼球而移花接木，使用曾经报道过的类似新闻中的图片。尽管相对于文字来说，对于图片真伪的鉴定更加具备技术难度，但随着互联网技术的不断发展，鉴别的技术难度将不断降低。比如，百度搜索引擎等互联网应用提供的"以图搜图"功能，就能在一定程度上帮助用户鉴别照片的真伪。打开百度搜索引擎后，点击搜索框右侧的"照相机"按钮，然后点击选择文件，上传图片或者将图片直接拖拽到对话框，系统就能自动识别图片来源并推送与上传图片相似的图片。

2. 多源求证

多源求证是传统媒体时代非常有效且常用的信息核实手段，在社交媒体平台中，这一手段仍然适用。多源求证中的"源"是指信息源，包括信息源的身份、信息源的信用等进

行信息核实时需要考虑的各项因素。多源求证是指媒体不应该发布只有单一信息来源的信息，尤其是在信源身份不明、信源信用度不高等情况下，应当在有两个或两个以上信息来源共同证实，且这两个信息来源身份明确、信用度较高的情况下，才能在一定程度上确定信息的真实性。

在进行信息来源鉴别的时候还需要注意，部分传播者为了掩盖真相会故意隐藏新闻的来源。

 相关案例

> 2017 年 7 月 27 日环球网公众号报道了青岛举行的军事演习。在这篇报道当中，环球网连环套似的引用了多家媒体的报道，新闻来源很难辨识。首先报道声称网站引用了美国世界新闻网的内容，美国世界新闻网又在内容中声称其引用了台湾某报社的报道，而台湾某报社在报道的过程中又使用了香港某报社的报道。最后这篇报道被发现是一个假新闻。2017 年 7 月 30 号国防部的新闻发布会对假新闻进行了澄清。

还有部分传播者为了博取注意力故意制造假新闻。

 相关案例

> 2016 年 2 月，昵称为"想说又说不出口"的网友在某论坛的帖文引起了网友的注意，该网友在帖子中写道：自己是正宗的上海人，家庭小康，谈了个外地男朋友，春节假期在男友的要求下和他一起去江西老家过年。但是在男友家吃第一顿晚饭时，看到饭菜她真的想吐，她接受不了，因此决定与男友分手回到上海。该事件很快引起了网友的激烈争论。帖子发布的第二天，上海某本地论坛就把这个帖子转发到了微博上。2 月 7 日，某都市报官方微博在默认该事件为真实的前提下转载了该帖文，并以"随男友回村过年分手这事儿你怎么看"为话题邀网友展开讨论，随后一大批的主流媒体官方微博、微信公众号开始纷纷对此事进行转载报道和评论。在该事件火热传播的过程中，有细心的网友发现了事件中的疑点。疑点一是照片像素太低，很像视频截图而不像手机照片。疑点二是有网友建议女孩买火车票回上海，当事人作为上海本地人对打电话能购买火车票这样的常识问题都不清楚，不合常理。最后，经过部分媒体的多源求证，该帖子被认定为假新闻。最早揭开新闻真相的是某都市报，为此其获得了当年的中国新闻奖，其推荐理由是"上海女孩逃离农村是 2016 年全国十大假新闻之一，点击量超亿次，题材重大，关注度高。面对这样一个网络汹涌的舆情，记者保持清醒头脑，没有人云亦云，而是冷静面对，采访权威部门，发出权威声音，及时报道了事件的真相，维护了江西形象，也起到了很强的舆论引导效果"。

还有一些网站、微博账号或微信公众号，虽然看似提供的是新闻，但其实并不是。其往往以真实的新闻事件为蓝本，采用夸张的手法，加入作者的想象，加工杜撰出新的故事。虽然这些故事都是以新闻报道的格式进行的，但均是假新闻，不能成为新闻来源。

3. 综合分析

对社交媒体平台信息的综合分析主要包括核查信息中的专业性内容和逻辑性错误。首先，对于信息中的专业性内容，除了自己特别擅长、能够确保其真实性的信息以外，都要

<u>进行核查</u>。可以采用咨询相关领域专家或查询相关文献等方法进行核查，以确保专业性知识无误。比如，曾经在社会化媒体当中广泛传播"电子烟无害，不让人上瘾"等相关信息，经过相关专家证实，电子烟中含有的物质在加热雾化以后也会产生新的有害化学物质，对人体的伤害依然存在，而且电子烟中同样含有尼古丁，会导致吸烟者上瘾。<u>其次，通过逻辑判断与推理寻找信息中的逻辑性错误。</u>部分信息存在明显的逻辑错误，通过对内容的逻辑判断与推理，很容易寻找到信息中的逻辑性错误并对其进行判定。但部分信息发布者迫于时间压力或主观惰性等原因对这类问题视而不见，导致此类假新闻在社交媒体中大量传播。

 相关案例

> 2013 年 11 月 11 日，天猫官方微博发布的一篇"双十一"相关报道《一小时天猫双十一购物狂欢节，支付宝交易额超 67 亿》中声称，双十一天猫文胸内裤的销售量达到了 200 万条，连接起来有 3 000 千米长。该新闻发布后引起了江宁公安在线微博的注意，江宁公安在线微博发现了新闻当中的逻辑错误，并且在微博中发布了这样一段话："马云，您好，我是警察蜀黍①，恭喜你今天天猫交易额突破 300 亿，我们都为你感到骄傲，我的问题是：为什么天猫卖的 200 万条内裤连在一起会有 3 000 千米长，你们卖的内裤尺寸平均每条都有 1.5 米长吗？这种尺寸的内裤对购买者来说有什么意义？谢谢!"

4. 直接验证

在具备验证条件的情况下，对于一些通过自我核查或者逻辑推理难以精确判断的信息可以直接进行验证，包括寻找事件当事人直接验证实时性信息或通过实验等方法验证专业性信息等。

 相关案例

> 2020 年，新冠肺炎疫情初期，微信中曾经出现并广泛传播着这样一条新闻：今晚 9：30 央视新闻频道，白岩松主持新型冠状病毒肺炎专题现场直播，邀请钟南山院士介绍疫情。这条新闻可以通过两种方法进行核查，第一种方法是综合分析，寻找逻辑错误。通过调查中央电视台官方网站中发布的节目安排，能够发现白岩松在中央电视台主持的一共有两档节目，一个是《新闻 1+1》，它的播出时间在周一到周五的 9：30。另一个是《新闻周刊》，播出时间是每周六晚上的 10：15。而这条消息声称节目的播出时间是 2020 年 1 月 26 日，2020 年 1 月 26 号是周日，这个时间段没有白岩松主持的节目，那么从逻辑推理上我们就能够断定它是假消息。另一种方法就是直接验证。在条件允许的情况下，可以联系栏目组甚至是白岩松本人进行直接验证。直接验证的好处是能够确保真实。

---

① 蜀黍网络中为"叔叔"的谐音，代指"叔叔"。

直接验证的方法虽然有效，但是需要充分的时间、精力和社会资源，因此对于普通用户来说，直接验证成本较高，不宜采用。但是对于部分机构微博、微信的运营者来说，在处理部分重要信息时，如果依靠自身的专业知识和逻辑判断不能做出明确的判断，完全可以尝试进行直接验证。如果采用实验的方式进行直接验证，还可以把验证的过程公布出去，不但能够进一步增强信息的可信度，还能够调动广大网民的参与积极性，引发广泛关注。

第二节　微　博

一、微博的诞生与发展

微博（Microblogging）的雏形诞生于 2006 年前后，出自 17 岁的德国学生克里斯蒂安·纽克尔逊之手。这名中学生设计了一个叫作"tumblelogs"的博客网站，支持撰写短消息。2006 年 7 月，推特（Twitter）正式上线。Twitter 原意为"鸟叫声"，创始人埃文·威廉姆斯（Evan Williams）认为鸟叫声短促、频繁、快速的特点就是 Twitter 追求的目标，Twitter 由此得名。根据巴黎分析公司 Semiocast 发布的报告，截至 2021 年 7 月 31 日，Twitter 的注册用户超过了 5 亿。Twitter 公司发布的财报显示，截至 2020 年第三季度，Twitter 的可货币化日活跃用户达到 1.87 亿。

Twitter 的飞速发展促进了国内微博的出现。2007 年 5 月，饭否（fanfou.com）诞生，其创始人是校内网和美团网的创始人王兴。饭否的出现宣告了中国第一家微博的诞生，其后的两年间，虽然出现了叽歪、雷猴等同类应用，饭否一直稳居国内微博的首位，注册用户量超过百万，直到 2009 年 7 月关停。其后仅一个月时间，新浪微博上线，搜狐、腾讯、网易等门户网站也相继推出了各自的微博产品，新华网、人民网、凤凰网以及和讯财经等多家传统媒体网站也相继推出微博。微博的井喷式发展使 2010 年成为中国微博发展元年，这一年国内微博产品达到 20 多种。其中发展势头迅猛的新浪微博在 2014 年 3 月 27 日宣布改名为"微博"，并推出了新的 LOGO 标识，旨在逐步淡化原本的新浪色彩。根据微博数据中心 2020 年 12 月公布的统计数据，截至 2021 年 6 月，微博的月活跃用户为 5.66 亿，平均日活跃用户为 2.46 亿。中国互联网络信息中心 2020 年 9 月发布的《第 46 次中国互联网络发展状况统计报告》显示，截至 2020 年 6 月，我国网民规模达到 9.4 亿，其中，微博的使用率为 40.4%。

二、微博传播的基本特点

1. 内容的微型化与碎片化

微博的容量上限是 140 个字符，这是微博区别于博客在形式上的核心特点。用户不需要投入太多的时间、精力去思考和写作，随时随地就能够将自己的所见、所闻、所感发布出来，因此，微博的使用频率更高，用户黏性也更强。

微博内容上的微型化以及传播的移动化必然意味着传播的碎片化，因为移动状态下的只言片语很难将复杂的事件完整呈现出来。因此，大部分微博的内容反映的都是某一人物或事件的点，缺少完整呈现的面。但是，这种碎片化的意义并不都是消极的。首先，碎片化的信息是用户多元化价值观的反映，更加真实。其次，当足够多的碎片以一种内在的逻辑被拼贴在一起时，它也能够反映出事实的全貌与深度。

2. 载体的移动化与便捷性

微博的载体突破了传播的时空限制，用户能够使用智能手机登录微博客户端，随时随地访问使用微博，因此，微博载体的移动化与平台登录使用的便捷性使微博的时效性得到了很大提升，内容更丰富，专业性更强。

3. 传播的开放性与社交化

首先，与论坛、博客等相比，微博的交流结构更加开放。微博的链式结构使其在保证以每个微博用户为中心的前提下，可以将外界其他用户的相关信息随时随地吸收进来，信息传播效果比博客好，也会带来丰富的评论。其次，与博客相比，微博的转发更加方便、快捷。一键转发功能等极大地方便了用户分享，有效提升了信息的流通速度，传播效果更好，有价值的信息很容易实现病毒式传播。

作为主要的社交方式之一，微博用户在微博平台上的社交往往是以信息传播为目的的，而信息传播也必然成为微博用户进行社交的主要手段。因此，受众通过微博获取信息的广度和深度往往由其自主设置的关注对象的质量决定。由于微博的信息传播是建立在社交网络基础上的，用户在微博平台上发布的信息传播和扩散的速度更快，很容易实现普遍存在的效果。

三、微博用户的使用与满足

1. 自我记录与表达

自我记录与自我表达是大多数用户使用微博的原始动机，尤其是年轻群体。他们通过微博平台发布关于消费、美食、运动等方面的信息，记录生活，表达观点。而生活方式是微博用户热衷分享的领域。

2. 公共信息获取

微博中的信息传播以社交网络为基础，同时其信息发布形式比博客更加方便快捷，用户可以随时随地通过微博在公共空间发布信息，了解自己关注对象的动态信息，并利用多种方式与微博空间上的其他用户展开互动。在网络传播领域，微博是非常重要的互联网应用，它不但拥有即时通信、网络论坛、博客等多种产品的优点，还能够将人际传播与大众传播有机结合起来。因此，相比于微信来说，微博具有更强的媒介属性。

相比于专业媒体机构，微博的信息传播在时效性、丰富性等方面具有独特的优势。尤其是突发事件的相关报道，来自现场目击者或当事人的第一手材料或内幕消息能够在第一时间及时到达用户，海量用户发布的信息也呈现出专业媒体难以达到的丰富的多元化报道图景。另外，在微博中，信息与意见往往是并行传播的，很难区分，其中部分专业人士的评论还能够为受众廓清方向，明辨是非。微博数据中心 2020 年 12 月公布的统计数据显示，权威信息发布、社会热点回应、正能量暖心故事，是用户关注微博最希望看到的内容。相关数据显示，截至 2020 年，微博认证的政务机构账号数量超过 14 万个，其粉丝总数突破 30 亿，所发布微博的总阅读量超过 4 500 亿次。在 2020 年新冠肺炎疫情期间，微博用户日均查看疫情信息 161 亿次，3.7 万个政务微博以及 3 000 多家媒体微博发布权威信息 607.6 万条，发起 3 万场疫情直播，观看人次超 30 亿。此外，社会各界发布了 61 万条求助微博，其中 251 座城市的 557 家医院通过微博求助。通过"肺炎求助超话"，微博平台核实求助微博 10 637 条，上报有效求助信息 3 964 条，众多患者发微博反馈救助问题得到解决。

3. 自我形象塑造

对于一些政府机构、企业、组织类的微博用户，尤其是对于明星用户来说，微博是很好的公关平台，通过微博能够实现与用户的积极互动，塑造良好的自我形象。以明星群体为例，微博平台能够拉近明星与粉丝的距离，塑造亲和的形象，因此，大多数明星会选择通过微博平台发布自己的生活和工作动态，表达自己的心情或对某些公共事件的看法等。部分明星还会通过微博平台将自己参与公益事业的相关信息发布出来，构建自己的公益形象，提高自身的影响力。

4. 社会关系与社会资本

作为主流社交媒体应用之一，微博帮助用户构建并维系着庞大的社会关系网络。其中，现实关系，包括亲人、朋友、同学、同事等，是微博社会关系网络的主体。除此之外，明星也在这个社会关系网络中占据重要的份额。新浪微博在创办之初主要就是利用名人战略使平台在短时间内迅速成长。社会各界的名人或明星纷纷开通新浪微博后，微博用户通过微博平台不但能够及时了解自己关注对象发布的信息，还能够与名人明星互动。同时，关注同一个话题或名人的粉丝间也能够建立起更亲密的联系，社会关系进一步加强。

5. 信息与知识的积累、归档

和博客类似，微博也成为部分用户积累信息与知识的平台。他们通过收藏、整理、分享某些方面的信息与知识，在微博平台上建立起一个个小型资料库，为信息与知识的深度、广泛传播提供了坚实的基础。

四、微博传播的机制

微博传播是 Web2.0 时代的典型传播方式，其传播机制与传统的 Web 网站传播有很大的区别。主要体现在以下几个方面。

1. 微博传播是以人际传播为基础的大众传播

微博传播综合了人际传播、群体传播、组织传播、大众传播等多种传播形态，但其在大众传播领域的传播效果优势非常明显。因为微博是以人际传播为基础的大众传播，其利用人际传播的关系网实现信息的广泛传播，极大提升了微博的大众传播效率。与同样具有大众传播效果的网站传播相比，微博传播速度更快，扩散性更强。

微博能够实现方便快捷的信息转发，因此它能比博客更充分地激活和调动网民的社会关系网络。同时，与即时通信工具相比，微博更利于公共信息的传播和社会性交流。微博传播依靠的用户社会网络不仅是微博信息扩散的结构基础，也是微博用户网络信息消费的基本机制，微博用户通过选择关注对象的方式构建起其个性化的信息中心，这些关注对象就成了该用户的主要信息源和信息把关人。

相比于网站传播，微博传播结构的特点改变了传统网络编辑的地位，传统网络编辑的地位降低，网民的地位上升，微博平台上的每一个用户都能够对信息传播发挥作用。网民的点击和转发等行为形成了一种公共信息筛选机制。信息的点赞数量越多，被转发的次数越多，评论数量越多，该信息的传播速度越快，传播范围越广，传播效果越好，具有公共价值的信息越容易被凸显出来。例如，2012 年 7 月北京遭逢大雨，微博平台就因为其独特的传播结构在救灾抢险中发挥了巨大作用。

 相关案例

北京大雨

2012 年 7 月 21 日北京大雨导致上百人被困在房山青龙湖一带，由于求救信息多等原因，传统通信信道拥堵，110、119、120 等电话持续忙音，无法联系。19 时 14 分，一名叫"亘秦"的网友在微博中发布信息："山洪暴发，被困北京房山青龙湖少年军校基地，有上百个小学生，110 打不通。求救。"19 时 46 分，北京消防的官方微博就转发并评论了该条信息，内容为："我们已经调派警力前去救援。"在这次突发事件中，房山青龙湖少年军校孩子们的求救消息最终是通过微博在第一时间发送出去的。这一天，很多网友通过微博完成了实时的现场报道，还有更多的网友阅读转发并评论，指导被困群众采取行动。微博成了当时最迅速、最便捷、最畅通的传播途径。

2. 微博传播的关键是话语权力中心

话语权力中心是指能够得到广泛的关注，其信息和意见能够对较大人群产生影响的微博用户。微博平台上有两种话语权力中心：一种是必然性权力中心。多数情况下他们在现实生活中也是话语权力中心，他们的网络话语权力是这些主体现实传播能量在网络中的映射，因此他们能保持稳定的传播能量，比如名人，以及中央电视台、人民日报等传统媒体等。另一种是偶然性权力中心。这类权力中心往往是在某些特定的情境下产生或受某些特殊因素影响而形成的，通常难以保持稳定的传播能量，仅能维持一定时期的影响力，例如网络文化的焦点、网络事件的当事人等。

必然性权力中心能够成为微博平台的意见领袖，其态度和意见能够在某种程度上影响微博用户的意见和态度。意见领袖的信息传播有助于提升微博信息传播的影响力。而偶然性权力中心是微博平台上的临时性"热节点"，他们在短时间内对特定信息的影响力更大。如某热点事件当事人的微博，很容易成为偶然性权力中心，对该热点事件相关信息传播的影响力巨大。

值得注意的是，尽管话语权力中心是促进微博信息快速传播的关键节点，这并不意味着他们对网络信息传播的影响总是积极的、正面的，也可能是消极的、负面的。

3. 微博平台能够形成自组织

所谓自组织，即没有外界干预，通过子系统间的合作，能够形成宏观有序结构的现象。在网络中，主要有两种自组织形态。一种是常态性自组织，指平台在运行一段时间后，内部的分工逐渐形成，成员之间基于各自角色与特长形成较为稳定的互动、协作关系。比如维基平台等。另一种是应急性自组织。它是在特定的时期或话题触发下出现的临时性网民力量聚合和协同工作。微博平台上的自组织现象就属于应急性自组织，往往出现在突发事件的传播过程中。

📖 相关案例

四川雅安地震

2013年4月20日8时2分四川省雅安市芦山县（北纬30.3，东经103.0）发生7.0级地震。据中国地震局网站消息，截至24日14时30分，地震共计造成196人死亡，21人失踪，11 470人受伤。从雅安地震过程中微博发布的相关信息构成中能够看到，微博用户在地震期间通过发布各类信息自觉承担起了多种角色，包括地震信息的传播者、地震知识的贡献者和援助行动的倡导者等。这些角色通过彼此间的相互配合，不但实现了真实有序的信息传播，还成功开展了多次有效的社会行动。

第一类：地震信息的传播者。首先，作为地震信息传播者的微博用户提供了关于地震现场的原始信息。尤其是身处地震灾区的网民，他们具有比专业媒体更大的地域优势，能够更早获得来自地震现场的新鲜信息，而这部分信息往往也是网民最为关注的。其次，作为地震信息传播者的微博用户极大促进了地震相关信息的扩散。网民们通过点击、转发、评论等方式实现了信息的迅速扩散，信息的重要性越强，传播速度越快，扩散范围越广。在信息的扩散传播过程中，具有公共价值的信息被凸显出来，虚假信息能够得到有效甄别，真实信息被自然有效地筛选出来。最后，作为地震信息传播者的网民还充当起了信息整合者的角色。例如有学者将与四川雅安地震发生之后三小时内的各方反应相关的信息进行整理并制作成时间表，这条长微博的发布引起了网民的极大注意，转发量超过12 000次。虽然这个时间表中也存在一些错误或遗漏信息，但其高转发量体现出了网民在突发事件中对整合型信息的需求，因为在地震这类涉及面广、持续时间长的突发事件中，信息量大且碎片化强，网民亟须对碎片信息的筛选、拼贴与事实还原。

第二类：地震知识贡献者。在雅安地震中，大量网民通过微博平台贡献了地震的相关知识，包括如何在地震中逃生、如何通过手机求救、如何预判余震、如何救援等。这些知识为广大网民提供了即时或延时的指导。

第三类：地震行动倡导者。在地震等突发事件中，社会行动会极大增加。在雅安地震中，网民通过微博平台成功发起了多项范围广大的社会行动，包括号召大家不要盲目进入灾区，让出生命通道，为灾区提供矿泉水等急需物资等。这些行动在加快救灾进程的同时也凝聚了人心，鼓舞了士气。这些成功行动的倡导者，大多数是具有较高影响力的意见领袖。

相关案例

微博打拐

微博打拐事件缘起于中国社科院学者于建嵘教授在微博平台发布的一条微博"随手拍照解救乞讨儿童"。这条微博经过广大网友的不断转发，影响范围不断扩大，不但吸引了大量社会名人和传统媒体的跟进与关注，还实现了慈善机构、公安部门、媒体等社会力量的加入和参与，使微博打拐这一议题成为 2011 年春节期间最热点的公共事件。各方力量积极呼吁为乞讨儿童建立数据库并培训志愿者，各地警方也不断派出警力调查核实乞讨儿童相关信息，公安部以及很多地方公安机关纷纷表态积极支持这一社会行动。2012 年 5 月 16 日，中华社会救助基金会与著名调查记者邓飞还签订了关于共同合作设立"微博打拐公益基金"的协议，进一步推进微博打拐行动进程。从于建嵘教授最初发起倡议，到广大网友的积极转发鼎力支持，再到政府和相关机构的不断推进，微博自下而上地实现了一场成功的公民自组织，共同推动了社会的进步。

五、政务微博

政务微博主要指政府机构或政府官员因公共事务而开通的微博。政务微博的主要作用是发布官方信息、收集群众意见、提供便民服务等，其主要目的在于通过微博搭建一个社会化参政、议政、问政的网络交流平台，与公众开展良性沟通。根据中国互联网络信息中心（CNNIC）发布的第 46 次互联网统计报告，截至 2020 年 6 月，新浪平台终获得认证的政务机构微博数量为 14.1 万个，遍布我国的 31 个省（区、市），其中政务机构微博数量最多的是河南省，共开通政务微博 10 251 个，居全国第一；排名第二的是广东省，开通政务微博数量为 9 613 个。2020 年 6 月部分省份政务机构微博数量如图 3-1 所示。

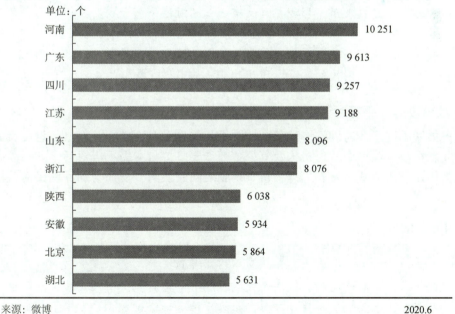

来源：微博　　　　　　　　　　　　　　　　　　　　　　　2020.6

图 3-1　2020 年 6 月部分省份政务机构微博数量

政务微博在给政府机构带来机会的同时也提出了挑战。要通过政务微博与网民实现良好的互动交流效果，管理者需要遵循以下几个方面的原则。

1. 用心倾听，主动发声

政务微博为政府机构及其公务人员提供了与公众沟通的新渠道。要实现在微博这一新渠道的有效沟通，政府机构及其公务人员首先要做到主动发声。网络时代，隐瞒事实真相、逃避责任不但无法解决存在的问题和矛盾，反而会加剧矛盾，最终造成更严重的负面影响。用心倾听公众的声音，在突发事件等问题出现时，主动通过微博发布相关信息，说真话、说实话，用平等的姿态与公众沟通交流，即使在过程中会面对一些质疑和挑战，最终的结果也比避而不谈或一味躲闪要好得多。

 相关案例

南京地铁

2018 年 5 月 25 日上午的 11：30 左右，南京地铁 3 号线林场站电动车自燃引发火灾，无人员伤亡。事件发生时有网友大量转发有关南京地铁 3 号线林场站失火的视频，南京地铁微博及时和 3 号线林场站取得了联系，并了解了实际情况，在 12：31、13：27 接连发出微博主动说明失火的原因是站外的非机动车停放点着火。这样的主动发声行为，不但澄清了误解，也及时树立了南京地铁的正面形象。

平安郑州

2018 年的 5 月 6 日凌晨，家住郑州的空姐李某珠通过滴滴平台搭乘顺风车，不幸被司机杀害，年仅 21 岁。年轻生命的逝去很快引起了广大网民的关注。5 月 11 号，平安郑州微博账号发布信息对网上流传的"杀害网约车乘客嫌疑人刘某华已被抓获""嫌疑人仍在使用支付宝"等相关视频图片进行了辟谣。在 5 月 12 号，又及时发布了案情结果通知，通报表示，警方在郑州市西三环附近一河渠内打捞出一具尸体，经查验其体表特征和 DNA 样本分析与嫌疑人基本一致，可以初步确认是杀害滴滴顺风车乘客李某珠的嫌疑人刘某。平安郑州用开放主动的方式去发布信息，不但及时廓清了事件的真相，解释了网民的疑惑，还为政府机构赢得了良好的口碑。

2. 放低姿态，平等对话

政务微博不同于政府网站，政务微博并不是信息发布的中心，而是信息交流的一个节点，因此，在政务微博中政府机构及其公务人员要坚持与网民平等对话。如果姿态高高在上，以为用说教的方式来发布信息，很难得到的网民认同，反而会加深网民对政府形象的误解。

 相关案例

最高人民检察院

以最高人民检察院网站与最高人民检察院微博为例，最高人民检察院网站的新闻标题以及新闻内容的表述往往比较严肃正统，但是话语却非常轻松亲和。比如，2018 年 3 月 8 日最高人民检察院发布了一条微博，邀请网民与《人民的名义》当中的季昌明检察长互动，虽然他的实际身份并不是检察长而是一名演员，但是这名演员却因为《人民的名义》这个热播剧在网民的心目中树立起了检察长的形象。最高人民检察院通过微博让网民和季昌明检察长进行视频通话，引起了广大网民的积极关注和点赞，短时间内这条微博的点赞量就超过了 2 万人次。让季昌明检察长和网民进行沟通这个创意是极具巧思的，不仅成功地预告了最高人民检察院的工作报告，也为最高人民检察院微博吸引了一大批的关注者。中华人民共和国最高人民检察院网站首页（2022年 6 月 29 日）如图 3-2 所示，中华人民共和国最高人民检察院微博（2022 年 6 月 17日）如图 3-3 所示。

图 3-2　中华人民共和国最高人民检察院网站首页（2022 年 6 月 29 日）

图 3-3　中华人民共和国最高人民检察院微博（2022 年 6 月 17 日）

相关案例

江宁公安在线

　　江宁公安在线是南京市公安局江宁分局的官方微博，其日常发布的微博内容很注重语态亲民，比如每个早上与晚间亲切问好，短短一句问候即可传递温暖。截至2022年6月29日，其微博粉丝数为256.4万，巨大的粉丝数量来源于其平时和网友的积极互动。2018年国庆假期江宁公安在线在早上发了一条："早上好，有人今天上班吗?"很快就收到了粉丝的积极回复，有人说："不仅今天上班，明天也上班，一直上到30号，连续上11天，贼爽。"江宁公安在线平等和网友对话互动的姿态，极大提高了网民的认可度，使网友能够充分信任它，让它能够在舆论事件中占据主动。江宁公安在线微博截图如图3-4所示。

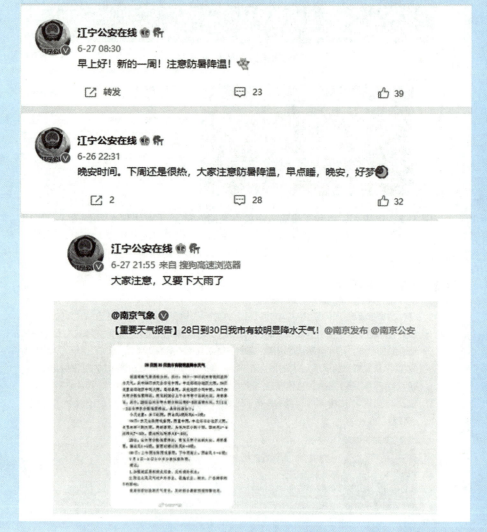

图3-4　江宁公安在线微博截图

3. 转变角色，语态亲民

政务微博的语态包括话题的选择和内容的表达方式。语态是政务微博最核心的呈现要素。首先，政务微博话题的选择要具有接近性和平民性。其次，政务微博内容的撰写应坚持公众视角，将原本的"宣传我"视角转变为"为了你""感染你""加入我们"等视角。最后，政务微信的文风应该更加网络化，更加接地气，要学会讲故事。

4. 注重经营，密切关系

要想在社交媒体平台生存并取得巨大影响，就要尽可能建立更多的关系。关系的建立与维系可以采取以下技巧。首先，全心全意的服务是与网民建立与维持关系的基础。只有坚持全心全意为人民服务，真诚用心地与公众交流，才能真正获得网民价值认同和情感认同。其次，采用多样化的运营技巧，如关注对象的设置，部分政务微博账号仅仅关注粉丝量的增加而不注重关注对象的设置，有的甚至没有关注对象或者仅仅关注了相关系统内容的几个账号，关注对象的数量与质量决定了政务微博视野和获取信息的时效性和质量，关注对象很容易导致政务微博视野狭窄，信息获取时效性差，缺乏对环境及网民的有效洞察。最后，借助意见领袖的影响力能够使政务微博在短时间内获得更多关注。尤其在政务微博运营初期，借助意见领袖的力量，能够在微博平台迅速打开局面。局面打开后，与意见领袖的良好互动也能够帮助政务微博提升传播力和影响力。

 相关案例

> #### 重庆环保微博
>
> 2018 年 6 月 5 日重庆环保发布微博："美丽中国，我是行动者。"重庆市加快建设山清水秀美丽之地生态环保宣传活动在南岸区海棠烟雨广场正式启动。重庆环保微博邀请明星作为重庆环保代言，围绕"环境日重庆在行动"等话题开展预热传播，获得了大量网友的关注和转发。微博中还发布了该明星的环保倡议视频。截至 2018 年 6 月 15 日，信息发布仅仅 10 天，转发量就达到 7 885 次，转发评论 1 429 条，点赞 4 000 多条，视频的播放量达到 21 万次。
>
> #### 中国长安网
>
> 中国长安网是中央政法委新闻网站官方微博，曾邀请安徽省公安厅政务鉴定管理处法医病理损伤检验科科长、副主任法医师秦明和北京市公安局刑侦总队法医刘梦妍做客长安直播，向网友科普法医这一神秘的职业，直播视频播放量超过 140 万人次。该直播视频获得高度关注的原因之一在于两位嘉宾本身是意见领袖，其中刘梦妍曾经参与过北京卫视语言类节目《我是演说家》的录制，被网友评为最美女法医。而秦明则是电视剧《法医秦明》的原型，也是同系列小说的作者，还是果壳医药领域达人，曾获得中央电视台 2016 年度法制人物和年度最具网络影响力的法制人物。中央政法委新闻网站官方微博通过这两位意见领袖迅速赢得了网民的关注并建立起良好的关系。

5. 明确职责，用心服务

政务微博的信息发布以及和网民的日常互动，要始终围绕政府机构本身的职责和服务内容展开。履行服务职能、体现服务价值是政务微博的立足之本。当然，这并不意味着政务微博发布的所有信息都要体现政务服务的职能，也可以偶尔发布一些幽默搞笑类或励志类的内容，但这些内容不宜过多，否则就不能体现政务微博的价值。

 相关案例

> **云南省地震局微博**
>
> 2018年2月9日云南省西双版纳州景洪市发生了地震，云南省地震局在地震发生的12分钟之后，就通过微博发布了相关信息，同时把相关的震情灾情和应急措施都告知了广大网友。这就是云南省地震局服务职能的体现。

需要注意的是，政务微博服务职能的履行还应当注意结合平台的特点。

 相关案例

> **江苏气象微博**
>
> 江苏气象微博除了发布天气预报以外，还精心策划了和天气有关的市民出行服务。2018年3月16日，该微博账号精心制作了数据新闻《2018南京高淳油菜花花期预告》，通过分析历年的数据，提醒前去赏花的市民最佳的赏花期以及需要注意的事情；2018年3月19日樱花盛开的时候，又为市民提供最佳的赏樱地点、赏樱时间等，将服务功能体现得淋漓尽致。在日常信息发布中，江苏气象也非常注重用心服务，会在秋天来临的时候提醒大家要多吃哪一类的食物，怎么样去养生等。

6. 注重质量，确保真实

政务微博代表政府机构形象，其信息质量和准确性将直接影响到政府形象的构建，因此通过政务微博发布的信息必须严格把关，仔细核实，确保信息的准确性，努力提高信息质量。

 相关案例

> **安庆发布**
>
> 2018年6月14日晚上10：30，安庆石化炼油一部焦化装置，辐射泵入口泄漏起火消息传出后，引发了大量网友对于火情的关注，当时很多网民都在关心污染问题。安庆发布及时澄清并明确表示，经过环保部门对现场周边测试，空气质量未见异常，消防废水全部进入应急事故池。这使网友关注的污染问题得到澄清。
>
> **上海教育出版社微博**
>
> 2018年6月中旬上海教育出版社出版的小学二年级第2学期语文教科书第24课《打碗碗花》原文当中的"外婆"被改成了"姥姥"，这一修改举动引起了网络舆论的关注。上海教育出版社微博及时发布信息，首先更正了出版书籍中的错误，诚恳道歉。其次将更改的理由阐明，确保信息质量，防止不实信息的传播。

第三节 微 信

2011 年 1 月 21 日，腾讯公司推出了一款主打即时通信服务，匹配智能终端的应用程序——微信（WeChat）。该应用一经推出，就迅速占领了即时通信工具市场。腾讯财报数据显示，腾讯 2021 年第一季度社交及其他广告营收达到 185 亿元，同比增长 27%。截至2021 年第三季度末，腾讯微信月活跃用户数已经达到 12.63 亿。中国互联网络信息中心发布的《第 49 次中国互联网络发展状况统计报告》数据显示，截至 2022 年 2 月，微信小程序的日活跃账户数突破 4.5 亿，活跃小程序数量同比提升 41%。作为目前最主要的社交媒体应用，微信平台实现了人际传播、组织传播、群体传播和大众传播的聚合。

一、微信平台的主要功能

1. 社交功能

社交是微信最基础也最核心的功能，微信平台为用户提供了各种不同的社交手段，满足了用户多样化的社交需求。一方面，可以维护强关系。相比于论坛、微博等形式，微信点对点的交流方式更加有效、隐蔽，更利于维护亲人、朋友等强关系。另一方面，可以拓展弱关系。通过微信的摇一摇、漂流瓶等功能，用户能够快速与陌生人建立关系。

2. 媒体功能

微信公众号是微信平台媒体化探索的集中体现。很多传统媒体、政府、企业，尤其是个人通过微信公众平台注册微信订阅号发布并传播信息。微信用户通过关注各种微信订阅号来定制信息来源，构建个性化信息中心，获取信息。

3. 营销与服务功能

微信以其庞大的用户量和朋友圈超高的使用率成为各大广告商相互争夺的区域，朋友圈信息流广告的推出更是为广告主的广告传播活动提供了一个新的选择。信息流广告，也称 Feeds 广告，指的是一种依附于社交媒体，并根据用户画像和大数据分析技术进行自动投放和定制化投放的广告形式。信息流广告强调以用户为主导的自下而上的传播理念，重视内容与嵌入环境的融合，立足用户场景进行个性化推送，从而吸引用户的参与互动。

2015 年 1 月，微信团队推出了第一批朋友圈信息流广告，其形式与朋友圈好友的原创内容一样，有头像和昵称，内容也包含文字和图片，整体形式与普通用户发布的信息看似并没什么区别，用户也能在广告下方进行点赞或评论。唯一的区别是，这类信息的右上角标有"广告"字样，通过点击按钮用户可以自主选择是否关闭广告。

微信朋友圈信息流广告具有其独特的传播优势。首先，目标人群定位的精准性。以微信用户画像和大数据分析为基础，通过官方平台将广告投放在微信用户的朋友圈中，能够精准锁定目标人群。其次，传播形式的低干扰性。微信朋友圈广告的外观设计与朋友圈其他好友的动态非常相似，在一定程度上减少了干扰性，不容易引起用户反感。最后，微信朋友圈广告能够依赖用户的社交关系形成互动传播模式。

4. 移动互联网入口功能

微信平台满足了用户的内容、社交、生活服务三大主要诉求。近年来，微信平台不断推出各项业务，引导生活服务持续拓展和深入。中国互联网络信息中心发布相关数据显示，在内容方面，2021 年 9 月，搜狗成为腾讯的全资子公司，将利用其强大的搜索技术优势进一步提升微信的内容分发能力。微信的搜索功能进一步完善，在 PC 端，用户能够直接选中聊天记录进行搜索，也可以搜索新闻、视频、新增公众号、小程序等内容。在生活服务方面，微信逐渐向云闪付等支付机构开放，截至 2021 年 11 月，微信已与 12 家银行开展合作，不断打破支付服务壁垒，努力实现互联互通。微信平台以用户社交入口为起点，极力构建与用户的生活、服务等方面的密切关联，致力于成为全方位的移动互联网入口。

微信主要发展历程如表 3-1 所示。

表 3-1 微信主要发展历程

时间	事件
2011 年 1 月	微信诞生
2011 年 8 月	添加"查看附近的人"功能
2011 年 10 月	添加"摇一摇"和"漂流瓶"功能
2012 年 8 月	微信公众平台上线
2013 年 8 月	推出"微信支付"
2014 年 1 月	推出"微信红包""理财通"
2014 年 1 月	添加"滴滴打车"功能
2014 年 9 月	推出"企业号"
2017 年 1 月	推出"微信小程序"
2017 年 12 月	开放微信小游戏，重点推荐"跳一跳"
2018 年 6 月	微信订阅号正式改版上线
2018 年 9 月	添加"京东快递"小程序
2019 年 11 月	添加"腾讯 QQ"小程序
2020 年 1 月	推出"微信视频号"
2020 年 6 月	添加"拍一拍"功能
2020 年 9 月	微信搜一搜推出"指尖搜索"功能
2022 年 1 月	添加"长语音暂停"功能

二、微信与微博的区别

1. 微信以社交为主要目的，微博以了解信息为主要目的

网民使用微信的主要目的是社交，使用微博的主要目的是了解信息。因此，以维系社交关系为主要诉求的用户偏向使用微信，以了解信息为主要诉求的用户偏向使用微博。微博的活跃度往往和公共事件或话题相关联，公共事件或话题越多，微博的活跃度越高，反之亦然。相比之下，微信维持的社交关系更加稳定，即使没有公共事件或话题驱动，大多数用户间也能够保持相对稳定的社交关系。

微信朋友圈和微博都具有大众传播的属性，微信朋友圈的传播环境相对封闭，因为微信朋友圈中的信息分享更多体现为亲朋好友等熟人间的互动，如果不是对方的好友就无法获知其朋友圈动态。相比之下，微博的传播环境更加开放，微博虽然也是基于社交关系来进行信息传播的公开平台，但是用户关注的内容相对公开化，只要将对方列为关注对象就能够随时获知其微博动态。中国互联网络信息中心曾经针对中国社交应用用户使用目的进行过广泛的调查，调查结果显示，在使用微信朋友圈的用户中，70.3%的用户使用目的为"和朋友互动，增进和朋友之间的感情"，50.7%的用户使用目的为"分享生活内容"，可见大多数用户使用微信朋友圈是出于社交目的。相比之下，在使用微博的用户中，60.7%的用户使用目的是"及时了解新闻热点"，58.0%的用户使用目的是"关注及获取感兴趣的内容"，大多数用户使用微博的目的是获取信息。典型社交应用使用目的对比如图3-5所示。

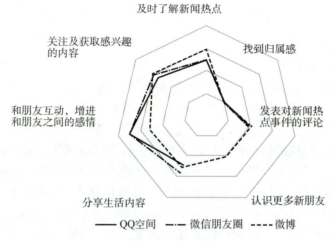

图3-5　典型社交应用使用目的对比

2. 微信系统较封闭，微博系统较开放

　　微博系统较为开放，微博发布和评论的内容是向全部用户开放的，用户群体很容易针对某个话题或现象展开讨论，开放的环境让网民们各抒己见，因此，在微博中流通的信息和意见异质性更强，这也使微博平台更具有媒体特色。相比之下，微信的系统更加封闭，用户只能看到好友的相关动态，而且只有互为好友关系才能看到彼此在同一动态下的评论，封闭的环境加上更加亲密的关系导致微信中较难出现意见的交锋，因此，在微信中流通的信息和意见同质性更强，不容易形成讨论。但是微信相对封闭的系统设置能够有效保护用户的隐私，可以单独设置朋友权限"仅聊天"，也可以对朋友圈的内容展示做个性化设置，包括"不让他（她）看""不看他（她）""允许朋友查看朋友圈的范围"，是否"允许陌生人查看十条朋友圈"等。因此，微信平台更具有社交特色。

3. 微信社交圈小，微博社交圈大

　　微博开放的传播结构决定了其用户社交范围的广阔性，用户能够在整个微博平台的大圈子中进行社交，因此，在微博中存在广泛的弱关系，很多事件与话题的传播都是基于弱关系的交流与传递。在微信封闭的传播结构中，用户在一个个封闭的小圈子中进行社交，虽然这些小圈子之间在某些节点上是相互关联的，但是就整体而言，不同的圈子间存在着

无形的壁垒，信息只能在这些小圈子中单向传播，缺少信息和意见的反馈，很难形成讨论。

4. 微信用户价值观倾向求同，微博用户价值观倾向求异

在微博的大圈子中，普遍存在的弱关系占主要部分，用户想要凸显自己的价值，获得更多的关注和话语权，就要表现自己的个性和差异。因此，在微博中，用户的价值观呈现出差异化和多元化的特征。在微信的小圈子中，强关系占主要部分，更多用户会选择依靠微信平台维持社交关系，进而获得社会资本的回报。因此，在微信中，用户的价值观更倾向于求同，以此来维系与他人和谐稳定的社交关系。

三、微信公众平台的传播特点

微信公众平台于 2012 年 8 月 23 日正式上线，主要面向名人以及政府、媒体、企业等机构推出合作推广业务，目的是为用户创造更好的体验，并形成良性的生态循环。微信公众平台具有以下传播特点。

1. 采用信息推送模式

在互联网发展初期，用户需求主要体现在获取信息的丰富性、及时性、主动性等方面，网站传播、搜索引擎传播等形式满足了用户对信息丰富性、主动性等方面的需求。随着互联网的不断发展，信息量极大增加，面对海量信息用户开始无所适从，不知道应该关注或寻找哪些信息。传统的信息拉取模式需要用户耗费时间和精力去寻找和挑选，用户费力程度较大。此时，微信公众平台采用的信息推送模式顺应了部分用户的需求，用户可以根据自己的信息偏好选择关注部分微信订阅号，降低信息筛选等带来的耗力程度。但是，除了极少数的专业媒体机构外，微信公众平台对大多数机构和个人的推送次数有严格的限制，尤其对个人来说，订阅号的推送次数每天只有一次，因此，新闻时效性难以保障。

2. 互动方式单一，用户黏性难以维系

微信公众平台虽然也支持用户留言，但是留言不能立即显示在相关文章下方，必须被发布者选为精选留言后，才能对所有人可见，这样单一、滞后的方式很难吸引受众参与互动。另外，微信公众号的影响力取决于其粉丝数量，尤其是活跃粉丝数量，但由于各种原因，微信公众平台的粉丝忠诚度相对不高，有些用户可能因为喜爱某个热点事件的相关推文而选择关注这个微信订阅号，但随着热点事件的降温或微信订阅号报道重点的转移，用户会很快失去兴趣选择退订，有的用户虽然不退订，但是也不会再积极关注该微信订阅号推送的信息，变成了"僵尸粉"，维持用户黏性也就无从谈起。

3. 信息落点精准，但点开率有限

微信订阅号的信息推送模式决定了微信信息传播的落点精准。因为，在理论上，微信订阅号推送的每一条信息最终都会到达订阅者，信息落点非常明确。但这并不意味着微信的传播效果要优于微博，因为到达率并不等同于点开率，就如上文所说，很多信息虽然推送到了用户那里，但是他们并没有打开的行为。所以，微信的精准推送与微博内容扩散的不确定性相比，看上去似乎更具优势，但其实明确的落点与完美的到达率并不意味着传播者真正抓住了读者。另外，在微信公众平台中，微信订阅号是被集中到一起以"订阅号消息"的形式出现在用户的前台列表中的，在形式上与用户的其他好友没有任何区别，尽管

"订阅号消息"更新消息时会用红点标注并且位置前移，但仍旧不够突出，难以吸引用户的注意。

4. 系统相对封闭，信息扩散困难

前文提到，与微博等平台相比，微信订阅号的互动性较差，再加上微信平台系统相对较为封闭，因此微信公众平台中的信息扩散较为困难。就同一家媒体的微博账号与微信订阅号而言，微博的关注度往往高于微信。以中国青年报的微信订阅号和微博账号为例，截至 2022 年 6 月 30 日，中国青年报微博账号的粉丝数显示为 2 010.5 万，因为微博系统是开放的，用户能看到的是所有关注中国青年报的粉丝数量，而微信的系统是封闭的，我们只能看到关注中国青年报订阅号的好友数量，于是呈现出悬殊的关注度差异。中国青年报官方微博如图 3-6 所示，中国青年报微信订阅号如图 3-7 所示。

图 3-6　中国青年报官方微博

图 3-7　中国青年报微信订阅号

另外，微信订阅号内容向微信之外的平台如微博等进行扩散相对困难。如果用户想分享微信订阅号中的文章，需要拉动到页面的最下方，点击分享按钮。目前微信只提供两种分享途径，一是把文章分享给好友，二是把文章分享到朋友圈，也就是说，微信只能在好友之间分享。相比之下，微博的分享方式就非常丰富便捷了。在每条微博的下方用户首先能看到的就是转发按钮，点击后出现三个选项，其中快转是指不经过编辑直接转发到自己的微博。点击转发按钮还可以把微博进行编辑再转发出去，非常便捷。除此之外，微博还有更丰富的分享形式，点击分享可以分享到微信、朋友圈、QQ、钉钉、短信等各种社交软件中。

5. 难以实现深度阅读

微信订阅号突破了微博严格的字数限制，允许用户进行长文写作和阅读。但是，与同样支持长文写作的博客应用不同，大多数用户通过智能移动终端使用微信，使用场景具有移动化、碎片化的特点，并不适宜信息发布者深度思考或进行长时间写作。从阅读角度来说，尽管微信公众平台通过"悬浮窗"等功能不断优化用户在移动状态下的长文阅读体验，但效果仍不理想。

6. 信息发布机制落后

微信公众号的信息发布机制与传统的纸质媒体类似，内容一旦发布出去，就不能更正，也不能撤回，只能删除，删除后标题仍旧保留在原有位置，用户点击后会看到"该内容已被发布者删除"等文字，容易造成受众对删除信息行为的诸多揣测，导致用户理解偏差。

四、类信息流模式下传统媒体微信订阅号遭遇的挑战

广义信息流是指在空间和时间上向同一方向运动过程中的一组信息，它们有共同的信息源和信息接收者，即由一个信息源向另一个单位传递的全部信息的集合。基于数据挖掘的推荐引擎产品今日头条即采用信息流模式为用户推送信息。信息流模式的新闻应用主要特点是基于算法进行排序的海量信息以时间线的形式显示。订阅号列表虽然是按推送时间排序的，但其信息量有限，其内容显示首要先要以用户主动关注为基础，因此从严格意义上来说，微信订阅号是一种类信息流模式。微信 2018 年改版旨在优化用户的阅读体验与效率，鼓励订阅号内容的优化与创作，其改变微信订阅号发展生态的同时，也给传统媒体订阅号的发展带来了挑战。清博智库发布的 2020 年度中国社交媒体用户使用行为研究报告显示，在社交媒体用户获取时政新闻、时事评论时，34.3% 的用户是通过微信、微博来获取信息的。随着媒体在内容、渠道等领域融合进程的加快，"两微一端"传播矩阵已经成为传统媒体的标配，其中，微信自 2011 年年初出现至今，针对订阅号进行的两次大调整对传统媒体发展产生很大影响。2012 年，微信将订阅号的对话窗口折叠进第二级的聚合消息里，降低了订阅号的信息发布权。2018 年 6 月 20 日，微信再一次对订阅号信息的呈现模式进行了较大调整，订阅号列表优化了视频、语音等富媒体的消息展示，并将微信订阅号传统的会话模式改为卡片模式，改版后订阅号的推送内容最多仅显示两条，其余内容被折叠。更重要的是，改版后的微信订阅号图文、视频及多条信息以时间顺序直接排列，以类信息流模式向受众推送信息。

1. 账号主体地位降低

微信改版旨在通过减少打开订阅号内容的步骤来改善阅读效率，但在类信息流模式下，传统媒体订阅号原有的品牌识别度被削弱，账号主体地位降低。在传统的信息列表模式中，微信订阅号可以被看作是用户主动添加的一种特殊好友，订阅号的内容呈现方式也是模仿即时通信工具的会话模式。传统媒体订阅号继承自母体的权威性和影响力对用户具有很强的品牌吸引力。在改版后的微信订阅号中，信息瀑布中的受众减少了对信息出处的关注，传统媒体的品牌号召力被严重稀释。

2. 新闻阅读量降低

在新版的订阅号列表中，微信突出了文章的图片，用户可以直接在浏览列表中看到首条文章的图片，但仅仅是单图文，取消了文章摘要的展示，用户只能通过题目和图片来了解文章信息。其他的附加文章被折叠显示，每个订阅号最多只能显示两条内容，用户需要点击右下角的箭头才能查看。在类信息流模式下，订阅号中第三条及以后内容的曝光度极大降低，必然会带来新闻阅读量的降低。

3. 菜单栏引流作用减小

改版前，用户点击订阅号推送的内容，即可直接看到页面下方的菜单栏。改版后，用户点击订阅号消息将直接进入类信息流模式浏览新闻，需要点击订阅号主体进入订阅号，才能看到菜单栏，这让订阅号中菜单栏的入口变得更深，极大影响了传统媒体订阅号通过菜单栏为自有客户端引流。

五、类信息流模式下传统媒体微信订阅号的发展策略

微信 2017 年用户研究和商业机会洞察报告显示，有 75.5% 以上的订阅号运营者认为，流量获取难度加大、阅读量增长趋势放缓是当前微信订阅号运营存在的最大挑战。微信公众平台上拥有超过 1 000 万公众号，激烈竞争下的同质化内容导致用户信息过载，订阅号运营难度加大。微信订阅号的类信息流模式改革迫使大部分无法提供优质内容的中小微信订阅号退出竞争，为传统媒体订阅号提出挑战的同时也为其提供了发展契机。

1. 打造优质内容

类信息流模式下的微信订阅号，账号主体的辨识度降低，受众对传播主体的识别由"账号"转为"单条信息"，新媒体环境下受众的时间和注意力是有限资源，要想推送信息能够在类信息流中迅速抓住受众的注意力，提升微信订阅号的内容质量成为重中之重，提升订阅号的内容质量可以从以下几个方面着手。

第一，坚持原创。内容同质化现象严重是传统微信订阅号的主要问题之一。在类信息流模式下，同质化的内容会被受众迅速识别，降低受众的认可度，甚至导致受众取消对该类订阅号的关注。坚持原创，降低内容重复率，结合订阅号自身的报道理念和受众定位，为受众提供独家事实、独特视角、独到解读，是传统媒体订阅号提升内容竞争力的基础。

第二，注重头条信息。优质的头条信息能够维持受众的注意力，提高订阅号三条以后内容的打开率和阅读率。新版微信第三条及以后的信息被折叠，但有一个下拉箭头，用户点击下拉箭头可以直接打开当天后面的文章且不可回收。改版后微信订阅号的头条信息由原来的标题式变为题图式，因此文章封面是否引人注意成为影响打开率的重要因素之一。设计具有独特风格且美观的封面版式能够迅速抓住受众眼球。

第三，增加富媒体信息推送。类信息流模式下的微信订阅号呈现方式进一步优化了图片、视频、语音等富媒体的消息显示形式，因此，相对于标题文章，视频、图片、语音等的直观呈现更具竞争优势。在传统订阅号中，受众观看视频至少需要三步：打开公众号—点击文章卡片—点击播放视频。而类信息流模式下的订阅号，语音及视频内容以卡片形式

呈现，受众直接点击即可播放，极大地顺应了受众在多媒体环境中"懒"的阅读特征。企鹅智库发布的 2017 年自媒体趋势报告调查显示，2017 年中国网民通过视频类平台获取资讯的比率明显增长，达到了 228%，呈现出非常明显的富媒体资讯偏好。其中，87.2% 的内容消费者更喜欢看 5 分钟以下的单条视频资讯；喜欢 1 分钟以内视频的占 20.5%，喜欢 1~3 分钟视频的占 43.3%，喜欢 3~5 分钟视频的占 23.4%。可见，1~3 分钟的视频接受度最高，应成为传统媒体订阅号发布视频资讯长度的首选。

第四，帮助受众做加减法。帮助受众做加法是指为受众提供深度报道。微信订阅号与微博不同，其不限制报道篇幅的推送形式使其天然地具有为受众提供深度报道的优势。对碎片化信息进行完整的信息整合，满足受众渴求事件真相的心理需求，是微信订阅号的主要功能。企鹅智库的调查数据显示，微信中的长文章更容易引起受众的转发行为。分析受众的微信转发动机能够发现，部分用户希望通过转发的文章来彰显自己的品位和头脑，从而提高别人对自己的价值判断。对这部分用户而言，品质优异的深度报道是他们的主要选择。同时，可以在当天推送的图文底部添加回顾相关历史文章的链接，引导受众阅读公众号的往期文章，进一步提升订阅号的影响力。帮助受众做减法是指为受众提供长篇文章的精读形式。新媒体环境下受众阅读方式的碎片化特征明显，通过增加导读、摘要、小标题、精简版等多种精读形式能够满足用户多样化多场景的信息阅读需求。另外，在改版后的微信中，未浏览完的文章可以缩小为浮窗，便于读者在查看其他信息的同时随时切换回未阅读完的文章，这在某种程度上也将促进受众碎片化阅读方式向深度阅读方式转变。

第五，注重突发新闻报道。突发新闻因时效性强而具有很高的新闻价值，是媒体新闻竞争的焦点。在类信息流模式下，第一时间发布突发新闻，将获得极大的受众关注度，迅速提高媒体的受众影响力和品牌声誉。

2. 深耕用户体验

第一，精准信息推送。首先，为受众提供精准信息。微信订阅号中的信息冗余使用户对个性化的精准、定向信息分发有更强烈的诉求，因此，以微信平台算法为基础，为用户提供个性化信息，在信息发布时针对对象进行分类发送、分类管理，是十分必要的。对用户数据的掌握是实现信息精准化推送的基础。传统媒体订阅号应通过收集时事热点和阅读反馈来不断优化新闻编辑创作，同时通过互动调查等多种方式获取更详细的关注者数据，从而为目标受众群体提供更精准的内容服务。其次，寻找最佳推送时段。在传统的微信订阅号界面中，用户呈现出明显的头部阅读倾向，被用户置顶设置的订阅号将得到更多的关注，但在类信息流模式下，这种置顶优势被稀释，于是传统媒体订阅号采用通过增加推送频率的方式来维持受众的注意。微信改版后，人民日报、央视新闻、中国青年报等传统媒体订阅号都增加了推送频率，平均每小时至少推送一次。过度密集的信息推送会造成极大的信息冗余，因此，通过数据挖掘寻找最佳推送时段进行精准信息推送更为有效。另外，对于突发事件来说，还应结合事件的发展进程寻找最佳报道时机，准确判断受众获知真相及情感需求的最佳节点并进行精准推送。

第二，加强与受众的互动。积极与订阅号粉丝互动，促进弱关系向强关系的转化。企鹅智库发布的 2017 年微信用户研究和商业机会洞察报告显示，微信发生了明显社交变迁，在满足熟人关系链沟通后，用户微信好友中的"泛好友"越来越多，微信整体关系链进入稳定期，新增好友更多来自工作环境，呈现出明显的从熟人社交到泛关系社交的特征。改版后微信后台回复消息提示发生了变化，后台对用户的消息回复，会以朋友圈消息提示的方式直接出现在公众号页面。这一调整直接提高了受众对订阅号回复信息的阅读效率，极大增强了用户黏性。传统媒体订阅号应积极改变过去主要依靠机器提供自动回复的低效能互动，通过增加人工的方式与订阅号粉丝展开深度互动，积极促进弱关系向强关系的转化。改版后的微信在订阅号列表中加入了其擅长的社交元素，受众在每一篇文章下方都可以看到有多少位朋友读过，新版微信同时会显示该订阅号获得了多少朋友的关注。通过与订阅号粉丝深度互动、采用红包奖励等多种方式，鼓励读者主动分享文章并提供优质评论，能够有效地扩大传统媒体订阅号的影响力。

从当前传统媒体发展的现实来看，传统媒体对于微信平台的依赖度仍旧较高，尽管独立的客户端形态对传统媒体发展而言是获得更精准受众的最佳渠道，但在加大力量全面建设以客户端为代表的自有信息平台的同时，在短时间内，仍然需要通过微信平台获取流量和消费转化渠道，因此对微信平台的依赖性还将持续。

课后思考

1. 如何核实社会化媒体平台中的信息？
2. 政府机构应当如何利用好政务微博？
3. 传统媒体客户端与传统媒体微信订阅号相比具有哪些优势和劣势？
4. 网络媒体时代，传统媒体应当如何提升"四力"（脚力、眼力、脑力、笔力）？

>>>>>【春风化雨　润物无声】

有新闻前辈感慨："离泥土越近，越有生命力。"确实，走进基层一线，才能看到日新月异的变化；与群众深入交流，才能了解群众所思所想所盼；"一头汗，两腿泥"，采访才能抓到"活鱼"，文字才会有"沾泥土""带露珠""冒热气"的生动与鲜活。"只有在生活的激流中，才能写出时代的篇章。"对于新闻工作者而言，在路上心里才会有时代，在基层心里才会有群众，在现场心里才会有感动，用心用情用力才能写出打动人心的好文章。一言以蔽之，基层是新闻的富矿，好记者的荣光永远在前方。

我们常说，好新闻是"跑"出来的，这是因为，同群众坐在一条板凳上才能交心，双脚站在田间地头才能找到感觉。"脚下沾有多少泥土，心中就沉淀多少真情。"范长江深入中国西北地区考察采访，真切感知人民困苦，才创作出力透纸背的《中国的西北角》。穆青为了写"边区工人一面旗帜"赵占魁，深入主人公的生活亲身体验，观察赵占魁20多天，才塑造出这位淳朴高大、令人爱戴的模范人物。今天，放眼新时代的中国，广阔的基层一线处处有清新的气息，火热的创新创造实践中满是鲜活的故事，广袤的乡村大地书写着更加壮美的画卷。践行"四力"，扑下身子、沉下心来，深入基层、深入群众，才能创作出更多打动人心的好作品。

好记者不仅要"走近"群众，更应"走进"群众。前者指物理距离的拉近，后者则

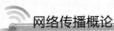
意味着心理距离的亲近。没有书写人民、讴歌人民的满腔热情，就难有反映群众心声的生动笔触。很多新闻人物平凡而普通，但他们身上有面对挫折锲而不舍的坚毅，有面对挑战迎难而上的勇气，有面对艰险百折不挠的顽强，只有带着感情，走进他们的生活，走进他们的心灵，才能发掘出这些平凡人物的不平凡故事。正如马克思所言，记者应当生活在人民当中，"真诚地和人民共患难、同甘苦、齐爱憎"。从根本而言，新闻工作属于人民、为了人民，本质上就是群众工作。增进群众感情、树立大众情怀，同群众心相连、情相通，才能不断书写出饱含深情、富于启迪的感人作品。

习近平总书记强调，新闻舆论工作者"要转作风改文风，俯下身、沉下心，察实情、说实话、动真情，努力推出有思想、有温度、有品质的作品"。这是记者肩上的责任，更是新闻人的荣光。发扬"脚板底下出新闻"的好传统，从火热社会实践中发掘素材，从群众生产生活中发现选题，我们就能更好地用手中的笔为时代放歌、为人民抒写，为党和人民继续前进提供强大精神激励。

2021 年 5 月 11 日《人民日报》李伟红《脚下沾有泥土，心中沉淀真情》节选

网络中的新闻传播者与新闻生产

第四章

📝 学习目标

1. 网络中的新闻传播主体
2. 多元化新闻生产参与主体对专业媒体的影响
3. 网络中的新闻分发平台
4. 智能媒体时代的新闻采集、制作与分发
5. 网络新闻生产的新模式：机器人新闻写作模式、UGC 新闻模式、融合新闻模式和算法新闻模式

第一节　网络中的新闻传播者

一、网络新闻生产主体的多元化

在传统媒体时代，新闻生产主要是媒体才能享有的"特权"。在网络中，这一权力开始被广大的网络用户共享，因此，网络新闻生产的主体呈现出明显的多元化特征。目前网络新闻生产主体主要包括以下四类。

1. 传统媒体生产矩阵

依靠强大的媒体实力，传统媒体仍然是网络中的基础性新闻生产力量，是网络新闻最主要的生产主体。随着媒介融合战略的持续推进，传统媒体生产矩阵不断扩大，通过微博、微信、客户端、抖音、头条号等互联网应用不断增强自身的影响力。

 相关案例

> **人民日报媒体生产矩阵**
>
> 人民日报构建的"人民媒体方阵"涵盖报、刊、网、端、微、屏等十多种载体，综合覆盖受众超过 11 亿。《人民日报社社会责任报告（2021 年度）》公布的数据显

示，人民日报客户端用户自主下载量达 2.73 亿，活跃度在主流媒体创办的新闻客户端中保持领先。人民日报微信公众号用户订阅量突破 4 100 万，人民日报抖音账号粉丝数超过 1.4 亿，人民日报快手账号粉丝数超过 5 400 万。2020 年，人民日报法人微博粉丝数突破 1.14 亿，成为新浪微博首个粉丝数过亿的媒体。截至 2022 年 8 月，人民日报法人微博账号的粉丝数已经达到 1.5 亿，连续 7 年保持中国媒体第一微博的影响力。人民日报社品牌展示如图 4-1 所示。

图 4-1　人民日报社品牌展示

2. 商业新闻媒体

新浪、腾讯等门户网站及其客户端以生产新闻为核心目标，在长期的发展过程中，已经形成并发展出自己的记者和编辑队伍，他们也是当前网络传播的核心生产力量之一。

 相关案例

腾讯新闻客户端

腾讯新闻客户端除了每天 24 小时不间断更新的新闻现场资讯外，还深耕体育新闻资源，为用户提供五大足球联赛、NBA 等国内外重大赛事直播。艾媒咨询发布的《2019 年中国手机新闻客户端市场监测报告》相关数据显示，腾讯新闻月活用户数量达到 26 114.1 万人，其中男性受众比例高达 64.5%，以绝对领先优势位于行业发展前列。

3. 新闻自媒体

自媒体中也包含着专业化的生产力量。当前自媒体中的新闻专业生产力量主要来源于两个方面，一是部分专业媒体机构的职业媒体人利用自媒体平台进行的内容生产，二是部分业余自媒体运营者在长期的实践中形成的专业化生产能力。

 相关案例

《环球时报》特约评论员胡锡进

胡锡进 1982 年毕业于中国人民解放军国际关系学院，其后历任人民日报社国际部主任编辑、《环球时报》总编辑等。2009 年《环球时报》创办英文版，胡锡进兼任英文版总编辑等职务。其间采写过大量独家新闻，并参与策划了一系列重大新闻采访活动。胡锡进 2011 年 2 月 25 日开通了个人微博，其对社会时事新闻，尤其是国际新闻的独到见解为其迅速积累了大量人气。截至 2022 年 8 月 2 日，胡锡进在新浪微博的粉丝数为 2 458.3 万。

另外，部分机构、组织和企业等借助自身的信息资源优势成为自媒体新闻生产的直接力量。在传统媒体时代，机构、组织和企业需要通过传统媒体发布信息。在网络时代，它们可以绕过传统媒体，充分利用网站、客户端、微博或微信等平台来进行信息传播。网络不仅赋予了机构、组织和企业等信息传播的主动权，也赋予了多元主体在信息流通过程中相互补充和校正的机会。

 相关案例

@北京发布作为北京市政府新闻办公室的官方微博，旨在通过微博平台及时传递政务信息，为群众提供服务资讯，倾听受众诉求，通过文字、图片、视频和直播等形式对北京政务信息进行全面及时的报道。截至 2022 年 8 月 2 日，@北京发布的粉丝数量已经达到 876.1 万，视频累计播放量达 1.43 亿次。

需要注意的是，受到对自身利益的维护等多重因素的影响，机构、组织和企业的自媒体在信息传播的过程中不能完全保证其所发布信息的真实性、客观性、公正性。

4. 技术性生产力量

随着人工智能、物联网等技术的不断进步，技术逐渐渗透到新闻的采集和制作等环节中。新闻写作机器人就是典型的技术性新闻生产力量。

 相关案例

> 2017年5月，"封面新闻"推出了其自主研发的新闻机器人"小封"1.0版。"小封"不但能够通过语音识别、意图识别等技术为用户推荐个性化的新闻资讯，为编辑、记者等专业媒体从业人员提供写作辅助，还能够自主进行部分题材的新闻写作。新闻写作机器人能够24小时不间断地学习和工作，发稿速度远远超过人工发稿速度。早在2016年9月四川省广元市青川地震中，"小封"机器人就已经崭露头角，仅用8秒的时间就完成了1 300多字的新闻报道。2018年世界杯期间，"小封"机器人共发表并推送世界杯相关资讯600多篇，全网总阅读量超过2亿。"小封"机器人升级到4.0版本后，写作质量和速度都有很大幅度的提升，"小封"机器人在该渠道每月发稿量能够达到6 000篇，内容涉及财经、体育等多个领域。

二、多元化新闻生产参与主体对专业媒体的影响

1. 多元化新闻生产参与主体是专业媒体的延伸

多元化新闻生产参与主体能够极大拓展专业媒体的报道范围，使媒体的触角延伸到世界的各个角落。

2. 多元化新闻生产参与主体是专业媒体的补充

多元化主体提供的碎片化信息与专业化媒体信息组合后，能够呈现出更加完整的社会景象。

3. 多元化新闻生产主体的参与导致专业媒体的"把关人"地位降低

与传统媒体时代相比，网络中的把关主体由媒体专业人员转变为由媒体专业人员和网民共同把关，其中数量巨大的网民通过点击、转发等行为对信息进行过滤和把关，在把关过程中的地位不断升高，作用不断增大。

三、网络新闻分发平台的多元化

在传统媒体时代，媒体是唯一的新闻分发平台。在网络媒体时代，各种类型的新闻分发平台不断出现，主要包括以技术为核心的个性化新闻推荐平台、整合类新闻平台，以及微博、微信等社会化媒体和搜索引擎等。传统媒体在新闻分发平台中的用户市场份额不断缩小，话语权也越来越小。未来，媒体要获得在新闻分发领域的话语权，单纯依靠优质内容生产是远远不够的，需要从以下几个方面着手。

1. 提升用户的信息体验

针对不同内容为用户提供不用的体验方式，满足用户的多元化信息需求，提高用户

体验。

2. 促进内容生产者的信息生产

通过人工编辑或算法等手段实现内容生产和消费间的完美匹配，让内容生产者能够通过多重途径将自己生产的内容传播给受众，实现良好的信息传播效果。

3. 建立良好的平台传播秩序

要确保内容的真实性和信息的平衡，满足受众个性化信息的同时也要传播公共价值。目前，新兴的新闻分发平台在质量把关上还有待提升。另外，良好的平台传播秩序意味着对用户隐私信息的有效保护。

 相关案例

1. Facebook 假新闻事件

随着大数据技术和机器算法等智能技术的广泛应用，2016 年 8 月，Facebook 对其新闻生产与分发机制进行了改革，热门话题的编辑、推荐和排名等不再由专业记者组成的纽约合同工编辑团队负责，仅成立一个新的新闻审核团队对其进行最后把关，其他所有环节全部由机器算法自动实现。在该机制施行的三天后，Facebook 平台中"热门话题"栏目就出现了一则关于 Magyn Kelly 的假新闻，该新闻声称"和川普就性别歧视议题争论的 Magyn Kelly，其实是美国民主党总统候选人希拉里·克林顿的秘密支持者，因此遭保守派阵营的福斯电视台解聘"。假新闻出现的原因在于 Facebook 自动从山寨新闻网站"Ending The Fed"中抓取了该新闻后，由于 Magyn Kelly 的高知名度和新闻内容的高敏感度，这条新闻在社交媒体中被不断转发，热度持续提高。新闻的高热度使 Facebook 和其人工审核团队都忽略了对该新闻真实性的严格审查，于是，虚假新闻大肆传播，造成了严重的不良影响。

2. Facebook 泄密事件

2018 年年初，有媒体报道称为特朗普竞选团队服务的数据分析公司 Cambridge Analytica 获得了 Facebook 五千万用户的数据，这些数据遭到了违规滥用。

Facebook 的行为违背了用户使用协议，严重侵害了用户的隐私权，舆论对此一致谴责。这些被泄露的数据最早是由亚历山大·科根通过一款名为"this is your digital life"的心理测试应用程序收集的。这款心理测试应用程序以"有偿心理学研究"为名，用少量金钱作为物质奖励，诱导 Facebook 用户下载并测试，在用户使用过程中，该程序将获取用户的住址、性别、种族、年龄、工作经历、教育背景、人际关系网络、日常活动轨迹、媒体使用数据等多项数据。另外，该应用还要求测试者至少拥有 185 名好友，因此，此次泄密事件涉及的用户总数达到近 5 000 万人。事发后，Facebook 声称，早在 2015 年 Facebook 就要求 Cambridge Analytica 删除上述数据，但该公司对 Facebook 隐瞒了实情。根据 Facebook 掌握的信息，这些被滥用的用户数据确实并未被销毁。根据相关媒体报道，Cambridge Analytica 成立于 2013 年，主要业务是为政界人士和企业客户提供消费者研究、定向广告和其他与数据有关的服务。该公司甚至声称它可以分析消费者和选民的心理特征，并根据分析结果采取有效措施影响消费者和选民的意愿。该公司从 2014 年就开始收集 Facebook 用户的个人数据并持续滥用。

第二节　智能媒体时代的新闻产业链重构

人工智能的概念于 1956 年出现，研究者们据此发展出了众多的理论和实践，人工智能的概念也不断扩展，到目前，已经形成了机器学习、自然语言处理、搜索引擎和协助过滤算法、语音翻译、视频内容自动识别等 13 个细分研究领域。这些人工智能研究成果在新闻领域的应用改变了新闻产业的发展轨迹，突出表现为人工智能技术对新闻产业链的重构。在新闻内容采集上，智能终端、无人机等传感器的运用拓宽了新闻采集的信息来源，丰富了新闻报道的内容和形式。在新闻信息加工上，机器人写作及编辑已经被国内外的传统媒体及新媒体广泛应用，提高了新闻生产的速度和数量，拓展了新闻的广度和深度。在新闻信息分发上，社交媒体、新闻客户端、新闻浏览器、搜索引擎等通过对用户的使用习惯、浏览轨迹、搜索记录等进行大数据分析来确定用户对新闻主题与内容的偏好，并通过智能算法为用户进行信息的精准化推荐，使为用户提供多元化的新闻成为现实。

一、智能化的新闻信息采集：物联网与传感器新闻

在物联网时代，人们通过互联网等信息技术能够把传感器、控制器、机器、人员和物等运用智能方式连接在一起，形成人与物、物与物相连，构成信息化智能化的网络。物联网的应用是新闻智能化生产的基础，一切智能终端都有可能成为新闻信息的采集者和传播者。其中，作为物联网基础设施之一的传感器近年来在新闻领域已经有较为成熟的应用。

1. 利用传感器进行新闻数据采集的主要途径

当前，传感数据仍然主要掌握在政府、企业等专业机构手中，包括大量的环境、地理、人口结构、物流、自然界等数据。利用大数据技术对这些传感数据进行精准分析能为专业媒体的报道提供更加丰富、可靠的背景，还能够通过传感数据对自然环境、社会环境等进行不断监测，从而敏锐地洞察事件发展的动向，展开预测性报道等。

一是用户的传感数据。当前来自用户的传感数据主要通过智能手机来收集，在用户允许的条件下，智能手机能够监测到用户的生活习惯、运动数据、健康情况、地理位置、环境温湿度、交通情况等各项数据。新华社新媒体中心打造的"现场新闻"就是一款基于用户定位的事实分享客户端。通过客户端，新华社能够快速收集用户在定位现场的所见、所闻、所感并及时予以呈现。在未来，智能可穿戴设备的运用将能够进一步收集用户的个人数据，如通过收集用户的心跳、眼动范围及轨迹、脑电图曲线、情绪波动等身体数据来判断用户阅读信息时的反应状态，获得用户对新闻内容、表达方式、版面安排等方面的关注度、认可度等，从而更精准地测量信息的传播效果，为个性化信息定制提供依据。

二是无人机等收集的传感数据。随着图像传感、障碍物避让、续航能力等技术的不断成熟，无人机等远程图像捕获工具能够提供大量的传感数据。尤其在突发事件及处于特殊环境的专题报道中，无人机以其低廉的成本及广泛的实用性等特点不断帮助媒体机构拓宽报道领域，丰富报道内容。

 **小知识**

> **可穿戴设备**
>
> 　　可穿戴设备是指具备日常可穿戴物品形式的智能移动终端。可穿戴设备具有多种形态，包括能戴在头上的头盔、眼镜、耳机等，戴在手上的手表、手环、戒指等，穿在腿脚上的鞋、袜子、护膝等，以及各种服装、包、配饰等。这些可穿戴的硬件设备能够通过大数据、云计算等技术实现强大的交互功能。以 2012 年 4 月谷歌公司发布的"拓展现实"眼镜——谷歌眼镜（Google Project Glass）为例，它具有和智能手机一样的功能，可以通过声音控制拍照、视频通话和辨明方向，进行上网冲浪、处理文字信息和电子邮件等。因此，2012 年又被称为"智能可穿戴设备元年"。截至 2021 年 6 月，我国的可穿戴设备使用率达到 13.3%，均属于成长型产品，潜在消费规模大，发展前景广阔。

2. 利用传感器进行新闻数据采集的优势

传感数据更易于计算机处理。相比于人工收集的数据而言，传感器数据能够直接被计算机读取、分析并进行视觉化呈现。如谷歌开发的云视觉 API，已经能够通过特征提取等技术对传感器传送的图像集合进行准确的分类，极大地降低了人工收集、整理数据的成本。

一是强化报道深度。传感器的高灵敏度能够感知到环境及事物等的细微变化并通过简单快捷的手段对这些数据加以收集，将原本抽象的现象进行量化处理，使事件得到更加清晰直观的展示，非常适于运用在展示宏观现象或趋势的解释性报道或展示前因后果及事件背景的调查性报道中，加深此类报道的深度。

二是丰富报道形式。传感器在新闻领域的运用为众包新闻项目等的开展提供了可能。在 2017 年全国两会报道中，各大媒体的采访机器人纷纷作为辅助机器人出镜，包括新华社的"爱思"和"佳佳"、浙江卫视的"小聪"、河南卫视的"飞象 V 仔"等，其中，"佳佳"作为新华社的特约记者通过连线的方式采访了美国《连线》杂志的创始人凯文·凯利，虽然采访的深度与流畅度无法同人工记者相比，但这一举动仍具有标志性意义。

二、智能化的新闻信息加工：机器人新闻写作与编辑

目前，人工智能技术在新闻信息加工环节已经有很多成功的应用，其中在国内外取得成果较多的是新闻机器人。新闻机器人能够利用算法和机器学习，迅速搜集资料、数据，数秒内完成新闻稿的撰写工作。新闻编辑过程中的标题制作、内容摘要撰写、校验稿件等工作，新闻机器人也都能起到辅助作用。

1. 国外媒体在机器人新闻写作与编辑领域的实践

2010 年叙事科学公司推出了一款名为"Quill"的写作软件，用来撰写体育赛事及财经报道等。2014 年 7 月，美联社也开始使用 Wordsmith 平台报道体育及财经新闻，该平台能够自动抓取收集到的财经信息，同时结合美联社预先编辑好的写作结构及基本规范，几秒钟内快速自动生成新闻报道且错误率低于人工编辑。此后美联社积极探索运用人工智能

将文字新闻自动转换为广播。《洛杉矶时报》《华盛顿邮报》等也都开始采用机器人写作。

2015 年，《纽约时报》开发的机器人 R&D Editor 和路透社的机器人 Open Calais 能够在编辑作者写稿时为其推荐文章可以采用的标签和关键词，并对完成的作品进行简单的审查。但是，目前的智能算法技术尚未成熟，机器人编辑只能作为人工编辑的辅助，完全用算法取代人工编辑是行不通的。2015 年，Facebook 遭到了用户对编辑团队存在政治偏见的指责，于是公司调整了人工编辑在审核热门话题方面的作用，不再依靠他们提炼新闻要点或者选择新闻话题，但是在此政策下，Facebook 又被爆出假新闻频出的情况。可见，在未来相当长的一段时间内，我们需要致力于如何更好地进行人机协作而不是用新闻机器人完全取代人工编辑。

2. 国内媒体在机器人新闻写作与编辑领域的实践

2015 年 9 月，腾讯首次使用机器人"Dreamwriter"撰写财经报道，随后新华社的"快笔小新"也被用于体育和财经报道领域。虽然国内机器人写作的应用提高了报道速度，但对报道质量的改善作用并不大，且智能机器人目前仍主要用于体育、财经等报道领域，报道形式单一，缺乏人情味。未来包括社会新闻、突发新闻都可以尝试使用机器人写作，并通过新闻机器人拓展多种报道形式。2016 年 12 月，"微软小冰"与钱江晚报等媒体达成合作，成为国内首个人工智能记者，通过大数据分析追踪受关注的热点及话题，并在此基础上自动生成新闻报道，报道类型主要为盘点类新闻和预测类新闻。2017 年 2 月，"微软小冰"成功预测了格莱美的主要奖项。

在机器人新闻编辑上，国内的相关成果较少，人机合作尚不成熟。目前国内的机器人编辑仍处于模式化编辑的 1.0 阶段，应通过不断丰富及完善算法来提高机器人编辑水平。

3. 智能化新闻生产的其他探索

一是利用大数据精准分析用户的关注度。美国互联网新闻博客 Mashable 能够通过 Velocity 数据分析工具平台分析识别文章的传播趋势及分享饱和度，当某事件的分享达到 95% 则提醒编辑不再投入关注，反之则需要编辑进一步加大推动力度。

二是提供可视化的数据背景。路透社的 Graphiq 人工智能系统能够在极短的时间内依据记者编辑将要报道的事件主题，从数据库中抓取历史数据，并建立与报道内容匹配的可视化内容，在提升内容信息量的同时节省编辑记者的时间。

三是进行新闻事实核查。《华盛顿邮报》2012 年开发的"Truth Teller"可以自动对新闻内容进行即时核查，但核查能力有限且其语音识别系统经常出现转码错误。英国的事实检查机构"Full Fact"致力于提高人工智能的情景分析能力，建立新闻自动核查的监控系统，通过检查公共数据，以概念验证的方式来核实新闻报道。2017 年 12 月，新华社正式发布了媒体人工智能平台"媒体大脑"。该平台的"人脸核查功能"和"版权监测功能"能够有效地进行新闻事实核查。其中，"人脸核查功能"能够从海量的图片及视频资源中准确定位目标人物，极大地降低新闻事实核查的工作量，有效防止假新闻的出现。"版权监测功能"则通过网络中近 300 万个监测站点对各类原创内容进行保护，有效防止各类抄袭等侵权行为。

四是加强与用户间互动。《华盛顿邮报》开发的聊天机器人 Feels 能够帮助媒体收集新闻线索，如在美国大选期间通过聊天的方式收集用户选举的相关数据，从而分析判断美国选民的选取倾向。数字商业新闻网站 Quartz 是可以"聊新闻"的客户端，内容由人工编辑选择与制作，互动过程由机器算法自动实现。打开 Quartz，其界面是单纯的对话窗口，Quartz 会用聊天的方式向用户推荐新闻，用户也可以通过不断追问的方式对自己感兴趣的话题进行深度了解。"聊新闻"的方式能够有效提高用户黏度，但并不是所有的新闻类型都适合以"聊新闻"的方式呈现，另外，目前聊天机器人与用户互动的流畅度、深度仍需提高，因此要加大力度提升机器人识别文本和语义的能力，让聊天机器人充分掌握相同词语在不同语境中的意义。

三、智能化的新闻信息分发：多样化新闻分发主体与个性化新闻推荐

智能技术不仅改变了新闻采集与制作加工的方式，还极大地影响了新闻分发的主体、渠道和方式。智媒体时代的新闻分发特点主要体现为以下两点。

1. 生产端与分发端分离，互联网技术公司占据竞争优势

从当前的媒介市场看，新闻分发的主体是指能够为新闻内容提供分发渠道的平台商，新闻内容经由平台商到达受众。当前媒体的新闻运营分发平台主要分为媒体自运营专业平台和商业化信息平台。后者本身不具备新闻采编制作的资质，只提供新闻信息转载等服务。其中社交媒体平台和个性化新闻客户端是商业化互联网新闻分发的两种主要渠道，其重要程度已经开始逐渐赶超媒体自运营的专业信息平台。

在传统新闻生产流程中，新闻生产端和分发端密不可分，都牢牢掌握在拥有新闻生产能力的媒体手中。但是，在智媒体时代，新闻生产内容极大丰富，单一的媒体分发端已经无法解决海量的新闻产品与用户的个性化需求之间的矛盾。另外，智媒体时代的新闻个性化推荐是指以海量的用户数据为基础，运用相关算法分析新闻用户的兴趣、社会关系、生活习惯等特点，并对用户进行画像，以兴趣的重要程度为依据向用户推送能够满足其特定需求的新闻产品。这一新闻产品分发形式是基于移动端的，极度依赖大数据技术、算法分析、场景识别、搜索技术等新兴科技。由于人工智能与互联网、计算机等技术一脉相承，具有强大技术实力的科技公司进入新闻市场分发端的优势十分明显。于是，一批拥有互联网背景的科技公司纷纷加入新闻产品分发的阵营，一系列以个性化内容推荐为主要特色的新闻聚合 APP 应运而生。这类新闻 APP 通过推荐引擎和机器学习来为用户筛选新闻产品，并不断通过与用户的互动来精准定位用户的兴趣点，从而不断优化推送内容的精准度。于是，新闻产品的分发端与生产端顺理成章地被分离开。

目前，从国内看，新闻内容分发端很大程度上已经被拥有用户大数据的互联网巨头掌握。百度利用其搜索引擎长期收集用户的搜索数据及阅读数据等来不断完善用户群体画像，并在此基础上通过机器算法为目标群体推荐新闻。百度新闻客户端依靠搜索引擎打造全球最大最全的中文新闻平台，30 秒内实时聚合万家媒体来源，覆盖全国 442 个省市、2 876 个区县、6 927 个商圈新闻。采用独有的推荐引擎技术，5 秒内解析用户兴趣点，为用户推荐最感兴趣的个性化优质内容。同时，用户也可以根据自己的兴趣对任意话题进行订阅，打造专属阅读空间。腾讯依靠社交媒体平台打造天天快报，采取 QQ 和微信登录的形式，在获取用户阅读兴趣习惯的大数据基础上，分析挖掘用户的兴趣点和关注点，通过人工智能推荐个性化资讯，为用户提供真正的千人千面的资讯浏览体验。

2. 个性化新闻推荐成为现实

在智媒体时代，新闻报道的深度与广度都得到了极大的扩张，用户的个性化需求有了得到满足的可能。以今日头条为代表的个性化新闻 APP 已经赢得了用户的广泛认可。今日头条旨在打造最科学和精确的推荐引擎，以满足每一个人不同的兴趣为出发点，从简单的兴趣标签，到由此产生的分支，再到随时间变化而引起的兴趣更迭。今日头条的本质是一套由数百万代码组成的算法，大数据来自 3 亿用户以每天 75 亿次上拉下滑、700 万次收藏、500 万次账外分享、300 万次点踩所产生的兴趣表达，将这些兴趣表达聚化成数百万个兴趣颗粒，并由 400 多位工程师用 4 000 多台服务器以每秒上百亿的处理速度不断优化推荐效果，依托今日头条独创的大数据算法，媒体及用户所创作的内容可以在数秒之内抵达目标读者手机。目前今日头条的订阅用户已经达到 3 亿，日均推送信息量超过 20 万条，日均累计产生 4.5 亿次有效点击，日均使用用户量超过 3 000 万，日累积使用时长超过 14 亿分钟，日人均使用时长超过 17 分钟，这一数字仅次于微信和开心消消乐。

另外，写作机器人有效地拓宽了新闻的广度，使用户的非主流需求能够得到满足。传统的记者编辑关注的是能够引起最多人兴趣、满足主流需求、具有普遍价值的新闻，仅有小部分人需要的非主流需求则因为人力有限而不得不选择放弃，这些曾经被迫放弃的内容如今被写作机器人生产出来，这部分长尾新闻内容的生产能够创造出更多的价值。

在未来，随着人工智能技术的不断成熟，基于位置、场景等因素的个性化推荐将会日益普及，媒体将通过手机及其他智能可穿戴设备等移动终端收集用户数据，根据用户所处的时间、地点、环境、生活习惯、实时状态等进行观察与分析，为用户推送满足当前场景需求的个性化新闻内容。

第三节　网络新闻生产的新模式

一、机器人新闻写作模式

在新闻生产的早期，媒体人主要依靠纸笔的方式记录和写作。随着计算机应用的普及，新闻生产开始依靠键盘输入文字等方式。到了今天，随着互联网技术的不断成熟，新闻生产方式更是发生了翻天覆地的变化，出现了机器人新闻生产等自动化新闻写作方式。如图 4-2 所示，2015 年 9 月 10 日腾讯财经频道发布的新闻《8 月 CPI 同比上涨 2.0% 创 12 个月新高》分析了 8 月份 CPI 的详细数值，还提供了国家统计局城市司高级统计师余秋梅等人的分析，看起来和传统的财经新闻并没有什么区别。实际上这则新闻来自腾讯新闻机器人 "Dreamwriter"，这是腾讯新闻机器人研发后第一次发布的新闻稿，从自动抓取相关材料到自动写作并发布，只用了 1 分钟时间。这个名叫 "Dreamwriter" 的自动化新闻写作机器人是由腾讯财经开发的，它能够根据预先植入的算法迅速抓取新闻资源，进行周密的数据分析和研判，在第一时间自动生成稿件并送达用户。

腾讯财经 | 证券 港股 美股 宏观 国际 金融 公司 消费 理财 财经资讯

8月CPI同比上涨2.0% 创12个月新高

宏观经济 | 腾讯财经[微博] 2015-09-10 09:30 | 我要分享▾　　　　★ ▢ 902

腾讯财经讯 国家统计局周四公布数据显示，8月CPI同比上涨2.0%，涨幅比7月的1.6%略有扩大，但高于预期值1.9%，并创12个月新高。

国家统计局城市司高级统计师余秋梅认为，从环比看，8月份猪肉、鲜菜和蛋等食品价格大幅上涨，是CPI环比涨幅较高的主要原因。8月份猪肉价格连续第四个月恢复性上涨，环比涨幅为7.7%，影响CPI上涨0.25个百分点。部分地区高温、暴雨天气交替，影响了鲜菜的生产和运输，鲜菜价格环比上涨6.8%，影响CPI上涨0.21个百分点。蛋价环比上涨10.2%，影响CPI上涨0.08个百分点，但8月价格仍低于去年同期。猪肉、鲜菜和蛋三项合计影响CPI环比上涨0.54个百分点，超过8月CPI环比总涨幅。

他表示，从同比看，8月份CPI同比上涨2.0%，涨幅比上月扩大0.4个百分点，主要原因是食品价格同比涨幅有所扩大。8月份，食品价格同比上涨3.7%，涨幅比上月扩大1.0个百分点，其中猪肉、鲜菜价格同比分别上涨19.6%和15.9%，合计影响CPI上涨1.05个百分点。非食品价格同比上涨1.1%，涨幅与上月相同，但家庭服务、烟草、学前教育、公共汽车票和理发等价格涨幅仍然较高，涨幅分别为7.4%、6.8%、5.6%、5.3%和5.2%。

【本文来源：Dreamwriter，腾讯财经开发的自动化新闻写作机器人，根据算法在第一时间自动生成稿件，瞬时输出分析和研判，一分钟内将重要资讯和解读送达用户。】

图4-2　2015年9月10日腾讯财经新闻《8月CPI同比上涨2.0%　创12个月新高》

1. 机器人新闻写作的概念和具有代表性的新闻机器人

机器人新闻写作最早诞生于美国，是指利用自然语言处理、大数据分析、算法模型等技术实现新闻的采集、生产与分发全过程自动化的智能写作模式。国外较具代表性的新闻机器人包括华盛顿邮报的 Heliograf、雅虎的智能机器 Wordsmith 和路透社的 Open Calais 系统等。国内的机器人新闻写作起步较晚但发展迅猛，代表性较强的新闻机器人有新华社的"快笔小新"、腾讯的"Dreamwriter"、字节跳动的"Xiaomingbot"和封面新闻的"小封"等。

2. 新闻机器人的写作流程

第一阶段：数据的抓取。

新闻机器人的"采访"是依靠大数据技术自动抓取与报道主题相关的海量数据来实现的。这些海量数据主要来自有合作关系的媒体机构数据库、各类网络平台（包括社交媒体平台）中公开和共享的信息，例如体育比赛的比分、公司财务数据、天气数据、股市数据等。数据是新闻机器人写作的基础和支撑，因此目前机器人新闻写作发展较好的领域主要集中在财经、体育、气象等以数据为主的新闻报道中。抓取数据是机器人新闻写作的起点，同时也决定着机器人新闻写作的质量，在这一阶段，新闻机器人抓取的数据越真实、越全面、价值越高，后期撰写出来的新闻将越真实、越全面、质量越高。

以一场篮球比赛的报道为例，新闻机器人在篮球比赛中抓取的数据主要包括每个队伍和每个队员的得分总数、投篮命中率、罚篮命中率、三分命中率、篮板数、盖帽数、抢断数、助攻数、失误数、上场时间数、参赛场次数等。

第二阶段：数据的整理与分析。

新闻机器人在这一阶段主要利用大数据和云计算技术对上一阶段采集到的数据进行归类整理和统计分析，或者根据算法中预先植入的新闻点寻找匹配的数据，或者从获取的数据中分析整理出数据的特点与变化从而确定新闻点，然后将没有新闻价值的数据剔除出去，保留符合新闻主题要求、具有新闻价值的数据，为下一阶段的报道生成提供丰富的数据内容。

如果是对一场篮球比赛的报道，这一阶段，新闻机器人会挑选出篮球比赛中的各类"最高记录""最低记录""最大差距""最小差距"等数据，从中选择最反常、最具新闻价值的数据，并以此为中心集合数据内容。

第三阶段：匹配模板，生成报道。

这一阶段使用的写作模板是程序员在系统构建过程中根据不同的新闻主题预先设定好的。新闻机器人只需要将上一阶段处理好的数据匹配嵌入到模板中，就能自动生成逻辑完善、文字内容连贯的新闻报道。需要注意的是，这种模板化写作虽然迅速，但也存在诸多缺陷，如稿件结构雷同缺乏变化、缺少对内容的深度挖掘等。虽然机器人新闻写作过程中会采用语义算法不断地将机器自动生成的语言与人类语言进行对比和替换，但机器人写作的新闻在情感表达上仍然与人工写作的新闻存在较大差距，缺少温度。

对于一场体育赛事来说，预先设置的写作模板可能包括"旗鼓相当的拉锯战""震撼全场的个人英雄主义""同仇敌忾的团队合作""后来居上的反击战"等。新闻机器人在选择具体的写作模板时，会结合上一阶段的数据分析结果，选择最佳写作模板。然后根据写作模板选择相关球员个人信息、本场比赛各项得分等相关数据进行匹配嵌入。

为了让机器人写作的新闻更加接近人类写作水平，提升机器人新闻报道的温度，很多科技公司都进行了有益的尝试。如"自动洞见"公司的算法会将随机因素预先植入到报道文本的生成过程中，并在写作过程中加入更多的形容词、副词，如"冷静的""自卑的""乐观的""充满激情的"等，从而让文本的语气更加丰富多样。"耶索"公司采用元数据（Metadata）技术，让算法能够根据不同主语选择相应的动词，灵活变换使用同义词等，使文本更加生动活泼。

第四阶段：内容的审核与分发。

机器人新闻写作早期，新闻稿件完成后并不是直接推送给受众的，而是要先经过记者、编辑等专业人员的审核把关。在这一阶段，记者、编辑等不仅要对稿件的真实性、客观性进行把关，还要对稿件的内容进行修改或润色，以提升稿件内容的质量。但是，随着机器人新闻写作技术的不断成熟，很多媒体机构放弃了对机器人写作新闻的内容审核，这一方面是由于机器人新闻写作的质量不断提高，错误越来越少，另一方面也是因为海量新闻的审核成本较高，把关难度较大。比如，2014年10月，美联社就停止了对其新闻机器人 WordSmith 生产新闻的审核，将其生产的新闻内容直接推送给受众。另外，机器人新闻写作还能实现个性化的智能分发，根据目标受众的个性化需求进行精准推送，实现更好的传播效果。

二、UGC 新闻模式

1. UGC 新闻模式的概念

UGC（User-generated Content）即用户生产内容，与 PGC（Professional-generated Content）专业生产内容相对，是指用户在互联网中以文字、图像、音频、视频等形式制作并发布的信息和意见等。在传统媒体时代，受众无法直接参与新闻生产，即使是新闻报道对象或者新闻线索的提供者，也只能间接参与新闻生产，新闻生产的主动权掌握在专业媒体手中。在新媒体时代，尤其是社交媒体广泛应用后，受众能够随时随地将自己掌握的信息、想表达的意见通过微博、微信等社交媒体平台发布。如果这些信息或意见具有很高的新闻价值，还会引起更广泛人群的关注，甚至能够吸引专业媒体进行转载或者报道。目前，UGC 内容因为其及时性和广泛性等特点，已经成为专业媒体新闻内容的主要来源之一。

UGC 新闻模式指专业媒体机构通过对社交媒体平台中用户生产的内容进行分析整理和利用来生产新闻内容的模式。UGC 新闻模式能够有效地提高新闻生产效率，降低新闻生产成本。

2. UGC 新闻模式的应用

UGC 新闻生产模式打破了专业媒体在新闻生产环节的垄断局面，成为当下新闻生产与传播的主要方式之一。对于专业媒体机构来说，一方面 UGC 拓展了媒体的新闻来源，扩大了新闻的报道范围，另一方面，UGC 增加了新闻报道的黏性，优化了新闻受众的体验。专业媒体切实利用好 UGC，将其选择、整理、优化成优质内容，不但能够提高新闻报道质量，还能够扩大受众范围。当然，UGC 新闻模式也存在明显的不足，由于大多数用户缺乏专业媒体素养，因此他们生产的内容往往呈现出质量低、价值密度小、碎片化等特点，甚至有些用户出于博取注意力等目的恶意制造炒作虚假信息，发表不当言论等。因此 UGC 的利用需要严格筛选和把关，工作量较大。

 相关案例

> **1. 哈德逊河奇迹**
>
> 2009 年 1 月 15 日，全美航空 1549 号班机从纽约长岛拉瓜迪亚机场起飞后约 5 分钟时撞上飞鸟，两个发动机都失去了动力，车上当时载有 155 名乘客。驾驶飞机的切斯利·舒伦伯格机长根据当时飞机的飞行高度和下降速度迅速判断出，已经无法让飞机在最近的机场安全降落，于是他决定避开人口稠密的区域，将飞机降落在哈德逊河上。在机长沉着冷静的应对之下，飞机安全降落，机身大致保持完整，机上人员全部获救。这个航空史上第一次大客机水面紧急迫降的精彩瞬间被人用照片的方式记录了下来，记录者不是记者、编辑等专业媒体人员，而是一位名叫柯林斯的软件公司咨询师。事故发生时他正巧站在办公室窗前，目睹了飞机冲进哈德逊河的瞬间并拍摄下来，他将这张照片发送给了英国一家名叫 Scoopt 的移动网站，随后因为拍摄角度优良等原因，该照片又被英国的《泰晤士报》《伦敦时报》《太阳报》等报纸刊用。

2. 极光影院枪击事件

2012年7月12日，美国科罗拉多州丹佛市极光影院发生了一起恶性的枪击事件，在《蝙蝠侠前传3：黑暗骑士崛起》的首映现场，一名戴面具的男子突然向观众开枪射击，至少造成12人死亡，50人受伤。事故发生后，各大媒体纷纷展开报道，其中《丹佛邮报》采用了以社交媒体为主的多元化报道手段，详细记录了枪击案涉及的12位死难者和58名伤者的遭遇并将其制作成了专题，专题包含近48页的Facebook报道，并用Twitter进行24小时不间断的事件进展追踪。这一报道成为媒体利用社交媒体中的UGC的典范。2013年，由于对极光影院枪击事件的出色报道，《丹佛邮报》全体人员（The Denver Post Staff）获得了2013年度普利策突发性新闻报道奖。

3. 澎湃新闻《40年家国协奏曲》

2018年11月，澎湃新闻发布了H5作品《40年家国协奏曲》，向广大受众征集微视频作品。征集主题分成"家""城""国"三大系列，受众可以拍摄自己的家庭，也可以拍摄居住的城市，更可以拍摄我们的国家，鼓励受众通过镜头将祖国的进步、城市的变化和个人的成长记录下来。该项目吸引了329多万人参与导演制作。该H5作品为受众提供了方便快捷的视频制作方式，用户只需要按要求上传相关的照片，就能够自动生成一段微视频。照片的主题包括一个个人（我的肖像）、一户户家庭（我的全家福或和小伙伴的合影）、一座座城市（我生活学习工作的地方）和我们的影像就是这个国家的影像、我们的变化就是这个国家的变迁（我的足迹和高光时刻）等。由于2018年正值改革开放40周年，《家国协奏曲》第一部"致改革"从小家庭连着大时代的立意出发，旨在致敬中国改革开放40周年，希望通过40年来一个又一个家庭的变化来反映国家的巨变。

2019年正值中国五四运动100周年，4月，《家国协奏曲》第二部"致青年"上线，以"新青年敢不同"为主题，面向青年一代征集微视频作品。该作品主题的背景是百年之前，一代青年以当仁不让的使命感，勇当反对帝国主义和封建主义的先锋。百年之后，早已换了人间。不变的是，青年仍是社会最朝气蓬勃的力量，穿越历史风云，读懂国家成长，感受时代使命，担当青春责任。"致青年"项目希望通过与青春有关的影像作品见证当代青年热情、奋斗、对未来满怀信心与期待的状态，向青年一代传达"对青春最好的致敬，就是成为更好的自己"的理念。号召广大青年珍惜光阴，努力工作，不断走出舒适区，进取上进。

2019年9月，在中华人民共和国成立70周年之际，《家国协奏曲》第三部"致祖国"上线，以"见证新中国的成长历程，复刻激情燃烧的光辉岁月"为主题，面向全球华人征集微视频作品。内容包括自己或家人亲友的新老照片、视频，反映祖国大好河山的人文风光类照片或航拍视频等。项目聚焦每一个有故事、有理想、有行动、有精神的华人，也希望每一个华人，在分享荣耀时，再次深深感悟祖国强大与个体价值实现的关联度。祖国走向繁荣富强，离不开每一个同频共振的华人；个体从平凡到卓越、从卓越到更卓越，也始终有祖国的强大后盾在托底。号召大家秉持着亿万国人的中国心、爱国情再次出发，汇聚起奋斗的磅礴力量。为增强受众的参与度，澎湃新闻还上线了"家国影像馆"微信小程序，为广大受众提供多元化的参与渠道。该作品截图如图4-3所示，征集海报如图4-4所示。

图4-3　作品截图

图4-4　征集海报

三、融合新闻模式

融合新闻模式是指利用多媒体手段进行的新闻报道模式。融合新闻中往往包含文字、图像、音频、视频等多种媒介元素，主要通过新媒体平台尤其是社交媒体平台发布。具有代表性的融合新闻形式包括 H5 新闻、VR 新闻、新闻游戏、移动直播新闻、动画新闻、短视频新闻、数据新闻等。

 相关案例

1. 新华社"卫星新闻"

由新华社卫星新闻实验室推出的"卫星新闻",采用地图可视化、立体观测和随手拍等技术手段,通过遥感卫星拍摄并进行多层次影像呈现,观察地理变迁、追踪突发热点、聚焦城市演变、展示自然之美。"卫星新闻"旨在换个角度为受众呈现不一样的家园。2021 年 10 月 22 日发布的一则题目为《这本"书",带我们回首那段波澜壮阔的史诗》的 H5 新闻,将长征这一伟大奇迹中的四渡赤水、飞夺泸定桥、激战腊子口等重大历史事件与五岭、金沙江、大渡河等地理节点相结合,采用图文深度配合的形式带领受众穿越回八十多年前,与中国工农红军一起走过 14 个省份,攀越高山险峰,渡过江河湖泊,共同完成一次不畏艰难险阻的远征。这本形象生动的"长征地理书"带领受众再次回顾了那段波澜壮阔的历史。《这本"书",带我们回首那段波澜壮阔的史诗》作品截图如图 4-5 所示。

图 4-5 《这本"书",带我们回首那段波澜壮阔的史诗》作品截图

2. 中国国际服务贸易交易会报道

2021 年 9 月 2 日,中国国际服务贸易交易会在北京举办。新华网借助 5G、AR&VR 等技术手段,让受众能够"亲临"现场,在新华社记者李笑的介绍下,360 度全方位体验服贸会的现场,从"观看者"变成"参与者"。受众只需要通过鼠标进行简单的左右滑动操作,就能够实现对服贸会现场的全方位体验。中国国际服务贸易交易会报道截图如图 4-6 所示。

图4-6　中国国际服务贸易交易会报道截图

四、算法新闻模式

传统媒体时代，新闻信息采用的是中心式分发形式，信息的采集、加工、制作、分发等主要依靠人力完成。移动互联网时代，由于生产者多元化，传统媒体的中心式内容分发模式转变为新媒体的分布式内容分发模式，人力被机器取代，出现了包括社交化分发和算法分发在内的新分发形式，其中基于算法的内容分发模式主要依靠计算机程序来实现内容的自动推送，即利用分发算法将内容推送给用户，实现内容和用户的有效匹配。算法分发的实现主要依靠三个关键因素：用户、内容及智能推荐算法。

1. 用户

用户是算法分发的起点，算法分发的目的是为用户提供最恰当的信息服务，因此，对用户的全面认识和深入理解是算法分发提升准确率和有效性的前提。在算法分发平台中，系统是通过用户画像的方式来认识和理解用户的。

（1）用户画像的概念。用户画像是指根据用户的社会人口属性、社交关系、兴趣爱好、生活习惯、消费习惯等特征在系统中为用户构建数字化模型。用户画像是通过对用户的大量数据分析获得的对用户特征的认知，这些认知是算法分发系统进行内容推送的起点。用户画像的过程可以理解为给用户"贴标签"的过程。如图4-7所示，标签越多，用户画像就越清晰，算法推荐系统内容推荐的效果就越好。

图4-7　用户画像

（2）构建用户画像的三个阶段。

第一阶段：数据收集。在数据收集阶段，从内容上分，应当重点收集以下几个方面的数据：第一，用户的社会人口统计学信息，如性别、年龄、民族、职业、受教育程度、地域、收入水平等。第二，用户的互联网使用行为数据，包括使用互联网的接入设备，使用网络的时长、频率、地点和网络的属性（移动网络或者局域网络），经常使用的网络应用及排序等。第三，用户的信息偏好，包括内容偏好（政治、经济、文化、体育、娱乐等）、形式偏好（文本、图片、音频、短视频、长视频、H5等）。第四，用户的消费数据，主要指用户在网络中的购买记录，包括消费金额、购买频率等。

从类型上，以上数据可以分为结构化数据和非结构化数据两种类型。一般情况下，结构化数据是指能够用二维表结构来表达逻辑的数据，这类数据往往具有比较严格的数据格式与长度规范。比如，表4-1所示的教材订阅二维表格，就是典型的结构化数据。

表4-1　教材订阅二维表格

课程名称	书号	教材名称（含版别）	单价	出版社	作者	使用年级	使用专业（方向）	学生用\否	教师用数	课程性质
新闻编辑	9787300267883	新闻编辑学（第四版）	58.00	中国人民大学	蔡雯等	2018	传播学	用	不用	必修
舆论调查原理与方法	9787565708671	舆论学实务教程	38.00	中国传媒大学	宋晖等	2018	传播学	用	不用	必修

续表

课程名称	书号	教材名称（含版别）	单价	出版社	作者	使用年级	使用专业（方向）	学生用\否	教师用数	课程性质
媒介经营与管理	9787301196090	媒介经营与管理	75.00	北京大学	谢新洲	2017	传播学	不用	1	必修
新闻评论学	9787309093377	当代新闻评论教程（第五版）	40.00	复旦大学	丁法章	2018	传播学	用	不用	必修
人际传播	9787303195725	人际传播学：理论与能力	59.80	北京师范大学	胡春阳	2017	传播学	用	不用	必修
危机传播管理	9787300186580	危机传播管理（第三版）	29.80	中国人民大学	胡百精	2017	传播学	用	不用	必修

非结构化数据是指数据的结构不规则或不完整，不能用二维表来呈现。非结构化数据主要包括各种格式的文本、图片、音频、视频、网络，等等，比如，腾讯视频中的视频内容及用户的观看记录、搜索记录等；微信中的关系网络；锦州市出租车 GPS 记录下来的行车轨迹；用户在抖音中发布的视频内容和评论内容；中国移动投诉电话中的语音投诉记录。

第二阶段：数据处理与分析。

首先，数据清洗。从互联网中直接采集到的原始数据往往包含很多错误数据，部分数据甚至相互矛盾，因此，在使用之前，需要按照一定规则对这些原始数据进行处理，这个过程被称为"数据清洗"。其次，数据转化与分析。原始数据中存在的大量非结构化数据也无法直接使用，需要通过文本挖掘、自然语言处理、机器学习等手段将非结构化数据转化为结构化数据。数据处理完成后需要对数据进行分析，常用的数据分析算法有两种，分别是分类算法和聚类算法。分类算法旨在依据用户感兴趣的内容和关键词等为用户划分类别，分类算法的前提是类别是已知的。聚类算法旨在将对同样的内容和关键词感兴趣的用户聚合起来，为他们统一推送相关内容，提升推送信息的效率。

第三阶段：构建画像。

经过上述两个阶段的数据收集和分析整理，同时结合平台需求，系统能够呈现每位用户的个性化画像，包括用户的基本信息、兴趣爱好、心理与行为特征、购买能力、社交网络等。当然，用户画像是无法一次性完成的，推荐系统需要继续收集用户在平台中的各项行为数据并重新分析，不断更新用户画像，才能使用户画像的结果更加精准，从而提高信息推荐的精准度。

对于系统中的新用户来说，用户画像在初始阶段获取的信息往往来自用户主动提供的注册信息，信息量非常有限，很难使用户画像精准，也就没有办法为新用户提供精准的推荐内容。为了解决这个问题，不同的算法系统会采用不同的策略，其中比较典型的策略就是利用外部数据画像。大部分的互联网应用产生的数据并不是完全封闭的，其中有相当一部分可以公开的数据，推荐系统可以通过读取用户在各类互联网应用中的公开数据来进行画像。比如：当用户在一个新的以算法为核心的应用程序中注册时，应用程序可以为用户提供通过微信、微博或淘宝等账号授权登录新系统的注册途径，帮助用户免去注册账户填写信息的烦琐过程，同时，应用程序就可以根据用户的授权读取用户在微信、微博或淘宝等平台发布的信息、评论的内容或购买的记录等，以此来补充完善用户画像。

2. 内容

第一阶段：预处理。

内容是算法分发的另一个端点，要实现精准化的信息推送，除了要为用户画像，还要对内容进行建模和分析，对内容进行建模分析的过程可以理解为给内容贴标签的过程，这样就能够明确哪些内容应该推送给哪些用户了。在给内容贴标签之前，首先要对系统收集到的内容进行预处理，这一过程主要包含三个步骤。

第一步，数据清洗。内容数据在采集、制作、传播等过程中由于主客观的原因可能存在各种错误，比如不完整的数据、重复的数据、冲突的数据甚至错误的数据，数据清洗的目的就是补全缺失的数据、删除重复的数据、更正冲突甚至错误的数据，从而大大提高数据的精准性、完整性、一致性和可信度，为高质量内容推送提供基础。以冲突的数据为例，假设在某网红城市的游客量统计数据中，某年度国庆节的游客量数据多项信源显示为2 000 万，个别数据出现3 000 万，在这种冲突的情况下，应当将后者删除。另外，数据清洗还需要将内容处理为统一格式，并将时间、日期等显示不一致的数字进行统一调整。

第二步，消重。消重就是去除重复的文章，包括重复的标题、重复的内容和相似的主题等。消重目的是帮助信息过载状态下的用户做减法。当系统识别到某些文章的标题近似、内容近似或者使用了相同的图片等，就可以根据适当的规则，选择其中质量最高的版本进行推送，删去其他版本或不将其他版本推送给用户。另外，系统还能够识别相似主题的文章，这类文章尽管在标题和内容上文字重合度不高，但仍然属于同质化信息，容易导致用户的审美疲劳。

第三步，审核。在新媒体时代，以算法为核心的信息分发平台成为把关人之一，因此要对发布信息的真实性、客观性等进行严格的审查，确保传播的内容符合国家法律法规的要求和伦理道德的约束，坚决抵制低俗恶俗的内容传播。内容审核主要采用人工审核和机器审核两种方式。人工审核是机器审核的基础和重要补充。首先，采用人工审核的方式将内容库中的虚假新闻、谣言等标识出来，建立数据库。机器就能够根据新内容与数据库中的内容相似度来判断新内容的真实性。对于部分重要性强的新闻，在机器审核后，还可以进行人工审核交叉验证，确保新闻的真实准确。另外，系统还可以采用关键词过滤、语义过滤等方法对违反法律规定的内容、侮辱谩骂的内容和低俗色情的内容进行监测，自动识别、标记并从内容数据库中删除。同时开通内容生产者对其内容进行申诉的通道，当内容生产者对删除的内容提起申诉时，该内容将提交至人工审核进行再次甄别。

第二阶段：建模和分析。

预处理过程结束后，就能够对内容进行建模与分析了。内容建模的主要工作就是提取内容的特征，为下一步内容与用户进行匹配提供基础。目前的算法技术能够对包括文本、图片、音频、视频等在内的多种类型内容进行建模分析，其中对文本内容的建模分析出现最早且使用最为广泛，主要包含以下步骤。

首先是分词。分词是指利用算法技术将词对应的实体抽取出来，将文章转变为不同的特征点。假设以下两句话是内容库中的两篇文章："我是中国医科大学的学生""我是中国医科大学附属第一医院的护士"。现在对这两句话进行分词，其中第一句话中的"中国医科大学"和第二句话中的"中国医科大学附属第一医院"都是专有名词，应当切分为一个分词，因此正确的切分方法分别是"我/是/中国医科大学/的/学生""我/是/中国医科大学附属第一医院/的/护士"，这样划分的话，"中国医科大学"和"中国医科大学附属第一医院"就是这两篇文章的主要特征，其中"中国医科大学"是一所学校，"中国医科大学附属第一医院"是一家医院，而且学生和护士是完全不同的两种职业，由此可以判定两篇文章的主题相似度很低，不宜做关联推荐。反之，如果不把"中国医科大学附属第一医院"切分成一个词，而是切分成"中国医科大学/附属/第一/医院"，按照分词结果，"中国医科大学"就成了两篇文章的共同主要特征，系统会将两篇文章做关联推荐，影响用户体验。

然后进行词频统计。词频统计就是计算被切分出来的每个词在文章中出现的次数。词频越高对应的特征越明显。但是需要注意的是，有些代词、副词、介词等虽然出现的频率很高，但并不能作为文章的特征词，如"你""我""她""的""地""得""在"等。

当然，在内容建模与分析阶段，仅仅提取文章的特征词并统计词频是远远不够的，还需要建立文本的向量模型，对文本进行分类、聚类分析，并根据不同维度，如相似度、时空、质量等相关特征对文本进行建模与分析，从而全面准确地描绘出内容的特点。

3. 智能推荐算法

智能推荐算法是连接用户和内容的桥梁。给用户和内容贴上标签以后，智能推荐算法就能够依据用户和内容的特征来进行匹配了。在实际运用中，一个智能推荐算法系统往往会使用多种智能推荐算法进行组合，以达到最优的效果，实现更精准的信息推送。当前比较典型的推荐算法有以下几种：基于内容推荐、基于规则推荐、基于效用推荐、基于知识推荐、协同过滤推荐和组合推荐。其中基于内容的推荐比较容易理解，就是选择与用户阅读文章主题等相似的文章进行推送。比如，一名用户曾经完整阅读过一篇标题为《2022年全国硕士研究生招生调剂服务系统将于4月6日开通》的新闻，系统就可以将后续检测到的关于硕士研究生调剂方面的信息推送给这名用户。

在智能算法系统发展过程中，一个非常重要且应用非常广泛的算法是协同过滤推荐算法，接下来将对这一算法的原理进行详细介绍。协同过滤算法的基本原理是根据用户的阅读历史行为，包括阅读时间、阅读频率、点击量、下载量、完播率等，为用户建立兴趣模型，再按照用户的兴趣特征为其推荐内容。其中"协同"是指用户阅读兴趣相似，如果不同用户阅读的内容近似，就可以推断他们的阅读兴趣近似，进而获知他们可能对同样的内容感兴趣，协同由此产生。"过滤"是建立在"协同"基础上的，通过"协同"将有类似兴趣的用户聚合到一起后，就可以根据与目标用户兴趣类似的用户群体的阅读内容为目标用户进行推荐，将其他阅读内容"过滤"出去，从而提高推荐内容的有效性和精准度。所以"协同过滤"就是指给目标用户进行推荐时，要先找到与目标用户阅读兴趣相近的一组用户群体，然后根据这个阅读群体的阅读内容为目标用户推荐。

假定推荐系统中有四个用户 U1、U2、U3、U4 和 50 篇报道 R1、R2、R3、R4、

R5、……、R50，其中用户 U1 完整阅读了前五篇报道 R1、R2、R3、R4、R5，用户 U2 阅读了第一篇报道 R1，用户 U3 阅读了第二和第四篇报道 R2 和 R4，用户 U4 阅读了前四篇报道 R1、R2、R3、R4，从以上的阅读历史行为中能够发现，用户 U1 和用户 U4 的阅读相似性高于用户 U2 和用户 U3，因为用户 U1 和用户 U4 的阅读兴趣交集为四项 R1、R2、R3、R4，而用户 U2 和其他用户的阅读兴趣交集只有 1 项 R1，用户 U3 和用户 U1 的阅读兴趣交集只有 2 项 R2、R4，所以，系统可以根据用户 U1 的阅读历史为用户 U4 推荐其尚未阅读的报道 R5，协同过滤算法如图 4-8 所示。

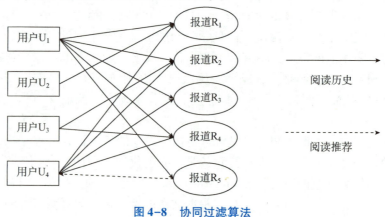

图 4-8　协同过滤算法

 相关案例

豆瓣网

豆瓣网于 2005 年 3 月正式上线，创始人是杨勃。网站创办之初主要为用户提供图书、电影、音乐等作品的推荐服务。同年 4 月份，豆瓣网开通了小组藏书功能，同时增加了"和你口味最像的人"，并在部分图书介绍页里开通了"豆瓣成员认为类似的书"功能。该网站致力于通过协同过滤算法等技术帮助用户"通过你喜爱的东西找到志同道合者，然后通过他们找到更多的好东西"。作为一个成功的社交网站，它以图书、电影、音乐等为中心构建了一个多元化的社交网络平台，每一个用户都是这个社交网络中的节点，节点反馈越多，豆瓣网的用户推荐效果越精准高效，网站的用户黏性越强。

 课后思考

1. 如何理解当前网络新闻分发平台的多元化格局？
2. 结合实际谈谈传统媒体如何利用智能媒体技术实现融合转型。
3. 机器人新闻写作模式的优势与劣势有哪些？
4. 传统媒体应当如何利用 UGC 内容？
5. 结合实际案例谈谈融合新闻模式的报道优势。
6. 结合实际谈谈算法新闻存在的问题及解决策略。

【春风化雨 润物无声】

在算法的帮助下，我们可以轻易过滤掉自己不熟悉、不认同的信息，只看我们想看的，只听我们想听的，最终在不断重复中强化了固有偏见和喜好。一旦身处这样的"信息茧房"，就再难接受异质化的信息和不同的观点，甚至在不同群体、代际竖起阻碍沟通的高墙，所谓先进的技术、精密的算法可能会放大某些消极影响。在社会层面，如果我们都沉浸于自己的"舒适地带"自怨自怜，就可能进一步缩减理性、开放、包容的公共空间，从而失去在争议中达成共识的机会。回想互联网兴起之初，信息大爆炸的时代来临，许多人在当时预言：空前开放的时代到来了。然而几十年过去，随着算法日益精密、技术不断提升，智能化的信息分发模式反而把许多人困在"信息的茧房"，失去了探索未知、创造不同可能性的机会。预言与现实的反差，正提醒我们：勇于驶出信息的孤岛，敢于走出知识的一亩三分地，拥抱丰富多彩的世界，才能赢得精彩的未来。

2017 年 9 月 19 日人民网评算法推荐节选

（案例来源：人民网，http://opinion.people.com.cn/n1/2017/0919/c1003-29544724.html）

第五章　网络传播中的用户

学习目标

1. 网民的内容需求、关系需求和服务需求
2. 网民的行为特征
3. 公民新闻的优势与劣势

第一节　网民的需求

中国互联网络信息中心发布的《第49次中国互联网络发展状况统计报告》数据显示，截至2021年12月，我国网民总数达到10.23亿。按地区划分，城镇网民数量为7.48亿，占网民整体的72.4%；农村网民数量为2.84亿，占网民整体的27.6%。互联网的普及率达到73.0%。从年龄上看，30～39岁的网民占19.9%，比例最高；60岁及以上的老年网民数量为1.19亿，占网民整体的11.5%，占60岁及以上老年群体的43.2%；未成年网民数量为1.83亿，占未成年人数量的94.9%，普及率远高于其他年龄群体。随着网民数量的不断增加，各类互联网应用的用户数量也不断增加，网民数量最多、使用率最高的前五类互联网应用分别为即时通信、网络视频（包括短视频）、短视频、网络支付、网络购物和搜索引擎。2021年增长率最高的前五类互联网应用分别为在线医疗、在线办公、网上外卖、网约车和在线旅行预定。2020.12—2021.12各类互联网应用用户规模和网民使用率如表5-1所示。

表5-1　2020.12—2021.12 各类互联网应用用户规模和网民使用率

应用	2020.12		2021.12		增长率/%
	用户规模/万	网民使用率/%	用户规模/万	网民使用率/%	
即时通信	98 111	99.2	100 666	97.5	2.6
网络视频（含短视频）	92 677	93.7	97 471	94.5	5.2

续表

应用	2020. 12		2021. 12		增长率/%
	用户规模/万	网民使用率/%	用户规模/万	网民使用率/%	
短视频	87 335	88.3	93 415	90.5	7.0
网络支付	85 434	86.4	90 363	87.6	5.8
网络购物	78 241	79.1	84 210	81.6	7.6
搜索引擎	76 977	77.8	82 884	80.3	7.7
网络新闻	74 274	75.1	77 109	74.7	3.8
网络音乐	65 825	66.6	72 946	70.7	10.8
网络直播	61 685	62.4	70 337	68.2	14.0
网络游戏	51 793	52.4	55 354	53.6	6.9
网络文学	46 013	46.5	50 159	48.6	9.0
网上外卖	41 883	42.3	54 416	52.7	29.9
网约车	36 528	36.9	45 261	43.9	23.9
在线办公	34 560	34.9	46 884	45.4	35.7
在线旅行预订	34 244	34.6	39 710	38.5	16.0
在线医疗	21 480	21.7	29 788	28.9	38.7
互联网理财	16 988	17.2	19 427	18.8	14.4

互联网应用种类多样，层出不穷，极大地满足了网络用户的各项需求。对网民的各项需求进行分析整理后发现，主要可以将其划分为三个类别，即内容需求、关系需求和服务需求。

一、内容需求

网络能够提供海量、丰富的内容，这些内容能够满足网民的以下需求。

1. 娱乐消遣需求

互联网为用户提供了多样化的娱乐产品，包括网络游戏、在线音乐、在线视频等。以在线视频为例，相比于传统媒体，网络视频更能满足用户的个性化需求，各类小众的电视剧、电影等都能在网络中找到自己的拥趸。个性化的娱乐产品能让用户更加沉浸，产品与用户的黏性更强，但同时也容易带来用户的过度沉溺，尤其是网络游戏、网络短视频等产品，随着未成年网民群体的不断扩大，网络成瘾现象也越发不容忽视。对学生群体来说，网络成瘾可能导致学习兴趣降低，注意力无法集中，学习质量和学习效率降低，甚至荒废学业、出现心理问题等。

2. 个体成长需求

互联网提供的新信息、新知识和新技能等还能够帮助用户实现个体成长的目标。中国互联网络信息中心发布的数据显示，截至 2021 年 6 月，我国在线教育用户的数量已经达到 3.25 亿，占整体网民的 32.1%。在线教育有利于教育的公平化，能够实现优质教育资源的普惠式发展。在线教育平台的免费课程、直播资源等能够让四五线城市的中小学生以及广大农村地区的中小学生享受到优质的教育资源。以国家中小学智慧教育平台为例，该平台于 2022 年 3 月 1 日上线，前身为国家中小学网络云平台。该平台目前主要分为德育、课程教学、体育、美育、劳动教育、课后服务、教师研修、家庭教育、教改经验和教材十大板块。其中的课程教学内容覆盖小学、初中、高中等阶段的全部科目，主讲教师均为清华附小等学校的优秀教师，教学内容质量高，配套教学资源丰富。国家中小学智慧教育平台首页截图（2022 年 8 月 5 日）如图 5-1 所示。

图 5-1　国家中小学智慧教育平台首页截图（2022 年 8 月 5 日）

数据显示，截至 2020 年 11 月底，我国中小学的网络覆盖率已经达到 99.7%，随着网络基础设施建设的不断完善，越来越多的中小学生将通过在线教育获得公平的教育机会。另外，在线教育能够满足用户个性化的教育需求，随着在线教育行业与相关技术的不断发展，在线教育品牌提供的教育内容更加丰富，手段更加多样，在内容的设计上，能够针对成年人不同的知识与技能需求，帮助其进行专业能力与职业价值的提升。在教学手段上，注重智能设备的开发与应用，利用智能设备的交互功能等辅助教师进行个性化教学，给学习者更好的学习体验，从而全面提升学习效果。

3. 环境监测需求

随着网民数量的不断增加，网络已经成为人们了解社会环境的重要渠道。网民在网络中的环境认知一方面来自网络中的海量资讯，另一方面来自网络中他人或其他群体的影响。需要注意的是，虽然与传统媒体相比，网络中的信息更加丰富，但这并不意味着网民在网络中对社会环境的感知一定更加全面、准确。一是因为网络中的信息并不全都是真实、客观、准确的。网络中多元化的传播主体在一定程度上造成了信息传播秩序的混乱，其中的虚假信息等会干扰网民的判断，影响网民对环境的正确认知。二是因为网络的个性化资讯服务容易使网民受困于"信息茧房"，对外界环境的感知力下降。

 **小知识**

信息茧房

　　信息茧房的概念是由凯斯·桑斯坦提出的，他是哈佛大学的法学教授，同时也是美国前总统奥巴马的法律顾问。2006年，凯斯·桑斯坦出版了著作《信息乌托邦——众人如何生产知识》，书中观点认为，在信息传播中，因为公众自身的信息需求并不是全方位的，公众只注意自己选择的东西和使自己愉悦的通信领域，久而久之，就会将自身桎梏于像蚕茧一般的"茧房"中。因此，"信息茧房"即指人们往往会习惯性地按照自己的兴趣去选择并接收信息，不愿意去了解和接触不同的信息和观点，像蚕茧一样将自己困在"茧房"中的现象。信息茧房会造成不同价值观的社会群体间的沟通障碍，社会群体之间缺乏黏性，不利于达成社会共识。

二、关系需求

1. 自我塑造与管理

　　网民在互联网中与他人建立关系并积极互动，能够满足网民的自我塑造与管理需求。这主要表现在彰显个性、印象整饰和自我认知等三个方面。互联网的无中心性赋予了每个网民自由表达的机会，网民能够在网络中充分展示个性、表达自我。部分网民为了吸引他人的关注，会更加追求标新立异，网络能够充分满足网民彰显个性的需求。同时网民会在网络中综合运用各种手段进行自我形象的重塑，网民对自己在互联网中的形象的构建和管理可以被称为"印象整饰"，其目的是在满足网民自身心理需求的同时，还能够在其他网民心目中树立良好的印象，从而获得更多的社会资源。另外，网民在互联网中的互动行为还有利于网民对自身的认知。网民通过互动过程中他人对自己的评价和态度等不断形成对自我的认识，互动越频繁，对自我的认知越丰富和全面。

 **小知识**

印象整饰

　　印象整饰也被称为印象管理或自我呈现，这一概念的提出者是美国社会心理学家欧文·戈夫曼。1956年，欧文·戈夫曼在其著作《日常生活中的自我表演》中指出，人们在互动过程中会根据别人的期望来塑造自己的形象，运用各种互动技巧对自我形象进行塑造和管理，努力展现别人欣赏的特质，隐藏别人不欣赏的部分，从而使互动能够顺利进行。因此，印象整饰即指人们通过控制、管理自己的言行举止等来得到他人乃至整个社会的认可，从而实现良好的社交互动的目的。以微信朋友圈为例，部分网民在微信朋友圈中发布的图片往往是经过精心修饰的，其发布的内容也是精挑细选的，甚至他们还会通过设置朋友圈的可见分组来选择哪些人能够看到哪些动态，以实现在不同人群中的印象整饰。

> **镜中我**
>
> "镜中我"也被称为"社会我",这一概念最早是由美国社会心理学家查尔斯·霍顿·库利提出的。1902年,库利在其出版的著作《人类本性与社会秩序》中指出,个人对自我的认识来自与他人互动过程中他人对自己的态度或评价,这些态度或评价就仿佛一面能反映出自我的"镜子"。因此,"镜中我"只有通过社会交往才能形成。

2. 情绪释放与宣泄

随着现代生活节奏加快,社会压力不断增大,负面情绪不断累积,于是,网络成了网民情绪释放与宣泄的渠道,成了紧张社会的减压阀。网络空间的虚拟性为网民提供了逃避与躲藏的空间,网民可以在其中暂时逃离现实的挫折与困扰,得到一定程度的释放与解脱。同时,网民在与他人的互动过程中能够得到与现实世界不同的满足,如隐秘心事的袒露,与陌生人之间的游戏、调侃甚至相互谩骂等。网络的虚拟性使其具有"去抑制"的功能,身处其中的网民能够表现出在现实社会中不能展示的侧面。需要注意的是,网络并非法外之地,网民必须为自己在网络当中对他人的侮辱、谩骂等语言攻击或其他网络暴力行为负责。

 **小知识**

> **网络去抑制效应**
>
> "网络去抑制效应"也被称为"在线去抑制效应"。这一概念中的"去抑制"与"抑制"相对,所谓的"抑制"是指在现实生活中,受到社会道德规范和人的内心准则的约束,人们会自觉地规范自身的言行。网络的虚拟性等因素为网民创造了摆脱"抑制"的环境,于是网民在网络中会更加肆无忌惮,放松对自我言行的约束。

3. 人际交流需求

在各类互联网应用用户规模排行榜中,即时通信类应用多年来一直高居榜首,主要原因在于网络通过各种类型的即时通信工具充分满足了网民对人际交流的需求。网络中的人际交流与现实中的人际交流相比,既有优势也有劣势。从正面来讲,网络中的人际交流范围更广,网民可以跨越时间、空间进行交流。网络还为网民提供了多样化的人际交流方式,文字、图片、语音通话、视频通话等形式均可,网民可以根据彼此间的交往深度和交往目的等自由选择并随时切换。网络人际交流的低成本和便捷性也使网络人际交流的频率大大增加。尤其是对于部分有社交障碍的人群,通过网络进行人际交流能够让他们感觉更加轻松、自在。另外,网络中的人际交流相对平等,能在一定程度上摆脱现实生活中的阶层压力。因此,网络能够在一定程度上提升人际交流的质量。从反面来讲,网络人际交流会对现实的人际交流造成消极影响,过于沉溺于网络中的人际交流容易造成现实中人际关系的疏离,长期习惯于网络中的人际交流会使网民的现实人际交流欲求下降,甚至产生现实生活中的社交障碍等。另外,部分网络中的人际交流由于缺乏现实关系基础,交流可能随时中断。

4. 社会参与需求

网络能够满足网民平等地进行社会参与及自由表达的需求。网民通过在网络中积极地进行社会参与来践行自身的表达权和话语权，并通过观念的表达与争论获得更多的尊重与赞赏，充分满足自身的参与心理。另外，网民通过与他人互动还能够获得社会归属感的满足。社会归属感属于马斯洛需求层次理论中的安全需求，这是人类最基本的心理需求之一。通过参与社会讨论，网民能够获得更多的社会认同感与归属感，安全需求从而得到满足。

小知识

归属感

心理学认为，每个人都害怕孤独，因此希望通过加入某个群体来获得帮助和温暖，从而消除孤独感。大量研究也证明，缺少归属感会导致人缺乏学习、工作和生活的热情。

三、服务需求

互联网为广大网民提供了各种类型的服务，使网民的学习、工作和生活更加便利，不断提升网民的生活质量。当前的网络服务主要通过线上以及线上线下相结合的方式提供。

1. 线上服务

在线教育、在线办公、互联网理财等线上服务近年来发展迅速。以在线办公为例，《第49次中国互联网络发展状况统计报告》数据显示，截至2021年12月，我国在线办公的用户数量已经达到4.69亿。随着在线办公技术的不断进步，在线办公成为越来越多的企事业单位的选择，在线办公不但能够节省成本、提高效率，在突发性疫情等公共卫生事件发生的特殊情况下，还能够降低风险，保障企事业单位工作的正常运行。

2. 线上线下相结合的服务

目前大多数的互联网服务采用的都是线上与线下相结合的方式，网络购物、网上外卖、网约车等均在此列。《第49次中国互联网络发展状况统计报告》数据显示，截至2021年12月，我国网络购物用户的数量已经达到8.42亿，占整体网民数量的81.6%。网络购物已然成为当下消费者最主要的消费方式之一。尤其是1980年以后出生的中青年消费群体，其网购比例达93%。

第二节　网民的特征

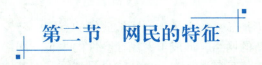

互联网具有海量性、虚拟性、互动性等特征，身处其中的网民受到网络环境的影响，其行为与现实社会中的行为相比，呈现出不同的特征，具体表现为以下几个方面。

一、自主性

互联网为广大的网民提供了一个自由、开放的平台，这使网民的行为展现出较大的自主性特征，具体表现为以下几点。

1. 自主发布信息

在传统媒体时代，信息发布权主要掌握在传统媒体手中。而在新媒体时代，每个网民都拥有随时随地发布信息的权利，网民成为信息的传播者。当然，这并不意味着每个网民在信息传播格局中的地位是相等的，尤其是与具备资源优势的专业新闻机构相比，大多数网民发布的信息很难产生巨大的影响。

2. 自主获取信息

网民的自主性更多体现在信息获取的自由上。相比于传统媒体时代，受众只能被动地等待媒体发布信息。在网络时代，受众可以根据自己的兴趣爱好等主动从互联网中"拉取"信息，如通过搜索引擎搜索自己感兴趣的新闻等。但是，主动"拉取"信息的费力程度较高，受众"拉取"动力不足。于是，很多新闻分发平台，尤其是以技术为核心的新闻分发平台，开始充分利用算法技术满足用户的个性化需求，通过对阅读习惯等进行数据分析，为用户推送个性化的新闻信息，在满足用户自主获取信息需求的同时，降低用户获取信息的费力程度。需要注意的是，网民在信息消费过程中的过度个性化可能导致其对社会环境的感知能力下降，影响网民进行正确的价值判断。因此，在推动个性化信息服务发展的同时，还应兼顾社会公共信息的普及。

随着移动互联网的普及，网民的阅读逐渐呈现出明显的碎片化状态，这和网络信息的海量性以及网民的阅读习惯、阅读环境等因素的改变都有关系。那么碎片化阅读状态是不是一定就不利于深度思考，一定会让阅读流于浅表化呢？答案是不一定。因为网民的自主性特征使其能够按照自身的信息需求主动获取信息，尤其是与其切身利益相关性大，能够引起其兴趣的话题。网民能够充分利用各种技能在互联网中搜集、分析并整理信息，使自己对这一议题的了解更加充分，认识不断加深。从这个角度来说，无数个碎片能够帮助网民拼贴出事件的原貌，呈现事实的真相，因此，碎片化不能简单等同于浅表化。

3. 自主传播信息

网络的高互动性使网民可以随时随地通过微博、微信等自媒体平台进行信息的点赞、评论或转发。所以，尽管在信息发布阶段，网民与专业媒体相比居于劣势，但是在信息传播阶段，网民群体能够发挥巨大作用。能够引起网民兴趣、符合网民利益的信息，往往会得到迅速传播。

二、社会性

网民在互联网中并不是孤立的个体。网民彼此间的点赞、转发和评论等行为将他们紧密连接在一起，构成了新的网络，形成了网民社会性的表现。网络环境中的受众是互相联通的，即使是看似独立的信息获取行为，也往往会受到网络中其他人的影响。网民的信息选择与判断等行为也不是完全独立的，而是网络环境作用下的复杂结果。具体来说，网络中作为受众的网民，其社会性突出表现在以下几个方面。

1. 网民的信息消费行为能够影响媒体机构的信息生产

首先，网民的信息消费行为能够影响媒体机构的新闻选题。网民单个的信息点赞、转发或评论行为并不会对他人，尤其是媒体机构的新闻生产造成影响，但是当足够数量的网民行为聚合起来，不但能够对其他网民的信息消费行为产生影响，还能够对媒体机构的新闻生产尤其是新闻选题起到调节作用。如微博的热搜榜单，微博平台会根据网友对信息的关注度实时生成并呈现热门搜索榜单，榜单上的新闻不但能刺激其他网民的进一步关注，还为其他媒体机构的新闻生产提供方向。其次，网民的信息消费行为能够为媒体机构的新闻生产提供直接的生产资料。目前，媒体机构对用户生产内容（UGC）的利用行为已经很普遍了。

📖 相关案例

> 2016 年 3 月 10 新浪专题新闻《谷歌人工智能破解围棋比赛》详细报道了谷歌人工智能 AlphaGo 与九段棋手李世石之间的对决。阅读这一专题的网友还可以参与专题调查，题目包括："谷歌人工智能 AlphaGo 对决人类九段棋手李世石，人机大战谁会赢？""你认为人工智能最终会超越人类吗？"等，确认选项并提交后系统会向网友展现最新的统计结果，于是统计结果也成为新闻专题的一部分，并且是由网友直接生产的。

另外，网民的信息搜索请求也能够为媒体机构提供指引。对网民的搜索请求进行数据挖掘，能够帮助媒体机构洞察当下社会舆论关注的焦点。

2. 网民的互助行为能够编织成信息引导网络

网民的互助行为较多地出现在百度知道等互动问答平台中。这类互助问答平台通过奖励机制等刺激用户间进行知识与信息的分享，同时结合搜索引擎技术，满足网络用户复杂的信息需求，尤其是一些复杂的没有办法用简单精确的语言概括的信息需求。比如，电脑出现故障，显示器上显示的故障提示内容过多，普通人很难读懂或是对其进行简要概括，这时候就可以将能够反映电脑故障的图片发布到百度知道等平台中寻求其他网民的解答，其他对这一故障有所了解的网民看到，就会给出相应的解答，如果回答者众多，提问者还能从答案中优中选优。网民在互动问答平台中的问答就编织成了用户间的信息引导网络。值得注意的是，虽然网民间的信息引导能够对搜索引擎的信息引导进行补充，同时也能提升网民在网络中获取信息的便捷性和针对性，但是网民的文化素养和个人素质有高有低，他们的信息贡献行为是零散的、随机的，是义务的、非职业性的，因此他们所提供的知识与信息的质量也良莠不齐。比如，有网友在"百度知道"中提问"水银直接服用会怎样"，除了有网友回答水银服用后会导致汞中毒以外，还有网友不负责任地回答"会长生不老"，也有一知半解的网友回答"量小服用不会产生危害"等，由此可见，网民间相互的信息引导未必总是积极的。

3. 网民个人的态度与行为会受到网络群体的影响

网络环境中，网民个人对某一人物或事件的态度与行为往往会受到其所处网络群体的影响。尤其是在一些影响面广、持续时间长的新闻事件中，网民对事件的最终评价，往往不是其自身的独立判断，而是与其他网民互动后的结果。群体的态度和行为会对身处其中的网民的选择和判断产生影响。以华南虎事件为例，在事件发展前期，大多数网民关注的焦点是华南虎照片本身，他们参与讨论的主要目的是渴求了解事实真相。但是事件发展到后期，随着重要证据的出现，多数网民认定事件已经真相大白，于是追求事实真相的网民比例明显下降。但是舆论并没有就此平息，反之，在网络群体互动氛围的影响下，大量的网民开始借机起哄、宣泄情绪。"华南虎事件"中不同参与目的网民回帖比例变化趋势如

图 5-2 所示。

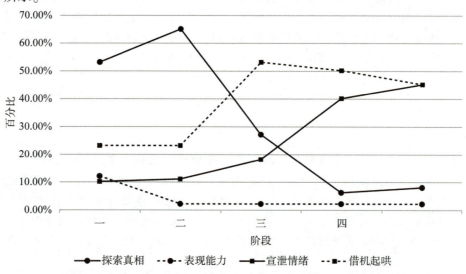

图 5-2 "华南虎事件"中不同参与目的网民回帖比例变化趋势

4. 网络能够成为网民个体影响的放大器

在网络环境中，每个网民都与其他网民之间存在直接或间接的联系，一旦个体发布的内容能够引起大多数网民的兴趣，就随时可能开始病毒式传播，产生巨大的影响，因此，网络能够成为网民个体影响的放大器。

 相关案例

奔驰漏油致消费者维权事件

2019 年 2 月 25 日，消费者某女士在西安某汽车有限公司（4S 店）以贷款形式购买了奔驰 CLS300 汽车。一个月后，该女士发现汽车发动机出现漏油问题，她多次与商家沟通，均被告知无法退款，也不提供换车服务，仅提供更换发动机服务。4 月 9 日，该女士在 4S 店哭诉自己的经历，这一过程被拍摄下来并上传到网络上，随后在微信、微博、抖音等自媒体平台迅速传播，很快就登上了微博热搜榜，成为舆论关注的焦点。市场监督管理局等相关部门也成立了联合调查小组针对这一事件展开了深入调查。4 月 12 日，该女士在接受媒体采访时又提到，在其贷款买车的过程中，4S 店还收取了她 12 575 元的金融服务费，由于这笔费用没有开具发票且转入了私人账户，因此提出质疑。4 月 14 日，北京梅赛德斯-奔驰销售服务有限公司发布声明称未向经销商及客户收取任何金融服务手续费。但舆论并未就此平息，随着奔驰女车主与销售商高管协商录音等信息的曝光，舆论的关注度持续走高。直到 4 月 16 日，西安市市场监督管理局称奔驰女车主和西安某汽车有限公司达成换车补偿、退还金融服务费等和解协议。该事件发生后，陕西省针对汽车消费领域的问题在全省范围内开展了专项执法行动，历时两个月。2019 年 5 月 27 日，西安市高新区市场监管部门通报有关涉嫌违法案件调查处理结果：西安利之星汽车有限公司存在有销售不符合保障人身、财产安全要求的商品，夸大、隐瞒与消费者有重大利害关系的信息误导消费者的两项违法行为，被依法处以合计一百万元罚款。

三、虚拟性

网民在网络中的所有行为都是以数字化的形式呈现并存储的，具有形态上的虚拟性，因此，我们无法采用现实中的方式和手段去观察网民的行为，必须采用相关的技术手段。对于网民来说，他们也可以采用一定的技术手段将自己在互联网中的行为隐藏起来甚至彻底消除。网民的虚拟性特征使其在网络空间中展现出与现实生活不同的状态，例如表演化。虚拟性使网民能够在网络中自由构建甚至分解自己的角色，在不同的群体中、按照不同的目的扮演不同的角色。比如，社交媒体平台上头像和昵称的选择，发布的朋友圈的内容，设置的可见对象等，都是网民在网络虚拟环境中的表演行为。需要注意的是，在网络中的过度表演可能会对现实生活产生巨大影响。

 相关案例

> ### 澳洲"网红"少女 Essena O'Neill
>
> 年仅 18 岁的澳洲"网红"少女 Essena O'Neill 已经在 Instagram 上面拥有超过 70 万的粉丝，YouTube 频道订阅量超过 25 万，Snapchat 联系人近 6 万。身为模特的 Essena O'Neill 每天都会在社交网络中上传大量的照片和信息，分享自己的健身经验和健康食谱，其精致的生活吸引了粉丝的各种关注和追捧。但是，2015 年，Essena O'Neill 突然宣称退出社交媒体平台，并声称她所营造的网络形象已经让她失去了自己。她表明其长期在社交媒体营造出的完美形象，实际上是一种毫无实际意义的自我营销，她在社交媒体上营造出来的并不是她真实的自我，而是一种她期望达到的完美形象，而这个完美形象长期持续下去并没有让她获得一种自我认可。这样的生活让她开始逐渐变得压抑。"我开始过上'为了给你们看'而过的生活，而这完全不是我自己的生活。我开始有压力，开始担心，开始觉得一旦有哪天你们发现了我实际生活中真实的样子，这让我整个世界都崩塌了。"在宣布退出之后，她陆续删除了社交网络账号和 Instagram 上两千多张照片。并且把自己的 Instagram 名字也改成了 Social Media Is Not Real Life（社交网络不是真实的人生）。在保留的部分照片中，她也修改了照片说明来反映照片的真实情况。其中一张修改后的照片说明是"这件裙子是免费的，拍了无数张照片，就是为了在 Instagram 上面看起来更热辣一点，但是这件礼服让我觉得非常孤单"。

另外，网民的虚拟性并不等同于匿名性。因为在网络中完全匿名是很难做到的，虽然在大多数时候，网民可以使用昵称而不使用真实身份在互联网中活动，但是，从技术角度讲，任何网民的信息和行为都是可被记录、被追溯的，因此，匿名性仅仅是部分网民的错觉。

四、数据化

网民在网络中的一切思想和行为都是以数字化的形式被记录和存储的，因此，数字化就成了网民的主要特征。网民主动贡献的数据与被动贡献的数据共同构成了网民个体在互联网中的化身和映射。**首先，网民主动生产了大量数据。**回顾一下中国互联网络信息中心发布的各类互联网应用用户规模与使用率排行榜，在网民使用最多的 10 个互联网应用中，就存在大量网民主动生产的数据。网民通过 QQ、微信等即时通信工具聊天的记录；网民通过微博、微信朋友圈等发布的信息；网民在抖音、快手等短视频平台中上传的短视频或者进行的直播，即使网民没有发布过任何作品，只要点赞、评论或转发过这类短视频，这些互动行为就是一种主动生产的数据；网民在淘宝、京东等购物平台的购物记录；网民下载的网络音乐等。网民的大量行为都是主动的数据生产行为。**其次，网民还被动生产了大量数据。**网民在浏览网络新闻时，平台会记录网民的各类阅读数据来提供更加精准的个性化信息推送服务；网民在搜索引擎中搜索信息时，输入的关键词、点击的链接等行为都会被搜索引擎记录下来并进行数据分析；网民在微博、微信等平台上注册并开始使用后，除了主动生产的数据，也在被动生产大量的数据。从各类应用的用户协议中也能够寻找到很多网民被动生产数据的证据。以抖音为例，在抖音的用户隐私协议中提到，如果用户需要注册、登录抖音或使用相关服务，可以通过手机号码创建账号，但是如果拒绝提供手机号码，用户就无法使用抖音的信息发布、评论等功能。在用户浏览抖音内容的过程中，平台会记录用户的使用情况。即使用户不登录账号，平台也会通过设备对应的标识符信息来记录用户的点击、评论、转发等行为。如果用户使用抖音平台内部的搜索功能，平台会收集用户的搜索关键字信息、日志记录。如果用户使用抖音与朋友进行互动，平台可能会收集用户的互动信息。如果用户使用群功能进行互动交流，平台还会收集与群及群成员相关的信息，并形成群列表。另外，抖音还会收集用户的个人信息，也可能会使用相关技术向用户的设备发送一个或多个 Cookie 或匿名标识符，以收集、标识用户访问、使用本产品时的信息。

随着各类智能媒体终端，尤其是可穿戴设备的不断开发和普及，未来用户主动或者被动贡献的数据将会越来越多。从正面来说，用户生产的海量数据蕴藏着巨大的价值，对这些数据进行分析不但能够极大地提升用户的生活质量，还能够为有效的社会治理等提供数据依据。从反面来说，对用户数据的采集与记录也使用户承担更多的隐私泄露等风险。

五、并发性

并发性是指网民同时处理多项事务并在不同事物之间进行及时切换的特点。通俗讲，就是"一心二用"，甚至"一心多用"。随着移动互联网的不断普及，智能终端产品的不断完善，网民的并发性特点变得更加明显。比如在网络中大量出现的指导网民"分屏"的教程。所谓的"分屏"就是让手机界面能够分成两个或多个区域分别运行并显示，这样网民就能在同一个手机界面下同时做两件或更多的事情。这种并发性状态看似能够节省时间，提高效率，使网民获得更大满足。但长时间的"一心二用"，甚至"一心多用"可能会导致注意力难以集中等问题，尤其对于复杂任务来说，处理任务的效率反而会下降，甚至可能会导致人的记忆力的减退。

主讲社会化媒体理论与实践的纽约大学教授 Clay Shirky 曾经在自己的课堂上禁止使用电子产品。他这样解释自己的决定：我允许学生在课上使用科技产品的决定带来了越来越糟糕的效果，学生在课堂上越来越难以集中注意力，同时处理多个任务会使人在认知上产生疲倦。如果可以选择的话，停下来可能会是一个好的改变。我们早就知道同时处理多个事项，会降低认知性工作的质量，尤其是对我们要求大学生做的那些认知性任务的影响更大。尽管多任务处理不会给即时的表现带来显著影响，但它会对陈述性记忆有长期的负面影响。

所谓陈述性记忆指的是让人们能够对所学过的东西进行运用，或者描述其特征的一种集中性的回忆。并发性状态下的多任务处理恶化了人们常说的"考试前一天学，考完后一天就忘了"这一效应。因此，尽管并发性会在相当长的一段时间内成为网民的特征，但我们仍要对其负面影响有所警醒。

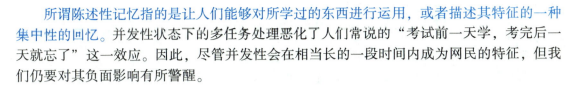

第三节　公民新闻

一、公民新闻的含义

公民新闻是指由公民进行的新闻报道、评论、整合及传播等相关活动。早期的公民新闻实践以 1998 年德拉吉揭露克林顿绯闻案为代表。随着互联网的不断发展以及各类移动智能终端的普及，尤其是社交媒体的广泛应用，公民记者的队伍不断壮大，公民新闻的影响力也不断提升。

二、公民新闻的优势与劣势

1. 公民新闻的优势

首先，公民新闻能够为媒体报道提供补充。公民记者数量庞大，分布广泛，理论上来说，任何一个能够将自己获知的公共信息通过某个渠道发布出去并引起其他受众注意的公民都可以被称作公民记者。与专业媒体相比，公民记者队伍能够将触角伸到世界的各个角落，尤其是在突发事件报道过程中，身处新闻现场的公民记者往往能够第一时间发布相关信息或评论。另外，公民记者的报道角度、报道风格等与专业媒体存在较大差异，他们更加能够以受众的视角去观察细节、评价现象，更能够引起受众的共鸣。公民新闻报道与专业媒体报道相加，能够描绘出更加完整的社会图景。

其次，公民新闻的生产成本低。数码相机、数码摄像机，尤其是智能手机等价格的不断下调、功能的日益完善，为公民记者进行新闻报道提供了硬件基础。各类自媒体平台提供的剪辑功能等使新闻制作的技术要求不断降低，公民记者甚至可以轻松实现一键上传、剪辑并发布等操作，这为公民新闻的不断发展提供了软件基础。与传统媒体相比，公民新闻的生产成本除了硬件投资外，几乎不需要其他额外支出。公民新闻生产的低成本、低技术门槛是公民新闻的优势，也是公民新闻能够不断发展的重要原因。对于专业媒体来说，充分利用公民新闻能够极大节约媒体机构本身的运营成本。

2. 公民新闻的劣势

首先，缺乏真实性。真实性是新闻的第一要义，是新闻的本质追求。公民记者由于没有受过专业训练，缺乏专业媒体从业人员的职业素养，对真实性的追求和把控往往不尽如人意，尤其是在公民记者高度介入的新闻事件中，公民记者过于个人化的视角与表述往往妨碍新闻报道的真实性和客观性等。

其次，缺乏稳定性。公民新闻的生产缺少制度化的规制与保障，大量的公民新闻报道是公民记者随机生产出来的，大部分的公民记者由于缺少新闻资源、物质支撑与生产动力等原因，很难维持稳定的新闻生产活动。

再次，**缺乏规范和深度**。专业媒体从业人员要经过长期的、正规的新闻采访与写作培训与实践，才能够撰写出具有规范性、严谨性和深度的报道与评论。公民记者没有经过专门的新闻培训，教育程度参差不齐，社会阶层差异较大，因此，对事件的理解和评价也存在较大差异，大多数报道流于浅表化，缺乏报道深度，行文的规范性与严谨性也不强。

最后，**缺乏影响力**。专业媒体的影响力是依靠长期、稳定、权威、真实的新闻生产建立起来的。与之相比，大多数公民新闻是通过微博、微信等自媒体平台发出的。如果公民新闻的议题能够引起受众的兴趣，就能够获得广泛而迅速的传播。反之，如果公民新闻的议题缺少能够引起受众兴趣的特质，会备受冷遇，此时，与专业媒体相比，公民新闻的影响力是非常有限的。

 **相关案例**

2·9央视大火事件

2009年2月9日是农历正月十五元宵节，当晚20：27，北京市京广桥附近正在建设的中央电视台电视文化中心即央视新大楼北配楼发生火灾。火灾发生第二天，中央电视台在官方网站发表道歉并通报了火灾原因："这次火灾是由于工程项目业主管理单位中央电视台新台址建设工程办公室主要负责人未经请示批准，擅自雇用人员，违规燃放烟花酿成的。"这场大火共导致1人死亡、8人受伤，其中红庙消防中队队长张建勇殉职。2月9日当天，在央视大楼火灾现场，大量的公民记者成了这起重大突发事故的报道者，他们用手机等方式记录了自己的所见所感，还原了整个事件发生的经过，留下了大量一手文字、图片和视频资料，并通过网络发布出去。

最早发布火灾相关信息的网民昵称为"加盐的手磨咖啡"。事发时其正好从现场经过，于是用手机拍摄了照片并上传到天涯社区博客空间，时间是晚上21：04。这篇博客文章在12小时内的访问量就超过了37万次，跟帖超过1 700个。同时，G-mail邮件组中也出现了相关报道，具有传统媒体背景的人民网也在发出了第一篇报道。21：10，天涯社区开始进行文字直播。21：15，优酷视频中出现了火灾现场相关视频。网民对央视大火事件各种类型的报道不断出现在博客、微博、视频网站、论坛中，包括文字、现场图片、视频等，甚至还有网民画出了火灾现场的方位图及着火大楼的模拟图。

同时，各大专业媒体网站也纷纷对此事进行了报道，21：44网易报道，22：06新浪报道，22：07新华网、搜狐、腾讯同时报道，22：23央视网报道，等等。广大的公民记者与专业媒体共同报道并记录了这一事件。

课后思考

1. 如何理解互联网时代"关系为王"这一观点？
2. 如何激发网民获取新闻的自主性？
3. 如何理解网民在互联网中的"表演"行为？
4. 结合实际谈谈数据化的优势与劣势。
5. 专业媒体应当如何利用公民新闻？

>>>>>> 【春风化雨　润物无声】

　　互联网创业应重视"内容为王"。企业和平台对接用户需求，供给优质内容，有助于在同用户的良性互动中建立有效的商业模式和盈利模式。……所谓"内容为王"，就是更注重用优质的产品与服务获得合理的营收，以品质论成败而不是以流量论成败。……平台对于"内容"的建设不能放任自流，提供的产品和服务，直接关乎平台能否具有长期盈利的能力。可以说，"内容为王"始终是吸引用户、扩大流量的硬道理。"内容为王"也是由消费升级决定的。互联网经济面临着创新产品和服务、更好满足消费者需求的现实课题。随着移动互联网的普及，手机等移动端已成为用户获取产品和服务的重要途径，用户为高质量产品服务付费的意愿和能力也在提升……正是把握住了人们对美好生活的新期待，企业和平台得以不断开拓市场。用户需要优质内容，平台也需要优质内容来吸引用户，内容创新在消费升级的大背景下，前景广阔、潜力无限。其实，"互联网+"的重要价值就在于为用户提供更加个性化、更高质量的服务。无论时代如何变化、科技如何发展，人们对高品质产品和服务的渴望不会改变，"内容为王"理应成为互联网企业始终秉承的理念。

2019 年 12 月 26 日《人民日报》黄福特《"内容为王"永不过时》节选

第六章　网络传播理论

学习目标

1. 网络传播时代"把关人"理论的新发展
2. "议程设置"理论的发展历程
3. 网络"议程设置"的特点
4. 影响网络"议程设置"的关键因素
5. 网络中"沉默的螺旋"的形成

第一节　网络传播中的"把关人"理论

一、"把关人"理论简介

"把关人"理论最早的提出者是美国著名的社会心理学家、被称为传播学四大奠基人之一的库尔特·卢因。1947年，卢因在其著作《群体生活的渠道》中系统地论述了群体传播中信息的筛选与过滤现象。他认为，在群体传播过程中存在着一些"把关人"，只有符合群体规范或"把关人"价值标准的信息内容才能进入传播的管道。

20世纪50年代，传播学者大卫·怀特将这一概念应用于新闻研究，通过对个体的新闻"把关"行为进行个案研究，提出了新闻传播的"把关"模式。怀特认为，新闻媒介的报道活动不是"有闻必录"，而是对众多的新闻素材进行选择和加工的过程。怀特"把关"模式如图6-1所示。

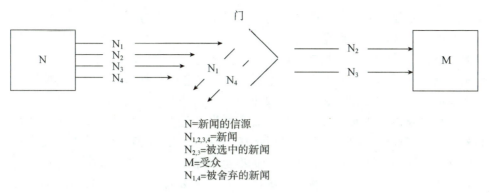

N=新闻的信源
N$_{1,2,3,4}$=新闻
N$_{2,3}$=被选中的新闻
M=受众
N$_{1,4}$=被舍弃的新闻

图6-1 怀特"把关"模式

随后，麦克内利对怀特的"把关"模式再次进行了完善。他通过对国际新闻的流动过程的研究，提出在新闻的流动过程中，从信源到受众之间存在着多个"把关者"，他们构成了一系列相互关联的"把关"环节。麦克内利模式如图6-2所示。

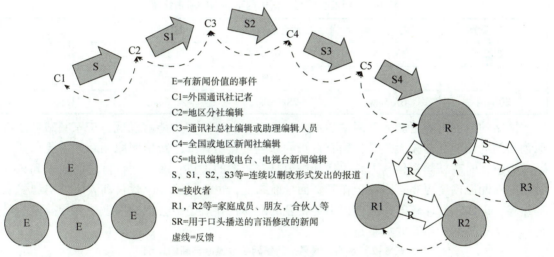

E=有新闻价值的事件
C1=外国通讯社记者
C2=地区分社编辑
C3=通讯社总社编辑或助理编辑人员
C4=全国或地区新闻社编辑
C5=电讯编辑或电台、电视台新闻编辑
S，S1，S2，S3等=连续以删改形式发出的报道
R=接收者
R1，R2等=家庭成员、朋友、合伙人等
SR=用于口头播送的言语修改的新闻
虚线=反馈

图6-2 麦克内利模式

1969年，亚伯拉罕·Z.巴斯发表了《重新定义守门人概念》一文，文中提出了"双重行动模式"。"双重行动模式"是对麦克内利新闻流动模式的完善，该模式认为，信息流通经历的诸多"把关"环节，其"把关"权重并不相同，起最关键作用的"把关人"是传播媒介。

二、网络传播时代"把关人"理论的嬗变

无论是在理论还是实践上，网络传播环境中"把关人"依旧存在，但是由于网络传播环境的复杂性，网络中的"把关"出现了诸多变化，集中体现为以下两点。

1. "把关"主体的多元化

传统媒体时代的"把关人"主要是政府和专业媒体等，而在网络传播时代，网站、社交媒体平台、以算法为核心的技术驱动型企业以及网民等都成为新的"把关人"。

（1）网站"把关"。当前我国的新闻网站主要包括传统媒体网站和商业门户网站，其

中商业门户网站主要包括新浪、搜狐、腾讯、网易等。这些网站的"把关"行为主要体现在网站发布内容的选择和内容发布位置的安排等方面,网站通过以上"把关"行为提升发布内容的质量,引导舆论,达成传播目标。

首先,网站通过选择发布内容进行把关。网站在选择发布的内容时,既要审核内容的来源,确保内容的真实性和客观性,也要审核内容的质量,确保内容的引导力和吸引力。尤其是对来自自媒体和普通网民的内容,需要严格"把关"。需要注意的是,网站对网民生产的内容往往依据内容的价值取向进行选择,但是在内容的表现水平上,要求相对比较宽松。而且,不同的网站,其"把关"的标准也会存在差异,因此不同的网站会呈现出不同的内容和风格。上海大学周群曾调查统计了 2011 年 8 月 29 日至 2011 年 9 月 7 日间新华网、新浪网、网易网三家网站发布内容的来源,其中新华网转载新闻的比例最高,作为具有传统媒体背景的新闻网站,其选用新闻的来源更加规范;新浪使用的 UGC(用户生产内容)最多,这和新浪微博的高使用率是分不开的。新浪、网易、新华网不同内容所占比重如表 6-1 所示。

表 6-1　新浪、网易、新华网不同内容所占比重

网站/类别	转载新闻	原创新闻	UGC	其他
新浪	53.94%	31.92%	10.25%	3.90%
网易	58.86%	30.48%	6.46%	4.19%
新华网	67.50%	28.21%	2.86%	1.43%

网站的原创内容更能体现网站的定位和风格。从表 6-2 中能够发现,三家网站各频道原创新闻的比例存在较大差异,均有自身的原创重点。其中,新华网原创新闻主要出现在新闻频道,时政新闻和领导人相关活动报道是其传播的重点;新浪网在体育、娱乐和科技频道的新闻原创度更高,因此,在其页面导航条上,也会将这几个栏目前置,以引起受众的注意;以娱乐和体育新闻原创报道为特色的网易在导航条中会把这两项放在导航条的最前端仅次于新闻的位置并加粗显示。

表 6-2　新浪、网易、新华网各频道原创新闻比例

网站/频道	新闻	财经	军事	社会	科技	娱乐	体育	深度
新浪	12.06%	9.09%	12.21%	0	56.30%	61.08%	78.70%	—
网易	20.56%	30.23%	5.63%	—	28.40%	54.55%	59.60%	16.80
新华网	48.06%	23.57%	25.33%	0	11.11%	21.47%	45.37%	—

其次,网站还可以通过网站结构与页面的布局来"把关"。这一点与传统媒体基本一致。

以 2022 年 7 月 10 日新浪网首页新闻为例。其中最醒目的位置是页面左边的图片集合,醒目的原因一是图片较大,相比于旁边的文字更加鲜艳,同时采取自动翻页的形式,更容易引起受众注意,二是受众在显示器状态下的阅读习惯是从左至右的,视线的第一落点往往在页面的左上部分。

(2)网民自我"把关"。受众的"把关"行为并不是网络中独有的。在传统媒体时代,受众也不是对媒体发布的信息全盘接受,他们的筛选和过滤也是一种"把关"行为。但是,网络传播环境下,网民的"把关"能力大大增强了,一方面,网民获取信息的主动

性更强了，通过搜索引擎等应用网民可以主动获取自己需要的信息并构建个性化信息中心。另一方面，网民成为信息的引导者，尤其是在社会化媒体中，网民往往通过关注不同的对象来构建起个人信息中心，作为关注对象的网民就成了其他网民的信息引导者。

在网络传播环境中，专业媒体作为"把关人"的地位不断下降，网民作为"把关人"的地位不断上升。这是因为，在传统媒体时代，信息采集与发布技术主要掌握在专业媒体手中，为其"把关"行为赋权。在互联网时代，尤其是各类社交媒体应用的出现，网民能够方便地利用微博、微信等进行信息的采集与发布。互联网赋予了网民接收和传播信息的主动权，部分网民因此获得了极大的社会关注。

📖 相关案例

> 短视频创作者李子柒通过反映乡村生活和美食烹饪的短视频引起了社会的广泛关注。李子柒最早发布的作品主要是一些搞笑的日常情景片段，传播并不广泛。一直到2016年3月25日发布了《桃花酒》美食短视频，才开始日渐走红，并创造了YouTube中文频道最多订阅量的吉尼斯世界纪录。

在信息流通过程中，网民的"把关"作用更为凸显，他们的每一次点击和转发都能够对信息的流通产生作用。社交平台中的网民通过转发行为对信息进行"把关"，将多数人感兴趣的信息筛选出来，而那些新闻价值不高不能引起受众兴趣的信息会在这种自然的"把关"行为中沉没甚至消失。

比如当地震等突发事件发生时，事件持续时间越长，影响范围越广，相关信息多且呈现出碎片化、多元化状态。此时，从海量信息中将有效信息选择、整理出来就显得至关重要。2013年4月20雅安地震后，网友张效羽整理出来的长微博就起到了信息梳理与整合的作用，这条长微博将地震发生后各方的反应与行动用时间表的形式呈现出来，虽然其中部分信息可能存在疏漏，但这一简要清晰的整理无疑迎合了当时面对海量信息无从选择的网友的需求，因此，这条长微博被网友转发了12 000多次，经过网友们的12 000多次"把关"行为，有效信息被筛选出来了。

（3）在网站传播中，网站的运营者具有高控制权，为网站发布的内容"把关"。但是即使在网站的"把关"面前，网民也不是无能为力的。在Web 2.0时代，网民可以通过自我设置来进行多方面的信息定制，比如制作自己的导航网站。对大多数的导航网站来说，如果用户对网站布局不满意，使用起来不方便，都可以进行个性化设置，通过手动添加或者快捷添加的方式来将自己常用的网址添加进去，于是就得到了一个自己定制的导航网站。网民的这种自我设置也是一种"把关"行为。

总的来说，网站、网民等都是网络传播中的"把关"主体，它们之间具有互动性。由于网络媒体从传统的单向传播模式转变为双向传播模式，因此"把关"过程就不再是单一线性模式。受众自我"把关"是整个网络传播"把关"过程中的核心部分，是网络"把关"区别于其他传统媒体"把关"的重要标志。另外，在网络整体的"把关"过程中，不同的"把关"主体拥有不等量的"把关"权力。虽然专业媒体的"把关"权力在逐渐消解，但是在整个"把关"过程中媒体起到最主要的作用。

2. "把关"方式的多元化

不同的"把关"主体，其"把关"方式也存在较大差异，因此，"把关"主体的多样

化必然带来"把关"方式的多元化。网络传播环境中的"把关"，主要包括以下几种方式。

首先，通过发布信息的内容和结构进行"把关"。 发布信息前对信息的选择过程就是一种"把关"，进入选择范围内的信息通过何种形式出现在何种位置也是一种"把关"。"把关人"往往会把其认为重要的信息以富媒体的形式呈现出来，并将信息放在更容易被受众注意的位置。以 2022 年 7 月 11 日央视网和光明网的首页为例。央视网的头条新闻为《时政微周刊｜总书记的一周（7 月 4 日—7 月 10 日）》，其中"头条"两个字使用了红色字体，更加醒目。相比之下，光明网选择的头条新闻是《崇德尚艺·树新风 文艺新力量培铸创作新风尚》，而将《时政微周刊｜总书记的一周（7 月 4 日—7 月 10 日）》这则新闻放在了次要的位置。两家新闻网站对头条新闻的选择差异就是两者"把关"行为的体现。光明网的定位中一直突出"文化视角"，对头条新闻的选择也体现出了该网站的文化品格和情怀。

其次，通过控制信息的流动和扩散进行"把关"。 在信息的流动和扩散中，"把关"最主要的力量是网民。但这并不意味着，信息进入流通渠道后，信息的"把关者"就对信息的流向和流速无能为力了。以微博为例，作为社交媒体平台，除了为用户提供信息发布与扩散的渠道外，微博平台也通过制作各类榜单的方式来助推各类热点信息的传播，包括话题榜、热搜榜等。一旦某一事件或人物的热度达到一定的标准，就有可能进入微博热搜榜或话题榜。进入榜单后，由于发布的位置更加醒目等原因，该热点事件或人物将引起更广范围内受众的注意，信息的扩散效果会进一步加大。另外，在微博热搜榜内也存在"把关"行为。热搜榜把对同一热点内容的相关报道和评论汇总到一起后，会将信源更加权威的信息置顶显示，这就是信息发布者对信息来源和质量的"把关"。以 2022 年 7 月 11 日的微博热搜榜第二名"#河南传媒大学是野鸡大学#"为例，截至下午 1 时，关于该事件的原创文章数已经达到 2 503 篇，新浪微博选择将其中来自新浪新闻和澎湃新闻的信息进行置顶显示，使这两家媒体的相关信息得到更多的关注。

另外，还可以通过计算机技术阻断部分信息传播来进行"把关"。 网络中的大部分内容是储存在不同数据库中的，网民通过使用搜索引擎、超链接技术等从数据库中调取并获得信息。利用技术手段一方面能够识别出非法网站，如封杀涉黄涉暴网站，杜绝用户访问；另外一方面也能够通过关键词过滤等技术识别出部分用户的非法搜索请求并对该项请求置之不理。

最后，对意见进行"把关"。 除了对内容进行"把关"，信息发布主体还可以通过多种手段对意见施加影响，从而促进主流意见的形成或影响意见的流向和流速。在网站传播环境中，传播主体可以直接表达自己的意见或通过他人之口来间接表达自己的意见，他人可以是专家，也可以是普通的网民。需要注意的是，除了事件当事人等特殊情况，普通网民的影响力往往比较有限，要想取得良好的传播效果，应当尽可能借助影响力大的意见领袖来表达意见。

以《南方周末》的专题报道为例，其发布于 2022 年 3 月 3 日的专题报道《被遗忘的孩子》介绍了多位自闭症患者及其家属，包括翻译家金晓宇、自闭症患者的父亲漆黔生和自杀身亡的自闭症患者母亲谭思琪等。其中关于翻译家金晓宇的报道被放在最上方并配有视频，视频的标题是《昔日主治医生谈金晓宇：不建议贴"天才"标签》，通过放大自闭症治疗专家的意见表达了媒体自身的立场，如图 6-3 所示。

图6-3　南方周末《被遗忘的孩子》

　　需要警惕的是，在网络中还存在伪装成普通网民的身份来发声的现象，这类人群被称为"水军"。他们往往会针对某个特定的内容，根据雇佣者的意图大量发布特定的信息或意见，以达到影响正常用户意见的目的。不论是专业媒体从业人员、平台的管理者和运营者，还是普通的网民，都要对"网络水军"进行甄别和防范，避免产生不良影响甚至出现违法犯罪行为。

 相关案例

MN 诽谤门

　　2010 年 MN 企业员工与"网络水军"公司合作，发表了"鱼油中含有的 EPA 成分对婴幼儿健康不利"等言论，此事件被称为"MN 诽谤门"。2021 年 7 月，先有媒体刊发了《深海鱼油大多有问题，专家称造假现象严重》《专家："深海鱼油"危害超过地沟油》等文章，随后网上出现了大量主题为"深海鱼油不如地沟油"的恶意批判鱼油的文章，煽动消费者不要食用添加深海鱼油的产品，尤其是其竞争公司 YL 集团生产的"QQ 星儿童奶"。该事件对 YL 公司造成了不良影响。后经证实，该事件为"网络水军"推动。"网络水军"先是伪装成普通网民在百度知道、新浪爱问、Wiki（维基）问答、搜搜问问、天涯问答、雅虎知识堂等互动问答平台上对鱼油是否对人体有害提出疑问，再伪装成鱼油的消费者或相关专家进行负面回答，同时以消费者的身份在网络中发起"万人签名拒绝鱼油DHA"的签名运动等。

第二节 网络传播中的"议程设置"理论

一、"议程设置"理论研究的三个阶段

第一阶段："议程设置"理论的提出——教堂山镇研究。

1967年，当时还只是助教的马克斯韦尔·麦库姆斯（Maxwell McCombs）教授来到北卡罗来纳大学，与同样对"议程设置"研究很感兴趣的唐纳德·肖（Donald Shaw）一拍即合。两人于1968年对尼克松与休伯特·汉弗莱的总统竞选进行了调查研究。研究地点在北卡罗来纳州的教堂山，因此这次研究被称为"教堂山镇研究"。在总统竞选过程中，两人共主持进行了三次调查，调查的范围包括报纸、杂志、电视等选民能够接触到的所有媒介，调查选择三个时段获取固定样本数据。从三批数据中，他们发现，媒介议程与选民议程的相关性非常高，达到0.9。但他们当时没有意识到的问题是，他们调查的样本都是已经做出投票决定的选民，并不包含没有参与投票的普通市民，这是调查数据中媒介议程与选民议程相关性非常高的主要原因。本次调查结束后，二人在《舆论季刊》中发表了《大众传播的议程设置功能》，提出大众媒介议题的显著性程度对公众议程具有重要的影响的观点。从此，"议程设置"的概念和理论框架正式确立。

第二阶段：议程属性理论。

"议程设置"理论正式确立后激起了相关研究学者的极大热情。1972年，马克斯韦尔·麦库姆斯和唐纳德·肖对"议程设置"理论再次展开了深入研究，同时发表了著作《美国政治议题的出现：新闻的议程设置功能》，开始关注"议程设置"对公众价值判断的影响。其他学者如山托·艾英戈（Shanto Iyengar）和唐纳德·R.金德（Donald R. Kinder）对电视的"议程设置"效果展开了研究，他们发现，在电视报道中，针对同一议题采用不同的框架会对受众对该议题的价值倾向产生不同的影响。这一阶段的研究实现了"议程设置"从议题研究到议程属性研究的转变。通俗说，就是大众媒介不仅能决定受众"想什么"，还能决定受众"怎么想"。

第三阶段：网络议程理论——议程融合理论。

20世纪90年代，互联网的飞速发展给传统的"议程设置"理论带来了极大挑战。传统媒体的影响力日益下降，网络媒体尤其是社交媒体的影响力不断提升。互联网信息生产主体的多元化、信息传播渠道的多样化、受众信息消费的碎片化等特点使信息的传播从传统的线性模式转变为网状模式。传统"议程设置"研究语境中媒体与受众的关系发生了变化，受众不再一味被动地接受信息，而是开始主动选择信息，因此该理论的信度与效度都受到了冲击，传统"议程设置"理论中大众媒介的"强大影响力"开始受到质疑。1999年，马克斯韦尔·麦库姆斯、唐纳德·肖和大卫·韦弗（David Weaver）共同发表了论文《个体、团体和议程融合：社会分歧论》，首次提出了议程融合理论。议程融合理论认为，受众面对大众媒介所设置的议程时并不是完全被动的，而是根据自己对社群归属感的需要来进行积极的选择。这一理论强调了受众加入议程过程中的主动性。另外，该理论还认为受众对某一议题的重视程度及价值判断是传统媒体、网络媒体和自身价值观等多重因素综合作用的结果。

郭蕾和马克斯韦尔·麦库姆斯等学者还提出了网络议程设置理论，该理论认为，受众对现实社会的认知和判断受到一系列议题的影响，而不是单个议题或者属性，大众媒介能够决定受众如何将不同的信息碎片联合起来。

二、网络"议程设置"的特点

1. 网络"议程设置"主体多元化

在传统媒体时代，报纸、杂志、广播、电视等传统媒体是"议程设置"的主体。而在网络媒体时代，除了传统媒体外，商业媒体、政府及相关部门、各企事业单位等组织机构以及网民都能够成为"议程设置"的主体。很多议题都是由网民自下而上主动发起的。

 相关案例

> **抖音博主张同学**
>
> 抖音博主张同学利用抖音平台传播其拍摄的农村情景剧，获得了网民的广泛关注，仅两个月左右，抖音粉丝量就突破了 1 400 万。他的视频内容中没有宏大的场景，也没有炫酷的特效，仅仅是农村的山山水水、风土人情，邻里朋友间的家长里短、点点滴滴，配合节奏明快的剪辑，将农村真实质朴的面貌呈现给受众，深受受众喜爱。

由于网络"议程设置"主体的多元化，单一议程的设置往往是在多元主体的互动中逐渐形成的。其中，传统媒体等作为"议程设置"的主体，其地位不断下降。网民作为"议程设置"主体发挥的作用越来越大。

 相关案例

> **长春 CSSW 疫苗事件**
>
> 2018 年 7 月，长春 CSSW 疫苗事件爆发。最早的报道开始于 2018 年 7 月 15 日，国家药品监督管理局发布了关于长春 CSSW 科技有限公司狂犬病疫苗问题的通告，随后有少数媒体进行了报道，但并未引起广泛关注。直至 2018 年 7 月 21 日，有自媒体在"兽楼处"公众号发表文章《疫苗之王》，该文章在朋友圈中迅速扩散刷屏，从而引起了各类媒体对 CSSW 科技有限公司问题疫苗事件的重视。2018 年 7 月 22 日，疫苗事件得到官方回应，多位领导人先后对疫苗事件进行了重要批示，要求各省疾控中心回应狂犬病疫苗的使用情况，舆论随之到达高潮。7 月 31 日，随着涉案人员被刑事拘留、案件细节披露等进展，舆论逐渐平息。

新媒体尤其是社交媒体为受众提供了多样化的相互连接的渠道，个性化的网民通过这些渠道连接起来，形成更加紧密的关系网络，为公共议程的形成提供了传播基础，再加上网络传播的及时性和广泛性等特点，使网民提供的议题能够在社交媒体环境中迅速广泛地传播，舆论的扩散期被大大缩短甚至消失了。

2. 网络"议程设置"议题的多元化

网络"议程设置"主体的多元化带来了网络"议程设置"议题的多元化，网络"议程设置"的主题既有关乎国家命运的宏大主题，也有探讨家长里短的民生话题；既有能够整合社会中大多数人的公共议程，也有只被小部分受众关心的小众议程。网络中的公共议程能够将广泛的受众连接起来，发挥大众化媒体的作用，帮助受众认识和了解社会环境。多元化的小众议程往往只适合特定的人群，此时网络作为小众媒体能够帮助受众寻找群体归属感。网络的去中心化逐渐消解了传统媒体在"议程设置"领域的特权，"议程设置"的主题更加开放多元。

 相关案例

> 　　2019 年 7 月中央广播电视总台新媒体中心推出了短视频新闻评论类节目《主播说联播》，该节目通过对《新闻联播》播出内容进行二次创作并在社交媒体平台中进行二次传播，获得了十分良好的传播效果。该节目在议题的选择上十分注重宏大主题与民生主题的平衡，各类议题比例如表 6-3 所示。该节目旨在通过融合多重议题来搭建开放平等的交流场域。
>
> 表 6-3　《主播说联播》各类议题比例
>
> | 议题类别 | 时事政治 | 社会生活 | 文化体育 | 经济 | 科技 | 国际 | 其他 |
> |---|---|---|---|---|---|---|---|
> | 所占比例 | 41% | 23% | 7% | 5% | 4% | 3% | 17% |

　　由于网络传播主体的多元性和网络传播环境的虚拟性等原因，网络中还存在一些特殊的议程，这些议程看似与大多数人的利益并不相关，缺少公共性，却也能在网络中被炒得火热，比如"贾君鹏事件"。"贾君鹏"并不是一个真实的人物，而是一个网络虚拟人物，这个虚拟人物的出现和走红就是网民自主"议程设置"的结果。

 相关案例

> **贾君鹏事件**
>
> 　　2009 年 7 月 16 日，有网友在百度贴吧的"魔兽世界吧"中发表了一篇主题为《贾君鹏你妈妈喊你回家吃饭》的帖文，帖文中并无其他内容，却迅速引起了贴吧中网友的注意。帖文发布仅仅五六个小时后，该帖的浏览量就达到了 390 617 次，回复量超过 1.7 万条。其后，该帖文的影响迅速扩散到其他网络平台，百度知道、新浪爱问等平台上出现大量关于"贾君鹏"的悬赏提问。"贾君鹏你妈妈喊你回家吃饭"迅速成为网络流行语，有网友将"贾君鹏事件"戏称为"一句吃饭引发的血案"。该事件热度持续时间很长，最早的主题为《贾君鹏你妈妈喊你回家吃饭》的帖文一直有网友回复，截至 2016 年，该帖子的回复数量已经超过 42 万条，达到一万两千多页，可以说是一起无厘头事件的"网络奇迹"。由于事件本身无厘头的性质，其并未在现实中造成多大影响，传统媒体对这一事件的报道也寥寥无几，但是在互联网中却影响甚广，成为一次互联网行为艺术，一次贴吧文化的狂欢。

3. 网络"议程设置"效果的复杂性

　　1986 年，美国学者丹尼利恩和瑞斯提出了媒介间"议程设置"理论。该理论认为，信息是在不同类别、不同层次、不同层级的媒介间流动的，尤其是在传统媒体、新媒体、自媒体中间流动，这使传统的"议程设置"由一元、静态的过程转变为多元、动态的过程。"议程设置"主体之间相互作用、相互影响，导致"议程设置"的效果更加复杂和难以控制。"议程设置"主体之间相互作用、相互影响的结果可能是放大"议程设置"效果，也可能是缩小"议程设置"效果甚至导致原本议程的变形。

在媒体间"议程设置"的互动过程中，能够引起受众关注的议程和与大多数受众切身利益相关的议程往往会被放大。此时，微信、微博等社会化媒体经常扮演放大器的角色。反之，无法引起受众关注和与受众切身利益关系不大的议程更容易遭受冷遇，难以实现良好的传播效果。发生在2017年的榆林产妇坠亡事件就是在媒体间"议程设置"的过程中被不断放大、广泛传播的。

相关案例

榆林产妇坠亡事件

2017年8月31日晚，在陕西省榆林市第一医院绥德院区妇产科，一名产妇从5楼的分娩中心坠下，后经医护人员抢救无效身亡。

产妇坠亡的第二天，新闻客户端"华商二三里"对此事进行了报道。报道中称"8月31日晚8点左右，在绥德二康住院部五楼一名待产孕妇从楼上坠下身亡"。

2017年9月3日，陕西省榆林市第一医院的官方微博@榆林一院发布声明《关于产妇马××跳楼事件有关情况的说明》，声明中称坠亡产妇家属不同意其进行剖宫产，产妇因此情绪崩溃跳楼身亡，与医院的诊疗行为等无关。短时间内，该条微博的转发次数就达到了2 669次，评论数达11 606次，点赞数达到5 013次。声明发布的第二天，公安机关出具了鉴定结果，初步排除了他杀的可能，基本确定为自杀事件。自此，舆情开始不断发酵并逐渐在全国范围内引起关注和讨论。

2017年9月5日，北京青年报采访了产妇的家属并发表报道《医院称孕妇想剖腹产被家属多次拒绝后跳楼 家属：曾两次主动提出》，报道中家属声称是陕西榆林市第一医院拒绝给产妇进行剖宫产手术，并且出示了产妇生前的手机短信等证据。

第二天凌晨，陕西榆林市第一医院的官方微博再次发表声明《关于8·31产妇跳楼事件有关情况的再次说明》，声明中对产妇死因、拒绝剖宫产的是谁等关键性问题进行了详细说明，同时提供了护理记录单、产妇夫妇签字的产妇住院知情同意书和部分监控画面等证据。当天10点14分，新京报《我们视频》曝光了产妇跳楼前在医院大厅内的监控视频。10点16分，北京青年网发布报道《坠楼产妇家属二度发声：监控中不是下跪，是疼痛时的下蹲动作 榆林市卫计局介入调查》。下午1点21分，澎湃新闻网发布报道《榆林跳楼产妇跪倒缘由医院家属各执一词，医师已停职配合调查》。20点42分，解放日报社官方微信"上观新闻"发表文章《最新！跳楼产妇母亲："我的亲生女儿，怎么可能让她痛到寻死"，主治医生已停职配合调查》。

2017年9月7日晚，陕西省榆林市卫生和计划生育局公布了该事件的初步调查结果，认定产妇死亡并非医院的诊疗行为不当所致，但医院相关人员需承担防范突发事件意识不强、监护不到位等责任。2017年9月11日，陕西榆林市第一医院绥德院区向媒体透露，院方与家属就此事达成了赔偿协议，产妇主治医生等相关责任人已经被停职。

虽然媒体间的议程互动能够将部分议题变为热点议题，但是议题变为热点并不意味着就能够取得良好的传播效果。因为媒体虽然能影响受众想什么，却不能决定受众怎么想，受众的观点与价值判断可能与媒体设置的议程完全相反，在这种情况下，媒介的"议程设置"就可能被重新构建。发生在2008年的张殊凡事件就能很好地反映出受众对"议程设置"的重构作用。

张殊凡事件

2007 年 12 月 27 日，中央电视台《新闻联播》节目播发了一条主题为"净化网络视听"的新闻。该条新闻中，记者采访了来自北京市海淀区某小学的四年级学生张殊凡，张殊凡在讲述自己的上网经历时谈道："上次我上网查资料，突然弹出来一个窗口，很黄很暴力，我赶紧把它给关了。"中央电视台播发这条新闻的本意是希望通过这条新闻的传播引起广大受众对净化网络环境问题的重视。然而新闻播出当晚，一名网名为"咯咯咯"的网友就在猫扑论坛发布了一条名为《今天晚上的新闻联播很强大》的帖文，该帖文将张殊凡采访时说的"很黄很暴力"与当时猫扑的广告语"很好很强大"进行了对照，并戏问张殊凡是不是猫扑的成员。这个帖文很快引起了网友的关注。几天后，猫扑论坛出现了一个名为《召唤人肉搜索——张殊凡——很黄很暴力》的帖子，该帖迅速成为猫扑的热门帖。帖文内容包括《新闻联播》中张殊凡接受采访的视频、几张带有张殊凡名字的网站截图和一篇短文《关于很黄很暴力》。该帖文发布后热度迅速攀升，回复帖很快就超过了十几页，在第一页中就有匿名网友公布了张殊凡详细的个人信息，包括出生年月、出生医院、就读学校、学习成绩以及获奖情况等。在其他跟帖中还有人公布了一份带有张殊凡名字的 2004 年中小学生书法比赛名单。与此同时，部分网友开始以张殊凡的形象制作恶搞漫画，其中流传最广的漫画恶搞了张殊凡接受采访的情形，画面中小女孩哭丧着脸对着话筒，右边用很大的字体写着"很黄很暴力"。随着猫扑帖文和恶搞漫画的广泛传播，"很黄很暴力"一词引起了更多网友的关注，甚至被称为"2008 第一流行语"。百度贴吧中也相继出现了"很黄很暴力吧"和张殊凡吧，两个贴吧中聚集了大量的网友，截至 2008 年 1 月 8 日，张殊凡吧中主题数就已经达到 1 433 个，帖文数量达到 9 064 篇。从《新闻联播》关于净化网络视听的报道到报道中张殊凡的一句话再到网民的人肉搜索和恶搞等行为，网络"议程设置"的主题已经彻底偏离。

4. 网络"议程设置"的全球化趋势

网络传播跨时空跨地域的特点使很多原本属于某个国家的议程能够跨越国界，在全球范围内传播并产生影响。随着互联网技术的不断成熟，网络"议程设置"的全球化趋势越来越明显。早在 1998 年发生的克林顿绯闻案就曾经轰动全球。

克林顿绯闻案

最早获知这一影响整个美国政坛消息的是《新闻周刊》的记者迈克尔·艾西科夫，但就在稿件刊发的前几个小时，该新闻被取消发布了。因此，最早将这一事件公之于众的是另一个人，美国"德拉吉报道"网站的创始人德拉吉。这条"复活"的消息在网络中迅速传播、扩散，民众对此事的关注度急剧上升。于是，CNN、美联社等传统媒体开始纷纷加入报道队伍。这件事也引起了其他国家的高度关注，一时间成为全球的报道热点。

三、影响网络"议程设置"的关键因素

1. 议题——网络"议程设置"的起点

议题是"议程设置"主体主观愿望的反映,"议程设置"主体希望通过其设置的议题来影响公众的议题,从而达成"议程设置"的效果。因此,议题和议程并不相同,不论传播主体是大众媒介还是普通网民,从传播主体设置的议题到公众的议题都需要一个转化的过程。可以说,议题是"议程设置"的起点。在网络媒体"议程设置"过程中,议题的出现往往是大众媒体和网民共同作用的结果,其中网民的作用和影响逐渐变得越来越大。一是因为网民设置的议题贴近性更强,与百姓生活息息相关,加入此类议题能够给网民带来更强的社会归属感。二是因为微博、微信等社交媒体平台为网民设置议题提供了便利的传播渠道,网民不需要依赖大众媒体就能够促进公共议题的形成。与此同时,大众媒体仍旧主动设置议题,但议题能够转变为议程并不是由大众媒体决定的,而要取决于该议题能否影响以及多大程度上影响公众议题,从而实现良好的传播效果。

2. 信息与意见的大量传播——网络"议程设置"的推动力

网络"议程设置"的形成,需要大量与议程相关的信息与意见的推动。

首先,在信息传播方面。专业媒体往往主动地有意识地发起议程,依靠其不同的传播渠道对某一议题的相关信息或新闻进行高强度、高频率报道。对于某些重大议题,专业媒体会共同发起议程,实现对同一议题相关信息或新闻的叠加效应,将不同领域的报道力量聚合到一起,共同推动"议程设置"的形成。相比之下,网民主动地有意识地发起议程的情况较少,大多数情况下,由网民发起的议程都来源于其无意中发布的内容。因此,网民在信息发布的过程中居于次要地位。但是,在信息扩散的过程中,网民能够起到极为重要的作用,尤其是社交媒体环境下,网民通过大量的点赞、转发和评论使与议题相关的新闻或信息迅速广泛传播开来,使"议程设置"的效果不断增强。需要注意的是,并不是所有媒体设置的议题都会得到网民的广泛传播。只有那些网民感兴趣的、和网民切身利益相关的议题才能进入网民的视野。反之,对那些不感兴趣,与切身利益关系不大的议题,网民会视而不见或保持沉默,使媒体"议程设置"的效果大大削弱。

 相关案例

> **超级月亮**
>
> 　　2022 年 7 月 14 日凌晨中国多地出现了 14 年以来最大的超级月亮。当天,国内多家主流媒体对此进行了报道。新华网刊文《"超级月亮"现身》,北京青年报北青网官方账号刊文《守得云开见月明 来看最圆时刻的"超级月亮"》,福建日报刊文《"超级月亮"现身天际》,封面新闻刊文《"超级月亮"悬挂城市上空 四川古蔺观测到本年度"最大满月"》,潇湘晨报官方百家号刊文《高榜山夜空悬挂"超级月亮"》,澎湃新闻澎湃号刊文《"超级月亮"又现身》,等等。另外,央视网还对超级月亮进行了全球 8K 超清晰直播,如图 6-4 所示。

图6-4 央视网超级月亮直播

在主流媒体对超级月亮进行报道的同时，网民也对这一现象展开了热议，无数网友在微博、微信朋友圈中发布与超级月亮相关的图片和信息，发表自己的心情和感想。截至7月14日16时，由央视新闻发布的《180秒看年度最大超级月亮》的微博话题就已经位于热搜榜的第三位，热度值高达1 171 376，该条微博的点赞数达到15 420个，转发数达到2 505次，评论数达到1 867条，如图6-5、图6-6所示。

图6-5 2022年7月14日微博热搜榜

图 6-6　央视新闻"超级月亮"微博

其次，在意见传播方面。社交媒体等为网民意见的直接表达提供了便利的传播渠道。在传统媒体时代，网民无法通过专业媒体直接表达意见，专业媒体获得的受众意见反馈往往比较滞后，这使专业媒体很难对"议程设置"的效果进行快速评估并及时调整后续报道。在网络传播环境下，受众能够通过社交媒体等应用将意见方便迅速地表达出来，专业媒体能够及时获得反馈并根据传播效果进一步调整和优化下一阶段的报道内容和报道方式。同时，网民对议题的意见传播能够推动"议程设置"效果的不断提升。网民对议题的充分讨论能够使网络中形成关于这一议题的意见气候，意见气候形成后会吸引更多网民的关注和加入，参与讨论的网民数量不断增多，"议程设置"的效果也会不断增强。

 相关案例

华南虎事件

2007 年 10 月 12 日，陕西省林业厅公布了一组野生华南虎照片，拍摄人为陕西农民周某。如果这组照片是真的，就成为 1964 年以来陕西对野生华南虎生存迹象的首次记录，也能够强有力地证明在中国境内野生华南虎仍然存在，没有灭绝。但是，该照片发布后不久，其真实性就引起了来自专家和广大网友的广泛质疑。针对虎照的真伪广大网友和相关专家展开了激烈的讨论并划分成了不同的阵营，其中支持者被称为"挺虎派"，反对者被称为"打虎派"。两个阵营观点针锋相对，不断提供关于虎照真伪的各项佐证。最终，随着打虎派的关键证据年画虎的出现，该事件真相逐渐浮出水面，华南虎照片最终被认定为伪造照片。

3. 议程融合——网络"议程设置"的核心

"议程设置"能否发挥作用的根本原因是该议题是否具有"融合"受众的特质，因此，议程融合才是"议程设置"的核心。从某种意义上说，"议程设置"与"议程融合"的主体各不相同。"议程设置"的主体是传播者，其目的是通过信息传播影响受众。而"议程融合"的主体是受众，其反映的是"受众如何使用信息"的过程。在媒介融合时代，"议程设置"的效果更加复杂，因为"议程融合"的过程更加复杂，最终议程往往是受众将来自于传统媒体、社交媒体、个人关系网和自己的背景环境（教育背景、成长经历等）中的议程混合的结果。同时，媒体从业者必须意识到，在"议程设置"过程中受众具有高度选择性，只有那些能够充分满足受众对社会归属感的需要的议题才能获得受众的关注，并进一步影响受众对该议题的价值判断和态度方向。否则，即使媒体花费巨大的力量进行宣传，也只能在短时间内影响受众的关注点，无法影响受众的价值判断。

第三节　网络传播中的"沉默的螺旋"

一、"沉默的螺旋"的概念与提出

"沉默的螺旋"理论是 1974 年由德国著名的舆论学家伊丽莎白·诺埃勒-诺伊曼（Elisabeth Noelle-Neumann）提出的。该理论是指个人在发表意见之前往往会先观察一下已经存在的意见气候，如果观察的结果是自己的意见与大多数人的意见相同，则会大声疾呼，勇于表达；反过来，如果观察的结果是自己的意见与大多数人的意见不一致甚至相反，则会保持沉默。随着大声疾呼的意见群体人数不断增多，保持沉默的意见群体不断减少，"沉默的螺旋"就形成了。1980 年，诺伊曼对这一理论进行了丰富和扩展，并出版了著作《沉默的螺旋：舆论——我们的社会皮肤》。

二、网络环境中"沉默的螺旋"的形成

1. 网络意见气候的形成是"沉默的螺旋"形成的基础

所谓的意见气候是指所处环境中的意见分布情况。网络中的意见气候不会凭空产生，其形成是建立在某些局部意见成为优势意见的基础上的。一般情况下，优势意见能够代表某类事件中累积起来的公众态度，因此，网民间更容易产生共鸣，达成一致意见，促进优势意见地位的不断巩固。另外，优势意见往往呈现出简单却强烈的价值判断，尤其是与传统道德等相关联的事件，传统道德观教育下的网民大多数无须借助专业知识，基于经验和直觉就能做出判断，此类优势意见更加易于扩散。当网络中"沉默的螺旋"现象出现时，网民的意见往往呈现出非黑即白的极端表达，一边倒地支持，全部肯定，或一边倒地反对，全部否定。

📖 **相关案例**

> 2007 年 7 月中旬，一篇标题为《我所见过的最没人性的事情！后妈毒打 6 岁继女，治疗现场千人哭成一片》的帖子在网络中广泛传播，引起了网友热议。帖文中言

之凿凿地指出后妈陈某毒打继女丁某，丁某背部六块脊椎骨头基本被打断，同时还附上了丁某躺在医院的病床上、浑身淤青、口吐鲜血的照片。面对如此恶劣的行径，愤怒的网友纷纷指责后妈，有的甚至发出"网络通缉令"要严惩后妈等。处在舆论旋涡的后妈陈某跪地澄清她没有虐待丁某，丁某的亲生父亲也出来作证。但这些举动都没能遏制网络中意见一边倒的现象。直到最终上海瑞金医院的诊断证明和鄱阳县公安局的调查结论出现，舆论才渐渐得以平息。其中上海瑞金医院检查显示，丁某脊椎没有骨折迹象，同时丁某存在凝血功能障碍等多种疾病，体表瘀伤不一定是人为所致。鄱阳县公安局经过调查证实：后妈陈某没有虐待丁某的行为，丁某体表初始伤是自己跌倒造成的。

2. 网络意见气候的扩散是"沉默的螺旋"形成的条件

网络意见气候形成后，通过不断扩散获得更多的支持，才能够最终促成"沉默的螺旋"现象。与传统媒体环境相比，网络环境中的意见气候扩散更加容易，网民们能够更加快速地感知到网络中的意见气候。再加上网络中"意见领袖"的作用加持，使网络意见气候的力量不断增大，于是持反对意见的网民往往采取沉默甚至附和等屈从的态度。

3. "从众心理"和"群体压力"是"沉默的螺旋"形成的内在原因

"群体压力"是指群体对其成员的约束力和影响力等，不同的群体对其成员的约束力和影响力各不相同，因此群体压力程度也各不相等。"从众心理"是指个体在群体压力下放弃甚至背离自己的意见、态度或行为，来使自己的意见、态度或行为和群体保持一致的现象，这是部分个体的普遍心理。网络的虚拟性和自主性并不能带来"从众心理"的完全消失，因为在网络中仍然存在群体，仍然存在群体压力。尤其是关系密切、互动频繁的网络群体，群体压力较大，更容易导致其中的部分人产生"从众心理"。"从众心理"和"群体压力"是导致网络中"沉默的螺旋"现象出现的内在原因。面对网络中已经形成的力量强大的意见气候，部分网民难以对抗强大的群体压力，只能选择"从众"，放弃甚至背离自己原来秉持的意见或态度等。

课后思考

1. 网络传播时代专业媒体如何做好"把关人"？
2. 网络传播时代如何提高媒体"议程设置"的有效性？
3. 如何理解网络"议程设置"的复杂性？
4. 结合实际谈谈影响网络"议程设置"的关键因素。
5. 网络中的"沉默的螺旋"有哪些特点？

【春风化雨 润物无声】

受"流量经济""粉丝经济"的影响，"网络水军"犹如网络空间的牛皮癣，具有很强的顽固性，并且呈现出组织化、层级化的特征，新问题、新情况不断出现，屡打不绝、屡禁不止。有的"网络水军"为养号谋利，通过发布违法有害信息"造热点""蹭热点"，意图操控或扰乱网上舆论秩序；有的利用炒作负面信息实施敲诈勒索，侵害群众合法权益；有的提供有偿删帖和刷量控评炒作服务……种种网络乱象，轻则影响公众的判断，重则损害他人权利，影响社会公平，更有甚者可能威胁社会稳定和国家安全。因此，打击整治"网络水军"的重要意义不言而喻。

让"网络水军"无处遁形，还有很长的路要走。一方面平台是第一责任主体，也是最重要的责任主体，必须立起"防火墙"，不被唯流量、唯粉丝论等错误倾向蒙蔽，当好"把关人"，压实主体责任。另一方面网络空间不是法外之地，广大网民要提高网络道德修养，在通过网络途径理性表达自己合法合规合理诉求时，谨防被"网络水军"利用，成为他们引流的工具、蹭取热点的佐料。

2022 年 6 月 29 日人民网孟哲《人民网评：打击整治"网络水军"，让网络空间正气充盈》

网络舆情

学习目标

1. 网络舆情的概念与发展历程
2. 网络舆情的特点
3. 智能媒体时代网络舆情监测的新途径
4. 智能媒体时代网络舆情的引导策略

第一节　网络舆情的相关理论

一、网络舆情的概念

网络舆情中的"舆"字最早在甲骨文中就已经出现，因为它的字形酷似四只手抬起一顶轿子，所以它的引申含义就有"众、众人"的意思。在现代汉语中，"舆"被解释为"众多、众人"的意思，"情"的意思是"情绪"，所以"舆情"二字从字面上直译过来就是"大众的情绪"。目前学界对舆情的概念并没有达成一致，但是不论学界还是业界对舆情中包含"大众的情绪"这个观点已经达成共识。

要解释舆情，首先要明确舆论的概念。舆论是指在特定时间、特定空间中，公众公开表达出的基本一致的对特定公共事务的观念、态度和意见。舆论是舆情的一部分，也是舆情的一种公开表现。舆情除了包含公众公开表达的观念、态度和意见，还包括没有表达出来的、隐藏的公众的态度与情绪等。因此，相比于舆论，舆情更能够反映公众对社会现实中某种现象或存在的问题的意见与态度，更能够揭示出社会中潜藏的危机。

互联网的出现为公众舆论的表达提供了新的载体，也为舆情记录、舆情监测等工作提供了更加便利的方法和平台。因此，以互联网为载体，公众公开表达出的基本一致的对特定公共事务的观念、态度和意见，就是网络舆论。舆情、舆论、网络舆情、网络舆论四个概念的关系如图 7-1 所示。

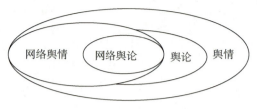

图7-1 概念关系图

二、网络舆情的发展历程

1. 网络舆情的萌芽期（1999—2002年）

网络舆情是随着互联网技术的发展从萌芽走向成熟的。1994年，互联网进入中国。刚刚发展起来的互联网技术水平不足，使用费用较高，普及程度有限，只有少数文化、经济等领域的精英人群使用。因此，这一阶段网络舆情主要由社会精英人群把持，关注的焦点主要集中在国家大事上。强国论坛的开通就是网络舆情萌芽阶段具有里程碑意义的事件。

2. 网络舆情的成长期（2003—2008年）

2003年，随着互联网技术的不断进步，尤其是Web 2.0技术的出现和广泛应用，各种类型的网络聊天室、网络论坛、即时通信工具等层出不穷，越来越多的民众加入互联网的浪潮中，网民队伍不断壮大。网络舆情关注的焦点也不再局限于国家大事，各种公共性强、关注度高、与百姓生活关系密切的人物和事件都能够成为网民关注的焦点。网络舆情的主题由"国计"转为"民生"，更多的社会民生事件成为热点。

 相关案例

厦门PX事件

2007年，福建省厦门市计划在海沧半岛兴建PX（对二甲苯）项目。2007年3月，以中国科学院院士赵玉芬为代表的一百多位全国政协委员在"两会"上联名提案，建议迁址兴建厦门PX项目，这一提案引起了媒体和受众的广泛关注。

2007年5月，关于厦门PX项目的各类信息通过短信、传统媒体和网络媒体传播开来，尤其是在厦门的网络论坛和博客中，PX成了广大网友热议的话题，网民以各种形式表达对PX项目的抵制态度。

2007年6月1日，市民的行动从线上转移到线下，在厦门市政府门前聚集以表达反对意见。其实在市民聚集的前一天，2007年5月30日，厦门市政府就已经宣布缓建PX项目，并就PX项目是否继续建设一事广泛征求市民意见，号召公众参与。随后厦门市政府采取了公众投票、专家论证等多种形式与公众探讨PX项目兴建的可能性。2007年12月13日到14日厦门市政府举行了两场市民座谈会，PX事件取得关键性进展。参与座谈会的49名市民代表中有40人以上坚决反对项目复建，8位人大代表和政协委员中7人反对项目复建。2007年12月16日，福建省政府宣布厦门PX项目迁址另建，事件结束。

厦门PX事件从最初的政府与公众的冲突博弈到最后的充分合作，既体现了厦门市政府开放的社会治理模式，也展示出了厦门市民强烈的公共意识。

3. 网络舆情的多发期（2009 年至今）

随着互联网应用的不断普及，尤其是微博、微信等社交媒体的相继出现，网络舆情事件的数量不断增多，主题也日益多元化。新媒体力量不断壮大，逐渐成为网络舆情事件爆发的源头，新媒体与传统媒体间的互动更加频繁，网络舆情事件的传播环境更加复杂。

相关案例

2016 年 6 月 30 日起，湖北省遭遇连续多轮强降雨，多个市县受灾严重。解放军和武警官兵等紧急赶赴一线，全力防汛抗洪，抢险救灾。各大媒体对防汛救灾情况展开了全方位报道。其中一条微博引起了网友的广泛关注，微博内容是："大雨滂沱里，他们（抗洪官兵）不穿雨衣；为了运沙袋，他们浑身是泥，里外湿透；六十斤的沙袋，他们每个人扛三百个，来回跑六百趟；混着雨水的矿泉水和几个馒头，就是他们日常的伙食……哪里有危险，哪里就有抗洪抢险的战士们。致敬！"这条微博煽情式的内容表述方式使舆情焦点发生了转移。从 7 月 5 日开始，这条微博中解放军战士们身着满是泥水的衣服坐在堤坝上吃馒头的照片开始在微信朋友圈等社交媒体平台上广泛传播，议题不断发酵，最后竟引发了受众对抗洪部队后勤保障情况的种种质疑和不满。随后，《解放军报》《人民日报》等传统媒体对事情的原委进行了详细解读，舆情才得以平息。《解放军报》报道《救灾现场，我们为什么啃馒头》如图 7-2 所示。

图 7-2　《解放军报》报道《救灾现场，我们为什么啃馒头》

（案例来源：中国军网，http://www.81.cn/2015khqx/2016-07/06/content_7139574_2.html）

三、网络舆情的特点

网络传播的技术特征和我国网民群体的结构特征，使网络舆论在形成、传播和发展的各个阶段和环节上呈现出与一般社会舆论不同的特点。把握网络舆论的特点对于认识网络舆论的社会影响，并在此基础上做好引导工作具有十分重要的意义。网络舆论的特点主要体现在以下几个方面。

1. 网络舆情鲜明的指向性

从理论上来说，任何舆情的产生都是与某一个具体的舆情事件相关联的，因此，舆情具有鲜明的指向性特征，网络舆情更是如此。网络舆情是网民自发的利益表达，与网民切身利益关系越密切的事件越容易引发网民的关注和讨论，如伦理道德、民生问题等。

2. 网络舆情传播的符号化

网络舆情事件的传播过程中包含大量的事实和意见，复杂的事实和意见整体传播难度大，对网络舆情事件的符号化表达能够有效减少事件传播成本，增强传播效果。大多数关于网络舆情事件的符号化表达都是网民们在特定舆情事件中自主创造的，往往具有语句短小精悍、内容幽默调侃等特点，如野性消费、雪糕刺客等。网络舆情事件的符号化表达是对事件内容高度概括的标签，一方面有利于受众对事件迅速解码并产生认同，另一方面也有利于信息的迅速传播，产生滚雪球式的传播效果。部分网络舆情事件的符号化表达如表7-1所示。

表7-1　部分网络舆情事件的符号化表达

舆情事件	舆情符号
鸿星尔克为河南洪灾捐赠物资	野性消费
高价雪糕事件	雪糕刺客
河南省实验中学女教师辞职	世界那么大，我想去看看
河南民工张海超尘肺事件	开胸验肺

3. 网络意见领袖的作用显著

网络社会是现实社会的映射，互联网中规模庞大的网民也呈现出与现实社会相同的二元特征。政治、经济、文化等领域的精英群体作为意见领袖拥有巨大的传播能量，占据信息传播的主导地位，是放大传播效果的关键节点。相比之下，就单个普通网民来说，它的传播能力是弱小的。但是，整个网民群体的传播力量却不容小觑。尤其是随着微博、微信等社会化媒体的普及，网民能够通过社会化媒体平台即时发布信息、发表观点、参与讨论、分享体会等。当一定数量的普通网民的意见和情绪聚合在一起后，也能产生巨大的传播力量。因此，在大多数网络舆情事件中，数量较少的意见领袖发布议题，数量众多的网民积极响应，共同推动了舆论的形成。

4. 网络舆情表达的"先入为主"

网络舆情的表达中存在先入为主的现象，这也符合舆情传播的基本规律。当某个舆情事件发生时，最先出现的具有代表性的观点往往会对后续的观点产生很大影响。虽然互联网让每个网民都能够自由地发表意见，但这并不意味着网民发表意见的行为是独立的，恰恰相反，网民在意见发表的过程中会受到来自其他网民的多重影响。在部分网络舆情事件中，抢先发表的态度和意见占据了优势地位后，前几位网民的态度和意见甚至能够决定后面几十位甚至成百上千位网民的态度和意见，这与传播学理论"沉默的螺旋"描述的情境一致。网民在发表评论时，往往会先查看其他网民已经发布的意见，如果自己的意见与其他网民的意见一致，网民的心理压力较小，会更愿意公开发表自己的观点。相反，如果网民发现自己的观点与其他人的观点相冲突，心理压力会增大，可能会放弃观点，保持沉默，甚至会转变立场，附和对方的观点。随着参与网民数量的不断增多，初始意见的优势不断增强并成为主导性意见，秉持新意见的网民更加难以突破主导性意见带来的强大心理压力，于是，舆情就容易出现一边倒的情景。

 相关案例

明星范某晒娃事件

2015 年 9 月 3 日，纪念中国人民抗日战争暨世界反法西斯战争胜利 70 周年阅兵当日，明星范某通过微博发布了自己的一对双胞胎的照片，此举不但没有引来网友的祝福，反而招来了 4 万多条谩骂的评论。有分析认为，在电视直播阅兵期间，新浪服务器自动抓取了范某的微博动态，并将其分配至热搜的推荐界面。由于这条微博的主题和内容与其他阅兵相关的帖子存在较大差异，引起部分网友的注意并留言表达不满。相关数据显示，发表这 4 万多条谩骂评论的用户，99.8% 不是范某的粉丝。但是，即使不是该明星的粉丝，为什么 4 万多条评论内容中绝大多数是谩骂侮辱呢？有学者经过调查统计发现，最早对范某这条微博动态进行评论的前 10 名网友呈现出了非常一致的批判态度。如果用"先入为主"的理论进行解释，这 10 条最先发表的一致性评论就获得了优势地位，成为后续评论的参照，也对后续持新意见的网友造成了压力。后面的网民在发表评论时，很自然地需要参考已经存在的评论所形成的"意见气候"，权衡发表意见的后果。持新意见的网民害怕少数观点激起语言暴力的威胁，人身攻击，更愿意选择从众。于是一致的意见越来越多，一方的沉默逐渐推高优势意见的强度，形成"滚雪球"式的舆情。

第二节 智能媒体时代网络舆情的监测与引导

网络舆情即公众言论及情绪在互联网中的公共表达。在智能媒体时代，各类智能终端和应用为记录和表达社情民意提供了更加便捷的平台和手段，也为管理者进行网络舆情监测与管理提供了全面深入的方法和途径。

一、智能媒体时代网络舆情监测的新途径

1. 物联网技术助力网络舆情信息采集

信息采集是网络舆情监测工作中最基础，同时也是最关键的环节。网络舆情数据采集的覆盖范围和及时程度决定着舆情分析结果的质量。传统的网络舆情信息采集首要环节是

明确信息的来源，设定信息采集的站点范围，舆情监测系统中的采集模块通过对设定站点不间断的巡回扫描来采集信息。这种方法设定的站点往往是相对固定的几家媒体单位，因此获得的数据样本有限。在信息爆炸时代，仅仅通过增加站点的方式，采集信息的范围和数量相对于全样本数据来说仍然是有限的，难以满足无限增长的舆情需求。另外，随着网民参与互联网行为的不断深化，个体网民已然成为网络舆情传播源头中的重要促发源头，而传统的网络舆情信息采集手段无法实现对个体网民舆情信息的有效采集。在智能媒体时代，物联网等技术的成熟能够实现对以网民为主的信息来源数据实时全样本采集。以智能可穿戴设备为代表的各类智能终端将深度采集网民的人体生理信号、生物信息和个人行为数据。各种类型的传感器将能够记录大自然的点滴变化并将其用数据的形式予以呈现。最终依靠物联网让各类智能终端和传感器彼此相连，实时进行数据采集并推送给舆情监测服务机构。

● 小知识

物联网

"物联网"概念最早于1999年由美国麻省理工学院 Auto-ID 实验室明确提出。物联网是指通过信息传感设备，按照约定的协议，把任何物品与互联网连接起来，进行信息交换和通信，以实现智能化识别、定位、跟踪、监控和管理的一种网络。通俗讲，物联网就是"物物相连的互联网"。它包含两层含义：第一，物联网是互联网的延伸和扩展，其核心和基础仍然是互联网；第二，物联网的用户端不仅包括人，还包括物品，物联网实现了人与物品及物品之间信息的交换和通信。

2. 大数据技术助力网络舆情分析

智能媒体时代，网络舆情分析将运用大数据等技术对采集到的网络舆情信息进行筛选、辨别、整理和分析，从中寻找出能够反映网络舆情现状与发展趋势的内容，进而明确网络舆情产生的规律和关键节点。网络舆情分析的结果将直接提供给包括政府、企业等在内的网络舆情需求主体，成为它们应对突发事件或进行相关决策的基础和依据，因此舆情分析结果的准确性至关重要。舆情分析结果的准确性除了指能够从采集到的网络舆情信息中甄别出真实的信息，还包括从海量的网络舆情信息中迅速捕捉到最有价值的信息，并在此基础上准确判断网络舆情的发展趋势。传统的网络舆情分析手段受到有限的人力资源及舆情分析员不同业务水平及价值判断标准的限制，很可能错失有价值的网络舆情信息，降低网络舆情监测的工作效率和准确性。智能媒体时代的大数据技术能够实时全面地抓取网络舆情数据并进行分析，通过预先设定的算法对结构化和部分非结构化数据进行分析处理，找出数据间的关联性，从而确定网络舆情发展的规律，对网络舆情的发展趋势进行预判。自新冠肺炎疫情出现以来，互联网中频繁出现的未经证实的信息、谣言和不良信息等引发了多起负面舆情事件，严重干扰了疫情防控工作和社会公共秩序。利用大数据技术对网络舆情进行有效预测，能进一步提升政府部门的应急管理能力，营造有利的疫情防控社会环境。

3. AI 技术助力网络舆情分发

在智能媒体时代，网络舆情分析结果能够通过专业的分发平台及时精准地送达各舆情需求主体，为其准确判断舆情局势提供依据，从而掌握舆情引导的最佳时机。AI 技术使当前的网络舆情分发产生了较大的变革。早在 2020 年，清华大学人工智能研究院就联手 RealAI 推出了新冠肺炎疫情 AI 话题分析平台。该平台通过对多渠道海量媒体信息进行自动抓取采集、识别分析，解决了传统信息检索过程中因消息源头繁杂、消息过多、检索意图不明确而产生的困扰。同时，基于大数据分析和 AI 建模，自动识别出近期热点话题、新闻追踪和话题导向、地区关注度变化，为用户第一时间推送全网话题最新动态，满足用户对疫情舆情监测的需求，为进行正确舆论引导提供分析依据。

首先，算法技术提高网络舆情分发的精准性。不同舆情需求主体对舆情信息的需求往往差异较大，智能算法技术能够根据不同用户的多样化需求提供精准的个性化信息服务，切实保障各类用户所得信息的相关性、针对性和有效性。智能算法技术提供信息精准分发的基础是准确的用户画像。智能算法先将根据用户提供的个人信息如性别、年龄、职业等对用户进行粗略标签，并根据用户每一次的阅读、搜索等行为来逐步确定用户的兴趣取向，然后通过算法系统对用户的舆情信息使用情况进行持续追踪，最后根据用户的阅读情况适时调整分发内容。通过不间断的机器学习，不断完善用户画像，锁定用户需求，逐层筛选并准确抓取满足用户核心需求的内容，切实提高网络舆情分发的精准性。

其次，机器人写作提高网络舆情分发的时效性。从传统的"黄金 24 小时"原则到"黄金 4 小时"法则再到现在学者们广泛认可的"钻石一小时"原则，时效性日益成为衡量网络舆情信息生命力的重要指标，在最短的时间内将正确有效的舆情信息准确迅速地分发给各舆情需求主体是网络舆情信息分发的第一要求。智能媒体时代，传输媒介的速度和便捷性得到了极大提高，同时机器人写作也将极大提高舆情信息分发的时效性。应用于舆情监测领域的写作机器人能够帮助舆情员整理素材、生成图表、自动抓取舆情信息中具有价值的部分并按照预先设定的结构撰写舆情报告。其生成内容的速度极快，远远超过人工处理的速度。作为人工写作的辅助，写作机器人提供的统计信息更加全面、准确，可信度更高，其对海量数据的分析加工能够发现舆情事件中意想不到的发展趋势。另外，其生产的内容具有很强的个性化风格，能够按照用户的需求和喜好提供个性化定制内容产品，满足用户的多样化需求。

最后，数据可视化技术提高网络舆情分发的易读性。智能媒体时代的数据可视化技术能够将数量庞大的网络舆情数据和种类繁多的舆情监测指标以更加直观有趣的方式进行呈现，为任何教育背景下的普通社会大众提供隐藏在大量数据信息背后的故事和洞察。近日，由巴西卢帕机构（Agencia Lupa）制作的《当你处在疫情旋涡中心》（*At the Epicenter*）获得 2021 年度全球数字媒体奖中的最佳数据可视化奖。该作品通过一张"地图"将巴西的新冠肺炎疫情死亡人数进行可视化处理。受众选择巴西任意一处的坐标后，地图将呈现出以该坐标为圆心的圆圈，圆圈半径取决于该地区的人口密度，圆圈内的人口数即为巴西新冠肺炎疫情死亡人数。该作品充分利用可视化技术向公众展示了新冠肺炎疫情的巨大影响。

二、智能媒体时代的网络舆情引导策略

1. 观念转变——从被动应对向主动引导

在智能媒体时代，不但要做好网络舆情突发事件的应急准备，更需要化被动为主动，将舆情引导的工作做在前面。通过物联网技术实时监测网络舆情动向，利用大数据技术准确分析网络舆情趋势，及时找出可能造成负面网络舆情的相关事件，提醒相关机构和部门及时采取措施解决导致网络舆情动荡的问题，尽快安抚相关网民的情绪，防止舆情事件进一步扩散升级。

 相关案例

> 2021年7月21日，鸿星尔克在微博中称向河南捐赠5 000万元物资，该信息引发全网关注。7月25和26日，相继有媒体人和营销号对捐款一事提出质疑。26日当天，中央纪委国家监委网站发布评论称鸿星尔克事件是"善引发善的动人故事"，随后200余家媒体围绕"诈捐"质疑进行了澄清，第一时间引导了舆论的走势。

2. 领域转变——从新闻门户到社交平台

在智能媒体时代，网络舆情的传播渠道发生了较大变化，传统的以媒体为主体的新闻门户传播开始向以网民为主体的社交平台传播转变，以"两微"（微博、微信）为主的社交平台成为推动网络舆情衍变的主要力量。因此，一方面相关舆情需求主体应当重点监测以"两微"为代表的社会化媒体平台，打通平台壁垒，建立有效的舆情监测、舆情分析和舆情分发机制；另一方面，应积极转变语态，通过"两微"平台和网民建立并维护良好关系。

 相关案例

> 南京市江宁分局曾利用官方微博巧妙化解自身舆情危机。其官微更新频率高，回应问题态度诚恳，使用语言诙谐幽默，在网民中影响力极强。2019年8月5日晚有网友在微博下留言称南京江宁警方在当事人家中查询时不尊重其隐私，针对这一问题江宁警方立即展开调查，并于8月8日在微博中公布了调查结果，澄清事实并明确表示"您的隐私和安全我们都关心"，该条微博的点赞数截至8月18日已近12万次，转发量达到4 505条，评论数达到4 089条，评论内容中网友对警察的办案和回应问题态度绝大多数持赞赏态度。

3. 方式转变——从各自为战到行业互助

智能媒体技术的发展提高了舆情数据采集与监测的便捷性，也为各舆情需求主体间建立行业互动与协作机制，共同提升舆情监测和治理效果提供了可能。各舆情需求主体需要积极转变过去各自为战的态度，坚持行业互助的理念，在舆情治理问题上即时互通信息，共同采取措施，及时积极应对。

4. 构建多维网络舆情风险预警体系

利用大数据和语义识别技术建立网络舆情风险智能识别与预警机制。首先，建立网络舆情语义案例库对比系统，对网络信息进行实时对比跟踪，及时发现热点舆情并对风险系数进行初步判断。其次，组建舆情分析专家团队，对网络舆情风险等级进行二次研判，同时提供网络舆情风险处置的应对经验。

相关案例

> 人民日报社下属机构自2006年起就开始了网络舆情风险智能识别与预警研究，2008年网络中心舆情监测室（现为"人民网舆情数据中心"）成立，是舆情行业的开拓者和领航者。该中心舆情预警功能通过抓取信息和敏感词库信息的对比，将与用户相关的所有敏感和负面信息集中、实时展现，及时解决问题。同时为用户提供舆情报告。解析当下网络舆情势态，把脉网络舆情事件，点评网络舆情应对水平，总结应对网络舆情的经验，为用户做好舆情管理工作、把脉舆论环境提供参考性建议。另外，该中心提供多种专项服务服务，如舆评咨询服务，针对地方政府在制定和实施与人民群众利益密切相关的重要政策决策、重大改革措施和重大建设项目等重大事项前，对其舆论风险性和民意承受力、舆论抗压性，以及政府舆情处置力等因素开展系统的调查，科学的预测、分析和评估，制定舆情风险应对策略和预案。

5. 切实提高网民的智能媒介素养

智能媒介素养包含网民使用互联网获取和传播信息的能力、利用互联网学习和参与社会进步的能力等，具体是指网民的海量信息的筛选过滤、分辨识别、分析与批判能力，发布及传播信息的责任意识，以及通过互联网进行交往和参与社会协作的能力等。中国互联网络信息中心发布的《第49次中国互联网络发展状况统计报告》数据显示，截至2021年12月，我国共拥有10.32亿网民，互联网覆盖范围不断扩大，网络交流效率极大提升，但是网民整体的媒介素养仍有待提高。

相关案例

> 2021年10月15日，抖音网红"罗小猫猫子"在直播过程中喝农药自杀身亡。事后，当事人家属和朋友表示，当天其自杀意图并不坚定，却在直播间在个别网友的起哄、怂恿下逞强喝下毒药。这起事件中，个别网民的起哄和怂恿是导致悲剧产生的情境因素，其中个别网民媒介素养的缺失是重要原因。

在智能媒体时代，网络舆情已经成为网民进行民主监督的重要途径，对于各类舆情需求主体来说，不仅要明确智能媒体技术带来的舆情监测新方法，更需要掌握智能媒体时代更加有效的网络舆情引导方法和技巧。

课后思考

1. 结合实例谈谈网络舆情符号化传播的优势。
2. 如何破除网络舆论表达中的"先入为主"现象？
3. 结合实例谈谈智能媒体时代网络舆情监测的新方法。
4. 如何提高网民的智能媒介素养？

>>>>> 【春风化雨 润物无声】

5G 时代，新闻舆论工作要抓住信息技术发展带来的新机遇，坚持守正创新，努力实现跨越式发展。5G 将为物联、虚拟互联、即时互动、大数据应用、区块链等新技术展开巨大的实践空间和想象空间。新闻舆论工作实现跨越式发展，需要主动拥抱 5G 技术，为新闻舆论工作注入新动能。广大新闻工作者应积极学习新技术、洞察新动向、把握新趋势，积极探索超高清移动视频等 5G 应用在新闻传播、舆论引导方面的作用，让下一代网络技术快速融入新闻舆论工作，进而激发新闻舆论工作新动能、促进新闻舆论工作新发展……5G 技术对社会生活的深层次影响，必将对宣传主体、宣传内容、宣传载体、受众等产生全方位影响，不断拓展新闻舆论工作的新视野和新领域。这就要求新闻舆论工作者保持对新技术的敏感，着眼于新技术的快速应用，探索内容传播与先进技术的融通共享，以新视野审视 5G 时代的新闻舆论工作。

2020 年 2 月 5 日《人民日报》唐铮《有的放矢：推动新闻舆论工作迈上新台阶》节选

第八章　网络传播伦理与法规

学习目标

1. 网络媒体中虚假新闻出现的原因
2. 网络安全法律法规
3. 网络新闻传播管理规范
4. 信息隐私权的产生与发展
5. 智能媒体时代用户个人隐私问题的产生及解决对策
6. 机器人新闻写作中的隐私侵权风险
7. 治理机器人新闻写作中隐私侵权现象的措施

第一节　网络媒体中虚假新闻出现的原因

互联网的出现使新闻信息的发布与传播发生了巨大变革。网络媒体在极大满足受众信息需求的同时，也给社会带来了虚假新闻的困扰。网络中虚假新闻的出现与网络的传播属性和传播模式等特点息息相关，主要体现在以下四点。

一、网络传播主体多元化，把关难度增大

网络媒体时代，新闻传播主体多元化，专业媒体、商业媒体、平台型媒体、自媒体等构成了复杂的新闻生态系统。虚假新闻的出现往往不是单一主体的责任，而是多元主体在新闻的生产、分发、传播甚至消费过程中综合作用的结果。专业媒体的把关权力被大大稀释，把关难度不断加大。除此之外，面对互联网中，尤其是社交媒体中海量的信息来源，部分专业媒体把关意识下降，不经过深入的采访核实，就将社交媒体中用户生产的内容直接拿来作为新闻发布，此类虚假新闻也屡见不鲜。

相关案例

宝马占路虎车位被堵事件

2021年7月，一位网名为"吨姐"的女性在抖音平台发布短视频称三个月前她家的私人停车位被一辆宝马车占了，但是因为当时房子刚刚装修好，车位不太需要，就没有催该车主挪车。临近过年搬家的过程中联系宝马车车主三天未果，于是一怒之下用自己的路虎车将对方的宝马车堵在停车位内。之后"吨姐"又发布了多条关于事件后续的短视频，内容包括宝马车主想用叉车将其路虎车叉走，于是她在车内放了价值145万的花瓶，并在车上贴了声明"车内有贵重物品，擅自挪动，后果自负"；宝马车主起诉其赔偿交通出行费；宝马车主先后通过发送手机短信、物业协调和警方调解的方式与其沟通，但她都没有同意等诸多内容。该事件矛盾不断升级，情节跌宕起伏，极大吸引了网民的注意力，"吨姐"的抖音粉丝量也不断增加。与此同时，部分细心的网民对此事提出了质疑，怀疑这是一场"吨姐"自导自演的闹剧，旨在吸引粉丝。7月9日，《潇湘晨报》对此事进行了报道，标题为《宝马占车位被路虎堵160天 路虎车主在车内放145万花瓶》，新闻的主要内容基本采用了"吨姐"在短视频中的描述，虽然也将网友的质疑呈现出来，却没有对这条消息的真实性进行调查核实。2021年7月10日，淄博市公安局经济开发区分局发布了此事的情况通报，通报称"'宝马占路虎车位被堵'的信息为不实信息，系崔某某（'吨姐'）为博取眼球在网络平台编造发布，公安机关已经依法对崔某某处以行政拘留处罚"。同时，抖音平台也封禁了"吨姐"的相关账号。

二、时间压力导致专业媒体抢发新闻失误

网络的即时性等特点使新闻的发布速度不断加快，时效性更加成为媒体综合实力的体现，尤其在突发事件出现时，各类媒体都希望能够抢先报道，但是在较短的时间内复杂的事实真相往往很难调查清楚，于是虚假新闻由此而生。

 相关案例

重庆公交车坠江事件

2018年10月28日上午10:08，重庆市万州区发生公交车坠江事件，车上包括驾乘人员共十余人全部遇难。事故发生后，部分媒体在没有充分调查核实事故原因的情况下，抢先发出了报道，声称这起事件是由驾驶小轿车的女司机导致的。其中一篇新闻报道的标题为《重庆公交车坠江事故，涉事女司机已被警方控制》，内容称"10月28号，重庆万州区发生了公交车与私家车碰撞后的公交车坠江道路交通事故，目前涉事小轿车驾驶员已被警方控制"。随后，更多媒体对这一新闻进行了转发，网络中也开始出现对涉事女司机的人肉搜索、侮辱谩骂等网络暴力行为。直到10月28日17时，警方经调查后发布了警情通报，明确事故发生前，是公交车在行驶过程中突然越过中心实线撞向了对面正常行驶的小汽车，接着撞断护栏坠入江中。尽管此时事故原因仍在调查之中，但基本可以判定驾驶小汽车的女司机实际上也是一名受害者。此时，部分媒体报道纷纷出现反转，为女司机洗去污名的同时，继续探究导致事故的真正原因。

网络中频频出现的明星"被死亡"事件也是媒体在时间压力下的产物。多位明星曾经传出过"死讯"，尤其是金庸先生，据不完全统计，金庸先生在世时媒体曾 20 多次报道了金庸先生去世的假新闻。

 相关案例

CGTN 抢发新闻事件

"杂交水稻之父"袁隆平院士逝世前，其身体状况成为媒体高度关注的焦点。2021 年 5 月 22 日 11 时左右，中国国际电视台 CGTN 官方微博发布消息称："'杂交水稻之父'、中国工程院院士、'共和国勋章'获得者袁隆平因医治无效，于 2021 年北京时间 5 月 22 日上午在长沙逝世，享年 91 岁。Yuan Longping, the globally renowned Chinese agronomist known for developing the first hybird rice strains, has died at the age of 91." 由于袁隆平院士的知名度，该消息迅速传播，影响十分广泛，诸多网友纷纷转发该消息以表达哀悼之情。随后，当天 11：33，四川发布官方微博发布消息称"针对今日网传袁隆平逝世的消息，经过多方求证，证实网上关于袁隆平逝世的消息不实。据悉目前袁隆平院士正在医院治疗。另据红网消息，与中国工程院院士、杂交水稻之父袁隆平保健医生电话联系，对方告知，'袁老正在医院治疗'。据其透露，今年 3 月 10 日，袁隆平在三亚杂交稻研究基地摔了一跤，引发身体不适。4 月 7 日，转到长沙住院治疗。"其后 11：41，人民日报客户端也刊发消息《多方证实：袁隆平院士去世消息不实》，文中称："5 月 22 日上午，人民日报记者从湖南省委宣传部、中国工程院和袁隆平院士秘书等多个渠道证实，网上关于袁隆平逝世的消息是假消息，袁隆平院士目前在医院接受治疗。"于是，11：57，CGTN 官方微博发布了致歉声明："经核实，袁隆平院士目前正在医院接受治疗，我们对此前报道不慎深表歉意。"当天 13：07，袁隆平院士因病在湘雅医院去世。14：11，CGTN 官方微博再次发布微博称："中央广播电视总台记者从湘雅医院获悉，杂交水稻之父袁隆平先生于今日 13 时 07 分因病去世，享年 91 岁。我们对袁隆平先生的去世表示沉痛哀悼，记住这位让中国人'端牢饭碗'的英雄，送别袁老！"5 月 22 日一天，CGTN 发布的三条消息内容不断反转，尽管网络时代即时性已经取代时效性成为新闻竞争的主要因素，但仍不能忘记，真实性才是新闻的生命。

三、生存压力催生媒体主观造假

在网络媒体时代，媒体间竞争加剧，专业媒体转型艰难，压力巨大，于是部分媒体在竞争过程中丧失了媒体职业道德和专业操守，唯流量是从，甚至故意捏造虚假新闻，完全背离了媒体融合转型的初衷，极大损害了媒体的权威性和公信力。

 相关案例

女大学生被造谣事件

2021 年 11 月 10 日，福建电视台新闻频道《大眼看世界》栏目官方账号在多个社交媒体平台发布了名为《海王中的女霸王》的短视频，内容声称视频中的女子"恋爱一年花费男友20万，并在异地期间与上百位男生开房"。视频内容在互联网中迅速传播，点赞量迅速破万。部分不明真相的网民根据视频中的图片"人肉"到该女子在小红书等平台上的账号，并采用跟帖和私信等方式对她进行侮辱谩骂等语言攻击。

11月11日，"当事"女生小嘉录制了澄清视频，表示"海王中的女霸王"视频盗用了她在社交媒体平台发布的照片，内容均为子虚乌有。小嘉现在在北京读书，从没有开通过花呗。短视频称小嘉在长春，有花呗欠款等。小嘉在发现该视频后，马上联系了视频发布者，但对方并没有做出任何回应。

11月13日，《大眼看世界》栏目组发布了致歉信，内容称："《大眼看世界》短视频账号引用某博主文章发布《海王中的女霸王》，因编辑失误将小嘉的图片用在该视频中，目前已经将该视频主动删除，就该视频对其造成的影响致歉。同时，已启动对相关责任人的追责程序，本账号将永久关停。"

四、新闻造假成本低

在网络媒体时代，新闻造假成本低主要体现在两个方面：一是造假的技术成本低，二是造假的违法成本低。随着互联网技术的不断发展和成熟，新闻造假的技术成本不断降低，各类修图软件、音视频剪辑软件等功能更加齐全，操作日益简单。即使是缺少技术基础的普通网民也能够轻松上手。以陌陌旗下的AI换脸软件ZAO为例，用户只需要将自己的个人照片上传到软件中，就能够将影视作品或短视频中角色的脸换成自己的脸，轻松实现以自己为主角的视频制作。2021年，中共中央宣传部、中华全国新闻工作者协会（简称中国记协）正式印发《媒体社会责任报告制度实施办法》，对已经实行数年的媒体社会报告的报告内容、发布流程、评议指标、成果运用等予以制度化规范。中央及省级主要媒体对2020年社会责任履行情况的各项报告也起到了很好的示范和带头作用。这在一定程度上减少了虚假新闻的出现，但仍未从根本上解决问题。究其原因，主要在于虚假新闻的相关惩罚机制不够健全。新媒体时代，媒体的新闻专业主义思想受到挑战，又缺少相关惩罚机制的约束，两者相加导致新闻造假的违法成本降低，虚假新闻乘虚而入。

相关案例

暂停武汉红十字会工作事件

2020年2月1日，微信朋友圈等社交媒体平台疯狂传播着一张《人民日报》电子版的截图，截图内容如图8-1所示。后经证实，该截图是一张经过人为处理的假图片，在新冠肺炎疫情初期，网络中酝酿着对武汉红十字会的不满情绪，于是有人为了迎合这类情绪而故意制造了这张假的新闻截图。其实，细心之人不难发现，该新闻存在多处"硬伤"：第一，新闻标题中缺少主语。第二，第一行数字"31"和"，"后有不必要的空格，属于格式错误。第三，缺少记者姓名或电头等信息。第四，新闻中应使用规范称呼，因此"武汉红十字会"应为"武汉市红十字会"。第五，"国务院"不能放在"中共中央政治局"前面。遗憾的是，当天22：22分，在未经核实信息真实性的情况下，江苏卫视播出的"抗疫情特别报道"中就使用了该虚假新闻截图中的信息，新闻标题为《国务院：暂停武汉红十字会的工作》。2月2日，人民网针对此事发布新闻进行辟谣，标题为《网传"暂免武汉红十字会救灾物资管理"图片不实，为恶意合成》，报道称："记者查阅了2月1日《人民日报》第三版的内容，并没有发现这篇题为《暂免武汉红十字会救灾物资管理》的新闻。"同时也指出了虚假新闻截图中存在的多处错误，并提醒广大网友和新闻从业者对网络上的信息要仔细辨别，不要轻信谣言。

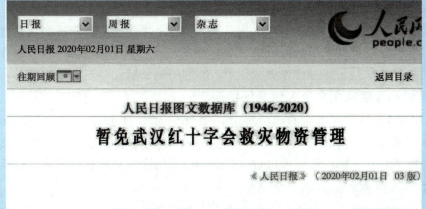

图8-1 假新闻《暂免武汉红十字会救灾物资管理》截图

第二节 互联网法律法规与管理意见

一、网络安全法律规范

1.《全国人民代表大会常务委员会关于维护互联网安全的决定》

2000年12月28日第九届全国人民代表大会常务委员会第十九次会议通过了《全国人民代表大会常务委员会关于维护互联网安全的决定》，这是目前在中华人民共和国工业和信息化部官方网站中能够检索到的最早的关于互联网的相关法律法规。该决定列出的三项影响互联网安全运行的行为，四项危害国家安全和社会稳定的行为，五项危害社会主义市场经济秩序和社会管理秩序的行为，三项侵害个人、法人和其他组织的人身财产等合法权

利的行为，构成犯罪的，将依照刑法有关规定追究刑事责任。

2.《互联网信息服务管理办法》

《互联网信息服务管理办法》于 2000 年 9 月 25 日中华人民共和国国务院公布，后根据 2011 年 1 月 8 日国务院令第 588 号公布的《国务院关于废止和修改部分行政法规的决定》进行了修订。该办法将互联网信息服务分为经营性和非经营性两类，并分别制定了相应的许可制度和备案制度，还对互联网信息服务提供者提供的内容进行了明确的规定。

3.《全国人民代表大会常务委员会关于加强网络信息保护的决定》

2012 年 12 月 28 日第十一届全国人民代表大会常务委员会第三十次会议通过了《全国人民代表大会常务委员会关于加强网络信息保护的决定》，该决定针对网络服务提供者和其他企业事业单位及其工作人员等组织和个人的网络信息侵害行为进行了规定。

4.《电信和互联网用户个人信息保护规定》

《电信和互联网用户个人信息保护规定》于 2013 年 6 月 28 日中华人民共和国工业和信息化部审议通过，并自 2013 年 9 月 1 日起施行。该规定主要针对在中华人民共和国境内提供电信服务和互联网信息服务过程中收集、使用用户个人信息的活动而制定。

5.《中华人民共和国网络安全法》

中华人民共和国第十二届全国人民代表大会常务委员会第二十四次会议于 2016 年 11 月 7 日通过《中华人民共和国网络安全法》，自 2017 年 6 月 1 日起施行。《中华人民共和国网络安全法》作为网络领域的基础性法律，对个人信息泄露问题进行了专门的规定：网络产品、服务具有收集用户信息功能的，其提供者应当向用户明示并取得同意；网络运营者不得泄露、篡改、毁损其收集的个人信息；任何个人和组织不得窃取或者以其他非法方式获取个人信息，不得非法出售或者非法向他人提供个人信息；并规定了相应法律责任。同时对网络诈骗、关键信息基础设施保护等都进行了明确的规定。

6.《中华人民共和国数据安全法》

2021 年 6 月 10 日第十三届全国人民代表大会常务委员会第二十九次会议通过了《中华人民共和国数据安全法》，该法为规范数据处理活动，保障数据安全，促进数据开发利用，保护个人、组织的合法权益，维护国家主权、安全和发展利益而制定，并从数据安全的责任主体、数据安全与数据发展、数据安全制度、数据安全保护、政务数据安全与开放、数据违法处罚规定等多个方面进行了规定。

7.《中华人民共和国个人信息保护法》

2021 年 8 月 20 日第十三届全国人民代表大会常务委员会第三十次会议通过了《中华人民共和国个人信息保护法》。该法明确规定了个人信息处理规则、个人信息跨境提供的规则、个人在个人信息处理活动中的权利、个人信息处理者的义务、履行个人信息保护职责的部门及相关的法律责任。

二、网络新闻传播管理规范

1.《互联网站从事登载新闻业务管理暂行规定》

2000 年 11 月 6 日，国务院新闻办公室和信息产业部颁布了《互联网站从事登载新闻业务管理暂行规定》。这是我国关于网络新闻管理的第一个法规。规定的第七条指出，非新闻单位依法建立的综合性互联网站，具备本规定第九条所列条件的，经批准可以从事登载中央新闻单位、中央国家机关各部门新闻单位以及省、自治区、直辖市直属新闻单位发布的新闻的业务。这一规定确认了商业网站参与新闻传播的资格，同时也限制了商业网站参与新闻传播的权限，即只能登载。但规定没有明确界定管理中涉及的"新闻"范围。实践中的管理对象主要是"时政新闻"，在操作中留有弹性空间。商业网站在非时政新闻领域仍然有原创的可能性。

2.《互联网新闻信息服务管理规定》

2005 年 9 月 25 日，国务院新闻办公室和信息产业部颁布了《互联网新闻信息服务管理规定》，这一规定是对上述《互联网站从事登载新闻业务管理暂行规定》的修订。其中第五条指出，互联网新闻信息服务单位分为以下几类：新闻单位设立的登载超出本单位已刊登播发的新闻信息，提供时政类电子公告服务，向公众发送时政类通信信息的互联网新闻信息服务单位；非新闻单位设立的转载新闻信息，提供时政类电子公告服务，向公众发送时政类通信信息的互联网新闻信息服务单位；新闻单位设立的登载本单位已刊登播发的新闻信息的互联网新闻信息服务单位。同时还指出，本规定所称新闻信息是指时政类新闻信息，包括有关政治、经济、军事、外交等社会公共事务的报道、评论，以及有关社会突发事件的报道、评论。这进一步明确了网络新闻的管理范围，特别值得注意的是，管理范围扩展到了评论。

3.《互联网视听节目服务管理规定》

2007 年 12 月 20 日，广电总局、信息产业部令第 56 号公布了《互联网视听节目服务管理规定》。后根据 2015 年 8 月 28 日国家新闻出版广电总局令第 3 号公布的《关于修订部分规章和规范性文件的决定》进行了修订。该规定明确列出了申请从事互联网视听节目服务的应当同时具备的八项条件。规定要求，从事广播电台、电视台形态服务和时政类视听新闻服务的，应当持有广播电视播出机构许可证或互联网新闻信息服务许可证；从事主持、访谈、报道类视听服务的，应当持有广播电视节目制作经营许可证和互联网新闻信息服务许可证；从事自办网络剧（片）类服务的，应当持有广播电视节目制作经营许可证。互联网视听节目服务单位播出时政类视听新闻节目，应当是地（市）级以上广播电台、电视台制作、播出的节目和中央新闻单位网站登载的时政类视听新闻节目。互联网视听节目服务单位不得允许个人上载时政类视听新闻节目等。

4.《即时通信工具公众信息服务发展管理暂行规定》

2014 年 8 月 7 日，国家互联网信息办公室颁布了《即时通信工具公众信息服务发展管理暂行规定》，简称"微信十条"。规定即时通信工具的公众信息服务者需要遵守"后台实名、前台自愿"的原则。同时规定新闻单位新闻网站开设的公众账号可以发布转载时政类新闻，取得互联网新闻信息服务资质的非新闻单位开设的公众账号可以转载时政类新闻，其他公众账号未经批准，不得发布转载时政类新闻。

5.《关于加强网络视听节目直播服务管理有关问题的通知》

2016 年 9 月 9 日，国家新闻出版广电总局颁布了《关于加强网络视听节目直播服务管理有关问题的通知》，指出网络视听节目直播机构需依法开展直播服务，持有新闻出版广

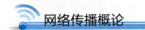

电行政部门颁发的《信息网络传播视听节目许可证》，且许可项目为第一类互联网视听节目服务第五项的互联网视听节目服务机构，方可通过互联网对重大政治、军事、经济、社会、文化、体育等活动、事件的实况进行视音频直播。

6.《互联网直播服务管理规定》

2016 年 11 月 4 日，国家互联网信息办公室颁布了《互联网直播服务管理规定》，指出互联网直播服务提供者和互联网直播发布者在提供互联网新闻信息服务时，都应当依法取得互联网新闻信息服务资质，并在许可范围内开展互联网新闻信息服务。互联网直播服务提供者应对互联网新闻信息直播及其互动内容实施先审后发管理；提供互联网新闻信息直播服务的，应当设立总编辑。

7.《互联网新闻信息服务管理规定》

2017 年 5 月 2 日，国家互联网信息办公室颁布了《互联网新闻信息服务管理规定》，指出通过互联网站、应用程序、论坛、博客、微博客、公众号、即时通信工具、网络直播等形式向社会公众提供互联网新闻信息服务，应当取得互联网新闻信息服务许可，禁止未经许可或超越许可范围开展互联网新闻信息服务活动。这一规定，将网络新闻信息服务的管理范围扩大到了更多平台。

8.《网络信息内容生态治理规定》

2019 年 12 月 15 日，国家互联网信息办公室颁布了《网络信息内容生态治理规定》。规定指出，网络信息内容生态治理，是指政府、企业、社会、网民等主体，以培育和践行社会主义核心价值观为根本，以网络信息内容为主要治理对象，以建立健全网络综合治理体系、营造清朗的网络空间、建设良好的网络生态为目标，开展的弘扬正能量、处置违法和不良信息等相关活动。

第三节　智能媒体时代的用户隐私侵权问题与解决对策

一、信息隐私权的产生与发展

1. 信息隐私权的产生

最早提出信息隐私权的是美国波士顿的两位律师：沃伦（Samuel Warren）和布兰戴斯（Louis Brandeis），他们在 1890 年于《哈佛法律评论》中发表了《隐私的权利》一文，该文撰写的起因在于当地的报纸对沃伦举办的晚宴有一些不友善的报道。因此在该文中沃伦认为，隐私的侵犯，就是未经个人同意而使用个人信息。

2. 信息隐私权的发展

目前，各国对于信息隐私权的法律规定不尽相同。在美国，1974 年的《联邦隐私法》只对联邦政府使用个人信息进行了相关的规定，而对除了联邦政府外的其他主体在使用个人隐私信息方面无权约束。欧洲各国尤其是德国对个人信息隐私权的规定并不局限于中央政府，还包括所有各级政府及民间的信息产业从业者。我国于 2021 年月 1 日起施行的《中华人民共和国民法典》（以下简称《民法典》）中明确规定：自然人享有隐私权。任何组织或者个人不得以刺探、侵扰、泄露、公开等方式侵害他人的隐私权。隐私是自然人的私人生活安宁和不愿为他人知晓的私密空间、私密活动、私密信息。同时，《民法典》也对自然人的个人信息进行了明确的界定。个人信息是以电子或者其他方式记录的能够单独或者与其他信息结合识别特定自然人的各种信息，包括自然人的姓名、出生日期、身份证件号码、生物识别信息、住址、电话号码、电子邮箱、健康信息、行踪信息等。自然人的个人信息受法律保护。

二、智媒体时代的隐忧

1. 大数据威胁用户的信息隐私权

智能媒体时代精准的信息个性化推送必然要建立在用户信息被全面数据化和可追踪化的基础之上，这些通过传感器等各种智能设备收集的大数据如果没有良好的机制保护随时都有遭遇泄露的可能，信息的泄露不但会侵害受众的隐私权甚至有可能影响社会安全与国家安全。智媒体时代信息更加易得和耐久，任何用户都能够通过互联网随时存储和提取信息，由于互联网海量的信息存储能力和日益成熟的搜索引擎技术，这些用户信息被永久地储存在互联网上并随时可能被调用，而随着用户个人信息在互联网上的不断累积，其隐私遭遇泄露的风险就越来越大。目前，我国对互联网中个人信息隐私权的界定仍不明确，缺乏有效的法律保护机制，需加快个人信息隐私权立法的进程。

2. 个性化推荐加剧"拟态环境"与"信息茧房"效应

20世纪20年代，美国著名政论家李普曼在其论著《公共舆论》一书中最早提出了"拟态环境"这一概念。所谓的"拟态环境"，指大众传播活动形成的信息环境，并不是客观环境的镜子式的再现，而是大众传播媒介对新闻和信息的选择、加工和报道并重新加以结构化后向人们所提示的环境。在传统媒体时代，版面空间、播出时间和频道资源都是有限的，传统媒体用有限的信息容量来反映无限的社会现实必然会带来拟态社会的出现。在智媒体时代，多元化的信息生产者带来多样化的内容并通过多样化的渠道迅速传播，但是这一信息环境对于真实社会的反映却并不乐观。尽管从理论上讲，智媒体时代传统媒体"把关人"的角色被削弱，原本那些被媒体排除的信息得到了进入公众视野的机会，信息内容看似更加多元化了，但是无论在社交媒体还是新闻客户端中，数据及机器算法支撑的信息个性化推荐必然会造成部分信息的屏蔽，这部分被屏蔽掉的信息往往是受众不喜欢或者不愿意关注的。所以，从某种程度上来说，智媒体环境下的媒介拟态环境并没有消失，只不过这种拟态环境更多是由受众的个人选择决定的。

"信息茧房"效应也同样解释了这一问题。在信息传播中，由于受众自身的信息需求并不是全方位的，受众只注意自己选择的内容和使自己愉悦的信息，久而久之，会将自身桎梏于像蚕茧一般的"茧房"中。在智媒体时代，用户在新闻聚合APP中的阅读行为会被APP记录，并根据用户的阅读习惯在下次推送内容的时候自动推送用户喜欢的内容，过滤掉用户不喜欢的内容，长此以往，用户能够接触的将一直是他喜欢、认同的内容，这将导致用户的阅读视野越来越狭隘。当然"信息茧房"效应并非智媒体时代的新产物，传统媒体时代，受众对信息的选择性接触也会产生"信息茧房"。但是智媒体时代信息的个性化推荐机制无疑加剧了"信息茧房"效应。这一方面会导致受众对整体环境的判断能力降低，另一方面也不利于公共信息的传播和社会意见的整合。智媒体时代的信息个性化推

荐是未来的发展方向，但在追求更精准的信息个性化推荐模式的基础上，还要思考如何更好地为受众提供公共信息服务，达到社会整合的目的，找到个性化传播与公共信息传播的平衡点。

3. 媒体进入"后真相"时代

"后真相"的概念在几十年前就已经存在，但是 2016 年由于英国公投和美国大选，该词的使用频率飙升，并入选了牛津词典公布的"2016 年度英文词汇"。"后真相"是指情感和个人信念相对于客观事实来说，对形成民意的影响相对更大。互联网时代，被多元化的海量信息包围的用户往往不重视寻找事实真相，反而会更轻易地被各种情感、意见所煽动。而以网民个人为传播节点、以社交网络作为传播渠道的社交媒体，进一步加剧了"后真相"的现象。在社交媒体中，网民带有强烈个人感情色彩的意见与评论往往比事实更容易引起他人的关注与互动，而完全依靠大数据与机器算法的智能新闻生产模式很可能会带来更多情绪的激化而不是事实真相。因此，在智能媒体环境下，专业的新闻生产机构应更重视对事实真相的追求，在新的传播环境与传播技术下，重新寻找能够无限接近客观事实的新路线。

三、智能媒体时代的隐私问题

1. 智能媒体时代的信息来源

智能媒体时代的核心特点是万物皆媒，即所有的智能终端、智能机器在某种意义上都会被媒体化。从已经普及的智能手机、行车记录仪、安防及交通监控摄像头到正在发展的 VR/AR 眼镜、智能手表等智能可穿戴设备，随着传感器种类和数量的不断增多，用户被迫分享的身体、情感、行为、环境等相关数据日益增多。根据全球技术市场咨询公司 ABI Research 的报告，使用人工智能（AI）芯片的智能 AI 摄像头全球数量在 2025 年将达到 3.5 亿个，在智慧城市中成为常态。在智能媒体时代，智能机器人将全面参与新闻信息的采集、整理、写作等生产环节。目前，国外的路透社、美联社及国内的腾讯等媒体都已经开始使用新闻机器人撰写稿件。智能机器人新闻写作不仅能够进一步增强用户的新闻体验，还能够根据用户的喜好及其在特定场景下的需求，推荐精准的信息与服务。当然，这种精准化的信息服务要建立在用户信息被全面数据化和可跟踪化的基础之上，这也就意味着在智能媒体时代，用户的隐私随时随地都可能遭到泄露和侵犯。

2. 智能媒体时代的信息特征

数字化技术的不断发展、信息存储成本的不断降低、数字资料检索的功能日益强大以及全球化网络的不断演进，都向智能媒体时代的用户隐私权保护提出了挑战。

第一，智能媒体时代的信息具有易得性。用户随时可以通过互联网存储及提取信息。从某种程度上说，一旦信息在互联网中被分享，基本上就已经脱离了原有用户的掌控。用户个人对自身信息的掌控能力变弱，可能带来的后果就是对用户信息的滥用及对用户隐私的侵害。

第二，智能媒体时代的信息具有耐久性。数字媒体海量的存储能力以及超链接技术与搜索引擎技术所带来的信息智能检索技术的不断成熟，使信息的耐久性极大增强。一条信息被报道后并不会随着时间的流逝而消失，而会被永久地保存在互联网的某个或某几个节点上，在需要的时候随时都可能会被调阅出来。比如，"扶老被讹案""女大学生被害案"

等事件，会使数年甚至十数年前的事件再次曝光。智能媒体时代信息的耐久性使得过去就像阴影一样自始至终跟着你我，无法摆脱。

第三，智能媒体时代的信息具有全面性。智能媒体时代的信息易存取，又能永久保存，随着时间的不断累积，互联网上的用户个人信息不断增多，而对这些信息的整合分析会给用户的隐私权带来极大的威胁。现在，部分信息供应商通过结合不同资料库中同一个用户的个人资料，为用户建立内容详细的档案，包括用户的活动、朋友、爱好等，甚至通过对用户的信息浏览或检索、购物行为等进行倒推，得到非常准确的用户画像。

四、智能媒体时代解决用户个人信息隐私权问题的对策

1. 培养用户的信息安全意识，提高用户媒介素养

尽管过去几年，媒体对个人信息遭到泄露并产生严重后果的事件进行了多次报道，但用户的个人信息安全意识仍旧淡薄。导致这一现象的主要原因，一是用户对个人信息安全不够重视，很多人在无意中泄露了个人信息；二是我国缺乏对智能媒体时代用户个人信息的安全教育和培训，这意味着即使用户意识到了保护个人信息的重要性，也缺乏有效保护个人信息安全的相关知识和技巧。

因此，从用户角度来说，最主要的做法就是开展正规途径的信息安全教育与培训。一方面让用户普遍了解个人信息遭到滥用可能会出现的后果，提高用户的个人信息安全意识；另一方面通过有针对性和连续性的信息安全教育，引导广大互联网用户避免个人信息遭到滥用。尤其是学校，更应当充分发挥教育职能，将智能媒体时代的个人信息安全保护知识贯穿到课堂教学过程中。

但是，完全依靠用户自身防范个人信息隐私泄露存在一定难度。比如，目前大多数APP 提供的服务是以用户提供个人信息（如电话号码、GPS 定位等）为前提的，用户要拒绝提供个人信息就必须被迫放弃这项服务，显然目前对于大多数用户来说为了保护个人信息而放弃 APP 提供的服务并不现实。另外，对于智能媒体时代成长起来的年轻人而言，分享俨然已经成为他们的一种生活方式，因此除非分享的信息已经对他们的现实生活造成了实际而严重的伤害，想让他们完全转变态度也很难做到。

2. 充分利用计算机技术，建立新的信息生态

所谓信息生态，是指规定哪些人能够搜集储存哪些信息，能储存多久，在信息使用完成后删除或定期删除的信息环境。如在美国部分州，证人或嫌疑人的指纹在案件结束后，不需要用来寻找或起诉特定犯罪行为，就会从 DNA 资料库中删除。欧洲的人权法院也规定：不得永久保留无辜者的 DNA 信息。在适宜的信息生态环境中，信息应该在原本名称、位置等标签的基础上，增加到期日标签，即让用户通过简单的界面操作就能够实现对信息有效时间的设置，从而在某种程度上保护个人信息的隐私权。目前，许多信息提供商开始注意到这一问题，并通过设置信息到期日来博取用户信任。2007 年，谷歌宣布对搜索的信息设置到期日，承诺在最多 24 个月后删除搜索引擎中的个人识别信息。同年夏天，微软和搜索网站 Ask.com 同时宣布会在搜索最多 18 个月后，将个人信息匿名化。到了 2008年，新的搜索引擎 Cuil 则直接宣布不会在搜索引擎中储存任何人的个人信息。

除设置信息到期日之外，还要充分利用其他可行的技术技巧，如浏览器中的 Cookie。大多数浏览器在安装过程中会提示我们是否接受 Cookie 进入电脑，但是当 Cookie 将我们

的上网行为发送到相关网站时不会给出提示。因此，通过技术设置让 Cookie 在传出个人信息的时候能够提示用户，就能让用户选择保护涉及个人隐私的信息等。

3. 完善个人信息隐私权法，改进司法程序

完善的行之有效的隐私权法，是保护个人信息隐私权的重要条件。而隐私权法是否行之有效主要在于隐私权的架构。目前，对于信息隐私权问题比较流行的观点是遵循"目的限制原则"，即除了原定取得同意的目的外，个人信息的接收者不得将该信息转作他用。但即使是个人信息隐私权法相对比较完备的德国，实行起来仍旧困难重重，原因之一是司法程序复杂，对于主张个人信息隐私权的用户来说，主张的前提是需要在法庭上"抛头露面"，这对许多用户来说存在一定的风险，而且诉讼程序烦琐，往往耗时、耗力；原因之二是赔偿难，目前多数隐私权法只要求针对侵权中的"实际损害"部分进行赔偿，但是在个人信息隐私侵权案中，这类损失大多数时候很难计算，这也就使用户将此类案件告上法庭的利益有限，进一步降低了用户维权的积极性。

在我国，个人信息隐私法还不够健全，对于侵犯个人信息隐私的问题还没有明确的界定，而我国公民对保护个人信息隐私权并不积极。CNNIC 发布的中国手机网民网络安全状况报告显示，手机网民在遭遇手机信息安全事件后选择向各类信息安全联盟进行反馈的用户占比仅 8.1%。要改善这一现状，首先要加快立法步伐，不断完善我国的个人信息隐私权法，赋予用户信息自决权，即让用户能够在各阶段控制个人信息的使用方式。智能媒体时代隐私权法构建的核心应该是为个人信息制定出法律认可的个人权利，使个人能够维持对个人信息的控制。同时鉴于智能媒体的耐久性、全面性等特征，智能媒体时代用户隐私权的界定不应只适用于最初取得个人信息的对象，还应该包括后续的所有使用者。其次要在法律施行过程中逐步改善司法程序，降低诉讼成本。如将案件的举证责任由个人转移到信息业者，以此来减轻用户个人的举证难度；将侵犯个人信息隐私由民事责任改为刑事责任，增加违法成本；降低此类案件的诉讼费用，以鼓励用户提出个人信息隐私诉讼等。

随着我国互联网用户安全意识的日益提升、新信息生态的不断构建，以及个人信息隐私权保护法的逐渐完善，智能媒体将会迎来更好的生存与发展契机。

第四节　机器人新闻写作中的用户隐私保护

在智能媒体时代，机器人新闻写作依赖的数据共享与用户主张的个人隐私保护出现激烈冲突，究其原因主要在于智能化新闻生产技术的广泛使用带来了隐私内涵的变化和隐私权利主体的改变。为了在保障机器人新闻写作技术可持续发展的同时，实现用户个人利益与社会公众利益的平衡，应当明确智能新闻生产语境中的用户隐私保护责任主体，建立隐私管理的人机协作模式，采用更加适用于机器人新闻写作的新闻伦理准则，将隐私保护条款预先植入算法中，提升算法透明度，保障用户知晓权，同时提升算法工程师的伦理水平和用户的隐私素养。

在传统媒体时代，媒体在公开信息、保证言论自由的同时，通过使用化名、打马赛克等方式来保护用户的隐私信息。而在智能媒体时代，这些曾经行之有效的手段已经难以应

付自动化新闻生产面临的复杂问题。因此，厘清机器人新闻生产中隐私侵权问题的权利边界与责任归属，从法律、伦理等层面保证机器人新闻写作的合理、合法，才能推动机器人新闻写作的更好更健康发展。

一、机器人新闻写作中的隐私侵权风险

1. 智能媒体时代隐私内涵的变化与隐私权利主体的改变

在传统媒体时代，公共空间与私人空间有明显的界限，隐私内容较为稳定，边界清晰可辨。而在智能媒体时代，数据能够永久性存储且成本较低，数据流动的速度不断加快，数据整合的价值不断提高且操作日益便捷，这些都促使传统的隐私内涵发生了巨大变化，隐私内容由静止转向动态，边界由清晰转为模糊。原本价值稀少的数据碎片一旦流动到掌握智能技术的平台手中，经过分析就可能变成威胁用户隐私的高价值信息。

在智能媒体时代，隐私权的内涵和外延也发生了变化。传统隐私权的主要目的是维护隐私主体的公众形象、人格尊严等，是一种消极的、被动的"不被打扰的权利"。机器人新闻写作环境中，用户的隐私权还包括对用户个人信息的采集、加工、处理和利用等权利。隐私权成为隐私主体为了维护个人自由和社会关系而采取的一种积极、主动地控制和自己有关的信息传播的权利。与之相对的是，机器人新闻写作环境中用户的隐私保护主体也发生了改变，拥有隐私的隐私主体不再是唯一的隐私保护主体，掌握技术的新闻媒体和新闻聚合分发平台替代隐私主体成为保护隐私的第一责任人。由于隐私主体和隐私保护主体分离，当双方发生利益冲突时，则可能出现隐私保护主体不尽责甚至反转成隐私侵害主体的情形。

2. 机器人新闻写作信息采集过程中的隐私侵权风险

数据采集是机器人新闻写作的起点，目前机器人新闻写作采集的数据主要来自媒体单位内部数据、其他媒体的新闻稿件和互联网中的公开数据，包括网站、社交媒体和移动客户端等多种渠道。数据采集的高效性使用户面对更多的隐私泄露风险。

第一，用户的数据化增强了数据采集的可能性。

新媒体时代，用户的思想和行为以数据的形式被网络记录下来，社交媒体的兴盛进一步促进了用户的主动数据生产行为，多重数据的整合与分析形成了用户在互联网中的数据化映射。在智能媒体时代，各种智能设备尤其是可穿戴设备将更加全面全时地采集用户的各项数据，用户的数据化程度将持续加深，"可量化性"和"可追踪度"将进一步提高。这种数据化在为媒体机构提供便利的同时，也将使用户面临更大的隐私泄露风险。

第二，智能媒体技术扩大了数据采集的范围。

随着 5G 技术的普及，数据传输的高速度能够使本地与云端几乎处于同步状态。云端强大的存储功能和极低的存储成本，再加上高效的使用体验将刺激用户将更多的数据传输至云端。对于云服务提供商来说，个人数据是其获取经济利益的重要来源，用户将包含隐私信息在内的更多数据放在由云服务商提供的存储平台上，意味着隐私信息的不可控性将进一步加大。

3. 机器人新闻写作信息处理与分发过程中的隐私侵权风险

机器人新闻写作在信息处理与分发过程中要不断地进行用户画像。用户画像的过程可

以理解为给用户贴标签的过程。用户画像模块对采集到的用户数据进行词频分析，包括关键词出现的次数和权值等，再利用算法分析、统计出用户的典型特征，比如，利用分类算法推测用户的性别、年龄等人口特征，使用统计分析推测用户的阅读习惯、生活习惯等偏好特征，通过聚类算法推测用户的信息消费等行为特征，最终描摹出目标用户的模型，再通过信息反馈不断迭代，使画像越来越精准。在机器人新闻写作环境中，对用户的精准画像需求会带来对用户新型隐私，即整合型隐私的侵犯。所谓的整合型隐私是指利用数据挖掘技术将用户在网络中留存的数字化痕迹进行有规律的整合而形成的隐私。整合型隐私在整合前往往是普通的个人信息，在数据挖掘过程中，通过对数据的排列组合，整合型隐私才得以产生。由于数据整合的主体、时间、方式、目的和用途等往往无法提前确定，整合型隐私具有极大的偶然性和隐蔽性，用户很难察觉。另外，以往关于隐私保护问题讨论中的"知情同意"等原则也无法适用于整合型隐私，因为在实际操作中，用户的知情权很难满足。

二、机器人新闻写作中隐私侵权的治理措施

1. 明确责任主体，实现人机共管

第一，明确用户隐私保护的责任主体。采用机器人新闻写作技术的新闻媒体和新闻聚合分发平台作为用户数据的采集方、存储方和使用方应当承担起保护用户个人信息安全的责任。结合 2020 年《个人信息安全规范》（GB/T 35273—2020），新闻媒体和新闻聚合分发平台在用户信息采集环节，应当坚持目的明确原则和选择同意原则，向用户明示个人信息处理的目的、方式、范围、规则等，征求其授权同意。在用户信息存储环节，应当坚持确保安全原则和主体参与原则，采取足够的管理措施和技术手段，保护个人信息的保密性和完整性，向用户提供能够查询、更正、删除其个人信息，以及撤回同意、投诉等方法。在用户信息的使用环节，应当坚持最少够用原则，只处理满足个人信息主体授权同意的目的所需的最少个人信息类型和数量；目的达成后，及时删除个人信息。

第二，智能化新闻生产中应当建立隐私管理的人机协作模式。在机器人新闻写作环境中，用户信息被个人和机器共同掌握，机器作为用户信息的共有者占据更加主动的地位，用户往往受制于甚至屈服于算法平台。因此，要限制算法对用户数据的过度占有与控制，同时加强对用户权益的保护，尤其是赋予用户被遗忘权和删除权等，改变当前用户与平台间的不对等关系，才能建立起和谐有效的人机协作隐私管理模式。被遗忘权最早由维克托·迈尔·舍恩伯格在 2009 年提出，指权利人有权要求相关机构删除与其相关的个人数据，阻止个人数据的进一步传播。2012 年 1 月，欧盟委员会发布了《个人数据保护指令修正案》，将被遗忘权付诸实践。我国于 2021 年 11 月 1 日起施行的《中华人民共和国个人信息保护法》（以下简称《个人信息保护法》）中，第四十七条详细列出了个人信息处理者应当主动删除个人信息的五种情形，包括：处理目的已实现、无法实现或者为实现处理目的不再必要；个人信息处理者停止提供产品或者服务，或者保存期限已届满；个人撤回同意；个人信息处理者违反法律、行政法规或者违反约定处理个人信息；法律、行政法规规定的其他情形。该法将公众对个人信息的删除权与被遗忘权落到了实处。

2. 建立更加适用于机器人新闻写作的新闻伦理准则

新闻媒体和新闻聚合分发平台亟须建立更加适用于机器人新闻写作的新闻伦理准则，

平衡用户个人利益与社会公众利益，主动承担起保护用户个人信息的责任。

第一，**将隐私保护条款预先植入算法中**。智能媒体时代的隐私保护应当覆盖从数据采集、数据传输、数据存储到数据分析与使用的整个过程。对于部分侵犯用户隐私权的违法行为，仅仅要求其停止侵害行为或针对侵害行为进行赔偿是远远不够的。因为有的隐私侵害行为一旦发生，其产生的对用户的伤害，比如对未成年人的心理伤害，后期往往很难有效救济。因此，在机器人新闻写作的算法设计中，应当预先将保护用户隐私的理念植入程序中，确保机器人新闻写作技术在运用和管理过程中能够实现对用户隐私信息的有效控制与保护。欧盟在 2016 年确立的一般数据保护原则第 25 条中就明确规定了人工智能在设计阶段和初始设定里要加入数据保护。将隐私理念预先植入算法中，能够在发展自动化新闻生产的同时实现自动化的用户隐私保护。

第二，**提升算法透明度，保障用户知晓权**。对于用户来说，机器人新闻写作的过程是隐蔽的、不可见的，因此提升算法透明度能够有效保障用户的知晓权，为用户提供隐私处理决策的依据。《个人信息保护法》第七条明确规定，处理个人信息应当遵循公开、透明原则；第二十四条又进一步规定个人信息处理者利用个人信息进行自动化决策，应当保证决策的透明度和结果公平、公正。通过自动化决策方式向个人进行信息推送，应当同时提供不针对其个人特征的选项，或者向个人提供便捷的拒绝方式。透明原则能够有效地保护用户的信息自决权，该原则要求使用算法的新闻媒体和新闻聚合分发平台等在处理用户信息过程中，对用户履行充分的告知义务，尊重用户对个人信息的选择权和决定权，包括删除权。这样，面对新闻媒体或者新闻聚合分发平台复杂且难以解释的算法技术，用户就能够清晰地知晓其信息处理的目的、方式、范围等，并在此基础上做出判断和选择。坚持使用算法的新闻媒体或新闻聚合分发平台内部的算法透明原则，一方面有助于建立更加具有责任意识的新闻媒体，另一方面也能够帮助新闻媒体赢得更多用户的信任，从而提高新闻媒体的公信力和美誉度。

3. 提升算法工程师的伦理水平和用户的隐私素养

第一，**提升算法工程师的伦理水平**。算法技术并不是绝对中立的。机器人新闻写作依靠的核心算法是算法工程师不同价值观的反映，价值观不同的算法工程师设计出的算法也会有很大差异。机器人新闻写作技术的算法工程师作为媒体算法技术隐私侵权的首要责任人，是新闻算法有效平衡用户数据隐私权与公众知情权的关键。算法工程师对用户隐私的不同看法和重视程度将决定他们以何种态度、何种行为对待算法，更意味着他们设计的算法将会对用户的隐私造成何种影响。学者袁帆、严三九对从事传媒行业的 269 名算法工程师进行实证研究后发现，"相当比例的算法工程师的算法伦理价值观处在一种模糊状态。而一旦处于低算法伦理水平的算法工程师道德警惕有所松懈，就有很大可能造成算法伦理失范"。因此，通过行业规范和行业培训等手段切实提高算法工程师的算法伦理水平，加强其对个人信息重要性的评估，促使他们积极主动地承担用户隐私侵权的责任，才能够有效地保护新闻机器人写作的健康发展。

第二，**提高用户隐私素养**。对用户的隐私素养教育应当从自我认知、态度和行为等多个层面入手。首先引导媒体用户尤其是老年人群体和未成年人群体建立对自身隐私素养的正确认识和评价，提高其隐私保护的自觉意识和边界意识，防止由自身认知偏差带来更多的隐私信息表露。其次，采取学校教育与社会教育相结合的方式，向用户普及隐私保护知

识，提升用户对算法的了解和认识，引导用户对所使用的媒体进行批判性思考。增强用户在个人信息管理中的主动性，当用户隐私遭受侵犯时，能够及时采取补救措施并运用《个人信息保护法》等法律武器捍卫自身权益。

用户数据是机器人新闻写作中最重要的生产资料。无视机器人新闻写作过程中的用户隐私保护问题，在给用户带来更多隐私泄露风险的同时，还可能引发"寒蝉效应"，使用户对智能媒体的不信任程度持续加深甚至放弃使用。反之，对用户信息的过度保护，也可能导致用户信息利用成本过高，阻碍媒体行业的健康发展，甚至损伤公共利益。因此，只有政府、媒体和用户等多方协同努力，对机器人新闻写作中的隐私保护问题进行明确、规范和监管，才能让机器人新闻写作更加可用、可靠、可控，走上健康和谐、可持续发展的道路。

第五节　网络隐私侵权相关案例

一、网络暴力第一案

2006年，名牌大学毕业的姜某（女）与仅有初中学历的王某（男）结婚后不久，两人之间产生了情感隔阂。王某与公司女同事方某结识后互生好感，两人在公司组织的外出旅游等活动中关系日益亲密。随后，二人的亲密照片被姜某发现，王某在姜某的不断追问下承认了婚外恋的事实，从此二人开始不断争吵，姜某将她在这段婚姻中的痛苦的经历写在了博客里。2007年10月22日，姜某发布了第一篇"死亡博客"，文中称"今天，正式关闭了BLOG……从今天开始，到未来的两个月间，这里记载的，将是我最后的日记。两个月后，是我离开的日子……"，随后她将博客设置为锁定状态，拒绝其他人浏览。2007年12月26日，姜某在博客中上传了最后一张照片，即王某与方某旅游期间的亲密照，并发文称："今天贴了博客最后一张照片，仅以此纪念我失败的婚姻和人生，不能忘。"2007年12月27日，她写下了最后一篇日记《不说再见》并公开了已经关闭两个多月的博客，随后服下了多片安眠药，所幸被其家人及时发现，送往医院经抢救后脱离危险。2007年12月29日，姜某到王某的公司与其再次爆发了争吵，姜某当天回到家中后，从24楼跳楼自杀身亡。

姜某自杀后，一个昵称为"皮鸭"的自称是姜某朋友的网民发布帖文《哀莫大于心死，从24楼跳下自杀的MM最后的日记》，将姜某记录的"死亡博客"内容公布出来，该帖文很快引起网民的广泛关注，天涯等论坛及各大网站纷纷开始转载，大旗网还对此事件展开了深入调查。很快，该事件成为网民的热议话题。部分网友还将当事人王某和方某的个人信息公布到网上，包括姓名、家庭地址、电话、照片等。二人所在公司在暂时停止二人的工作后，责令二人辞职。但是事情并没有就此结束，根据互联网中公布的王某的家庭住址等信息，部分网民到王某父母家进行骚扰和攻击，家门口也被写上了"血债血偿"等字样。其间，王某一直拒绝露面，仅依靠电子邮箱和外界联系，两度患上了抑郁症。2008年3月，王某将北飞的候鸟、大旗网和天涯社区三家网站告上了法庭，要求赔偿精神损失费15.5万元。其律师表示，网民对未经证实的网络事件，发表的具有攻击性、煽动性和侮辱性的失实言论，对王某及其家人的名誉造成了严重损害；同时，网民公开王某及其相关人员现实生活中的个人隐私信息，侵犯了他们的隐私权。2008 年 12 月 18 日，该案件在朝阳法院公开宣判。法院认定大旗网和北飞的候鸟两家网站的经营者或管理者构成了对原告王某名誉及隐私权的侵犯，分别被判停止侵权、公开道歉，并赔偿王某精神抚慰金3 000 元和 5 000 元；天涯网因为在王某起诉前及时删除了侵权帖子，履行了监管义务，因此其经营者不构成侵权。

二、中国 Cookie 隐私第一案

2013 年，网民朱烨在家中和单位上网浏览相关网站过程中发现，利用"百度搜索引擎"搜索相关关键词后，会在特定网站上出现与关键词相关的广告。其后，朱烨通过南京市钟山公证处对这一过程进行了公证并出具了公证书，证明朱烨在通过百度网站搜索"减肥""人工流产""隆胸"关键字后，再进入"4816"网站和"500 看影视"网站时，就会分别出现有关减肥、流产和隆胸的广告。

朱烨认为，百度公司未经其知情和选择，利用网络技术记录和跟踪朱烨所搜索的关键词，将其兴趣爱好、生活学习工作特点等显露在相关网站上，并利用记录的关键词，对其浏览的网页进行广告投放，侵害了其隐私权，使其感到恐惧，精神高度紧张，影响了正常的工作和生活。

2013 年 5 月 6 日，朱烨向南京市鼓楼区人民法院起诉百度公司，请求判令立即停止侵害，赔偿精神损害抚慰金 10 000 元，承担公证费 1 000 元。

2014 年 10 月 13 日，南京市鼓楼区人民法院对本案做出判决，认定百度公司利用Cookie 技术收集朱烨信息，并在朱烨不知情和不愿意的情形下进行商业利用，侵犯了朱烨的隐私权，对朱烨要求百度公司停止侵权的诉讼请求予以支持；由于朱烨未能证明严重后果，法院对其要求赔偿精神抚慰金的诉讼请求不予支持。

一审宣判后，百度公司不服原审判决，向南京市中级人民法院提起上诉。

关于百度公司利用 Cookie 技术为用户提供个性化推荐服务的行为是否构成侵犯用户隐私权的问题，二审法院在判决中做出了界定。

首先，百度公司收集、利用的是未能与网络用户个人身份对应识别的数据信息，该数据信息的匿名化特征不符合"个人信息"的可识别性要求。百度个性化推荐服务收集和推送的信息终端是浏览器，没有定向识别该浏览器的网络用户身份。

其次，百度公司并未直接将数据向第三方或向公众展示，没有任何的公开行为。百度利用 Cookie 等网络技术向朱烨使用的浏览器提供个性化推荐服务不属于《最高人民法院关于审理利用信息网络侵害人身权益民事纠纷案件使用法律若干规定》第十二条规定的侵权行为。同时，个性化推荐服务客观上存在帮助网络用户过滤海量信息的便捷功能，网络用户在免费享受该服务便利性的同时，应对该服务的不便性持有一定的宽容度。

再次，针对原审法院认为百度公司没有尽到显著提醒说明义务的问题，二审法院认为，Cookie 技术是当前互联网领域普遍采用的一种信息技术，基于此而产生的个性化推荐服务仅涉及匿名信息的收集、利用，网络服务提供者对此依法明示告知即可。百度在《使用百度前必读》中已经予以说明并为用户提供了退出机制，在此情况下，朱烨仍然使用百度搜索引擎服务，应视为默认许可。

综上，南京市中级人民法院最终判定百度网讯公司的个性化推荐行为不构成侵犯朱烨的隐私权，并在判决书中指出，"判断百度网讯公司是否侵犯隐私权，应严格遵循网络侵

权责任的构成要件，正确把握互联网技术的特征，妥善处理好民事权益保护与信息自由利用之间的关系，既规范互联网秩序又保障互联网发展"。

（案例来源：知识产权司法保护网，http://www.chinaiprlaw.cn/index.php?id=2024）

课后思考

1. 如何遏制网络中的虚假新闻现象？
2. 如何破除"信息茧房"？
3. 如何理解"被遗忘权"？
4. 如何建立机器人新闻写作的新闻伦理准则？

>>>>>【春风化雨　润物无声】

《中共中央关于党的百年奋斗重大成就和历史经验的决议》指出："党高度重视互联网这个意识形态斗争的主阵地、主战场、最前沿，健全互联网领导和管理体制，坚持依法管网治网，营造清朗的网络空间。"新时代新征程，必须把加强网络空间法治建设摆在重要位置，充分发挥法治固根本、稳预期、利长远的重要作用，使互联网这个最大变量成为事业发展的最大增量。

习近平总书记高度重视法治在网络强国建设中的基础性作用，指出"网络空间不是'法外之地'""要坚持依法治网、依法办网、依法上网，让互联网在法治轨道上健康运行"。当前，全球新一轮科技革命和产业变革深入推进，特别是以信息技术革命为基础的新经济快速发展，互联网成为人们生产生活、求知求美、创新创造必不可少的平台。不断推动网络空间运转的规则化、治理的法治化，是我国走向网络强国的必经之路。

坚持依法治网，筑牢网络空间治理之基。依法加强网络空间治理，是互联网事业健康发展的重要保障。坚持依法办网，厚植网络空间发展之本。作为现实社会在网络空间的延伸，网络社会绝非"法外之地"。坚持依法办网，不断让社会主义核心价值观深入人心，才能推动网络空间主旋律高昂、正能量充沛。行业组织应发挥引导督促作用，努力营造良好发展环境，推进网络诚信建设，倡导网络文明。互联网企业担负主体责任，必须积极守好网络治理的第一道关口和第一道防线，严格落实法律法规要求，更好地承担起社会责任，努力实现健康有序发展。网站平台尤其需要增强主体责任意识，完善社区规则、规范内部管理、提升内容质量，当好网络空间合法合规创新发展的参与者、建设者。

坚持依法上网，聚合网络空间向好之力。网络空间法治化，既是为了广大人民群众，更要依靠广大人民群众。营造风清气正的网络空间，人人都是主角，人人都有责任。广大网民有义务积极参与营造良好网络生态，广泛传播正能量，不断增强对网络虚假信息、错误行为的鉴别能力和斗争能力。无秩序则无自由。网络空间中的开放、自由必须建立在秩序的基础上。只要人人都坚持依法上网，自觉承担起推进网络空间法治化的相应责任，齐心协力、久久为功，就一定能让网络精神家园更温馨、更美好。

2022 年 8 月 8 日《人民日报》李光《筑牢网络强国的法治之基》节选

第九章 网络传播视域下的媒介融合研究与应用

学习目标

1. 大数据背景下传统主流媒体的转型策略
2. 传统媒体的社交化生产、社交化传播与社交化运营
3. 以广电行业为主导的县级融媒体中心建设策略
4. 辽西地区县级融媒体中心建设困境与策略

2014 年 8 月 18 日，中央全面深化改革领导小组第四次会议通过了《关于推动传统媒体和新兴媒体融合发展的指导意见》，强调推动传统媒体和新兴媒体融合发展，要遵循新闻传播规律和新兴媒体发展规律，强化互联网思维，坚持传统媒体和新兴媒体优势互补、一体发展，坚持先进技术为支撑、内容建设为根本，推动传统媒体和新兴媒体在内容、渠道、平台、经营、管理等方面的深度融合，着力打造一批形态多样、手段先进、具有竞争力的新型主流媒体，建成几家拥有强大实力和传播力、公信力、影响力的新型媒体集团，形成立体多样、融合发展的现代传播体系。要一手抓融合，一手抓管理，确保融合发展沿着正确方向推进。从此，媒介融合被上升到多家战略层面，2014 年也被称为"媒介融合元年"。本章内容将从网络传播的视角探讨新媒体，尤其是大数据技术和社交媒体对传统媒体的改造升级，同时总结目前正在建设完善的"媒介融合的最后一公里"——县级融媒体中心的建设情况。

第一节 大数据背景下的传统主流媒体转型

互联网的飞速发展将世界带入了数据爆炸式增长的时代，日益普及多样化的智能终端贡献了大量的个人生理数据、生物信息数据和行为数据，各种各样的传感器将大自然中发生的细微变化及时回传给数据信息处理中心，大量的科学实践每天产生的数据更是海量，而对这些大数据的运用更是给整个社会带来了巨大变革。苹果公司前总裁乔布斯得知自己身患癌症后，对自己所有的 DNA 进行了排序，这些包括全部基因信息的数据文档让乔布

斯的医生们能够针对性地对他进行治疗，尽管乔布斯最终还是离开了我们，但是大数据方法仍然让他生命延长了好几年。谷歌公司的科学家们利用谷歌搜索引擎中用户提交的关键词进行数据分析，找出了和疾病控制中心报告的感染情况关联性最强的45个关键词，经过模型分析，他们能够准确预测流行感冒的发展趋势，尤其是患病人数突然上升或突然下降等重要变化。奈飞（Netflix）公司利用大数据技术成功地使其影片推荐引擎的推荐效率提高了10%，其网络电影营收位居全美第一，其《纸牌屋》等一系列依据大数据手段为用户量身定做的自制剧更是蜚声中外。这场数据革命为社会中的各个领域提供了无限可能，更造就了传媒行业发展的必然趋势。面对机遇与挑战并存的激烈竞争环境，以电视为代表的传统主流媒体如何在数据时代顺应潮流发展成为一个新课题。

 **小知识**

> ### 大数据
>
> 　　所谓大数据，指的是大量的、复杂的需要新处理模式才能搜集、储存、管理和分析的信息资产。在《大数据时代》一书中，作者维克托·迈尔·舍恩伯格和肯尼斯·库克耶归纳了大数据的五个特点，分别是巨量性（Volume）、快速性（Velocity）、多样性（Variety）、有效性（Value）及准确性（Veracity）。2015年9月，国务院发布的《关于促进大数据发展的行动纲要》正式实施，该文件提出了我国大数据发展的顶层设计，将大数据发展上升到国家战略的高度。大数据真正的战略意义不在于掌握大量的数据信息，而是掌握能够对庞大的数据信息进行专业化的加工处理从而实现数据增值的能力。

　　大数据时代一方面为传统媒体的发展提供了新机遇，机器人新闻、传感器新闻、VR/AR新闻等各种新闻报道的新形式层出不穷，在不断拓宽报道深度的基础上也极大地满足了受众的个性化需求。海量数据的采集与准确算法的配合使新闻个性化推荐日益精准，未来还会实现基于用户大数据分析的个人信息定制。另一方面，传统媒体人才不断流失，同行竞争激烈，提供互联网服务的商业平台也参与竞争并取得优势。本小节旨在以大数据时代为背景，探讨传统主流媒体转型的策略，为传统主流媒体的未来发展指明方向。

一、全面数据化建设是积极推进传统主流媒体转型的基础

1. 实现受众数据化

　　要通过多种手段收集用户数据，将受众转化为数据源。媒介融合时代，传统电视媒体的受众转变成三网融合中的用户，传统媒体赖以生存的眼球经济开始向复合型的信息经济转变。受众数据化能够帮助传统媒体有效摆脱发展困境，快速提升其核心竞争力，极大增强了传统媒体参与节目市场竞争的核心竞争力。2017年3月国家新闻出版广电总局广播电视规划院与中国信息通信研究院达成合作，双方将共同致力于云计算关键技术研究和产业化应用等方面的问题。广电云平台的建设将在全面采集用户大数据的基础上，深度满足用户的多元化需求，大幅度提升用户体验。同时，传统媒体还可以依据精确的数据分析结果开展各项增值业务。

 **小知识**

三网融合

所谓的三网融合是指将电信网、有线电视网和互联网整合成统一的信息通信网络。现阶段三网融合并没有实现物理形式上的融合，融合主要体现在以下两个层面：第一，技术上的融合，即采用相同的技术，能够实现网络的互联互通，全面覆盖；第二，业务上的融合，业务间有渗透和交叉，逐渐开始使用统一的 IP 协议，行业管制和政策等也不断趋于一致。但是在经营上，三者仍然互相竞争、互相合作，从而为用户提供更加高质量、多样化、个性化的服务。

云计算

云计算是一种以互联网为核心的分布式数据处理方式。它能够将海量的计算资源整合起来，只需要软件自动化管理和少数人的参与，就能够为海量的用户群体提供数据存储与计算服务。云计算的概念最早是由谷歌首席执行官埃里克·施密特在 2006 年 8 月的搜索引擎大会中提出的。随着互联网的飞速发展，网络用户对各类网络应用的要求不断提高，这就需要相关企业不断提升计算能力来保证应用的稳定安全等。要保证良好的用户体验，企业必须不断更新硬件设备、软件并建立自身的运维团队等，这些运营开销随着应用数量的增加和规模的扩大而不断增加。很多中小规模的企业难以承受巨大的运营维护成本，还有大量的个人创业者。云计算的出现正好满足了中小规模企业和个人用户的需要。一方面，云计算具备可靠的基础软件和硬件设施、丰富的网络资源；另一方面，集中式构建和管理大大降低了构建和管理的成本，这种创新的服务模式极大推动了信息技术发展进程。在云计算模式下，用户能够获得软件、硬件、平台等各类信息技术资源服务，只需要按使用量支付相应的服务费用。就像家里使用的水、电、燃气等资源服务一样，我们可以随时按需使用，并且原则上不限量，使用后按照水量、电量、燃气量付费即可。云计算通过改变传统信息技术服务架构的方式有效地解决了政府、企事业单位等面临的硬件和软件等基础设施建设难题，同时降低了信息系统的运营维护成本，节省了资源，极大推动了绿色经济的发展。

2. 实现内容数据化

要对电视台已有的影音资料等进行数字化转制，让已有的存量节目能得到再次利用。电视媒体是线性播出，没有存储能力。当前大多数市级电视台网站不支持已经播出的节目的回看，造成了节目的大量浪费，使节目往往只完成了体内循环，忽视了更重要的体外循环。以中央电视台的王牌深度报道栏目《新闻调查》为例，该节目自 1996 年创办至今已经有 20 多年的历史，但是在央视网站上只能看到 2012 年以后的节目。

3. 实现生产手段数据化

要积极推进和完善云平台的建设，为未来传统主流媒体的智能化转型提供基础。2016 年 6 月，中国广播云采编平台正式启动。该平台针对记者、编辑、节目部门主任、公共部门主任等分别提供了个性化的数据平台使用及管理方法。以编辑为例，在云采编平台上，编辑可以随时查看和使用记者稿件、稿库、新闻线索等，随时了解工作进度，撰写通稿。另外，根据常态事件与突发性事件报道等不同性质的新闻，编辑可以分别选择采用标准报题写稿流程和紧急报题写稿流程，极大地提高新闻的时效性。

二、建构以"用户"为核心的智能媒体生态系统是传统主流媒体转型的关键

1. 实现新闻采集智能化

传统的新闻采集主要依靠记者，而在大数据时代，以传感器为代表的信息采集工具将在很大程度上取代传统记者成为新闻的来源。国外媒体如《太阳哨兵报》、纽约公共广播电台、《今日美国》、《华盛顿邮报》等已进行了多次传感器新闻的尝试。早在2013年，《太阳哨兵报》就凭借一则关于传感器的新闻斩获了普利策新闻公共服务奖，在该新闻中记者巧妙地利用高速公路上自动测速仪的数据分析出警察超速导致佛罗里达州交通事故频发这一事实，并通过一系列数据进行了可视化呈现，具有很强的说服力。未来，传感器新闻将会成为新闻报道的主力军，在拓宽新闻报道范围、提高新闻精准度的同时，还将提升新闻的相关性与互动性，为受众提供更个性化的信息服务。

2. 实现新闻编辑智能化

机器人写作技术不断发展并日益成熟，从Narrative公司到美联社、路透社，从"Dreamwriter"到"AI小记者张小明"，虽然机器人写作存在着缺乏创造力、没有情感等问题，但是机器超强的大数据处理与分析能力必将使其在某些方面不断取代人工写作。未来的新闻写作应该是智能机器与人类写作的完美结合，彼此取长补短，不断提升新闻报道的深度、广度和速度。

3. 实现新闻分发智能化

新闻生产的最终目的是满足用户需求。然而，面对互联网时代的信息过剩，用户变得手足无措，太多的选择变成了无法选择。于是，一系列提供入口服务的平台型媒体开始出现，甚至地图、购物类的专业服务平台也开始尝试拓展新闻服务功能。传统主流媒体要在未来的信息大战中获取优势，就必须抢先建立完整的以"用户"为核心的新闻分发平台。在传统媒体时代，信息的传播主要是单向传播，互联网实现了媒体与用户、用户与用户之间的双向传播。于是，满足用户需求成了互联网时代的核心需求。以用户需求为导向建立新闻分发平台，满足受众的个性化需求，主要从以下几个方面着手。

首先，建立数据库，将现有的数据资源进行分门别类的整理，同时设置数据相应的储存标准，建立数据目录。数据库是建立以"用户"为核心的新闻分发平台的基础，而数据标准的建立能够有效保障未来数据库有序运行并及时更新。其次，大数据挖掘与分析。运用科学的数据挖掘与分析方法，将与用户相关的各项抽象数据资源转化成具象的用户需求。在了解用户的信息偏好的基础上为用户建立个性化档案，从而更加精准地为用户提供专门的信息，满足用户的个性化需求。最后，采用多种手段增加用户黏性。从当前的媒介市场发展来看，单一的信息供给已经远远无法满足受众的多样化需求，以"用户"为核心的新闻分发平台除了要满足用户的信息需求，更要满足其生活、社交等多种需求，才能不断提高用户的参与度和满意度，让用户选择"留"在平台。

 **小知识**

> **平台型媒体**
>
> 平台型媒体也称平台媒体，是指在平台面向全部用户开放的基础上，综合运用算法技术与专业编辑进行把关的媒介形态。从本质上看，平台型媒体既具有科技平台面

向普通用户全面开放的属性，也具有专业媒体领域的把关属性。平台型媒体的概念最早由美国社交媒体网站 Sulia 的 CEO 乔纳森·格里克在《平台型媒体的崛起》一文中提出的，他认为"平台"和"媒体"的结合能够代表未来的媒介融合型媒体，在互联网科技平台和专业媒体的融合过程中，互联网科技平台通过雇用编辑、作者等进行平台内容生产，媒体通过多种形式将自身生产的内容向互联网科技平台开放，改变传统的新闻生产和消费方式。因此，平台型媒体既不是纯粹的专业媒体，也不是完全的自媒体平台，而是两者的结合，同时平台还会通过算法技术等对其内容生产和传播进行引导和干预。

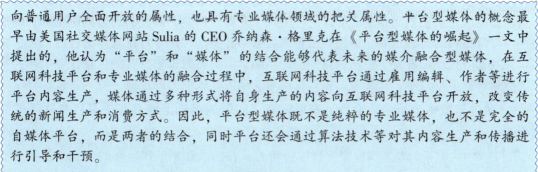

数据挖掘

所谓的数据挖掘是指利用算法技术搜索分析隐藏在海量数据中的信息并寻找其规律的过程。以"通话记录"为例，如果对某电信服务运营商在某地所有用户的电话呼叫行为进行数据挖掘，能够获得海量的有价值信息。比如，从电话的呼入与呼出频次来看，频次高的人员基本能够锁定为该地从事快递行业、外卖行业或者服务行业的人员，对以上数据再进行深度挖掘，还能够将目标人群进一步精确，比如，相比于外卖行业或服务行业的人员，快递从业人员的呼入频次相对较低，因此能进一步锁定快递行业从业人员的范围。再对快递行业从业人员的通话记录进行数据挖掘，就能够分析出有网络购物行为的消费者的电话并获知他们的购买频率。如果对消费者的通话记录进行数据挖掘，还能够获知更多信息，比如通话记录中有 4S 店或者汽车修理厂的电话，意味着消费者可能有私家车；如果消费者收到来自某银行的短信或曾经致电某银行客服电话，说明他很可能是这家银行的客户。以上对于通话记录中隐藏信息的分析就是数据挖掘。

4. 利用智能设备增强受众的新闻体验

"现场感"一直是新闻报道的不懈追求，也是吸引受众的最主要因素。VR/AR 技术在新闻报道中的运用能够让受众全方位地体验新闻现场，宛如身临其境。同时，三维空间的 360 度展现也让受众摆脱了传统的摄像与导播的视角的限制，可以随心所欲，基于个人兴趣与认知从现场中获取信息。目前，国内外媒体已经在 VR 新闻与直播等方面做出了较多尝试。2015 年《纽约时报》推出了其第一篇 VR 报道《无家可归》，从"难民"的视角进行新闻报道，受众可以通过佩戴 VR 眼镜"进入"新闻现场，和主人公一起体验难民真实的生活场景。在国内，早在 2016 年，两会新闻中心正式启用 VR 全景视频进行直播，取得了良好的传播效果。新华网于 2019 年 12 月底陆续推出了《飞越清明上河图》《高颜值场馆"云参观"》《看升旗，逛长安街》等 VR 作品。由于目前 VR 技术的用户体验还不够完美，容易导致用户眩晕，同时 VR 设备价格较高，所以这一技术目前还无法普及。

三、提高媒介数据分析能力是传统主流媒体转型成功的保障

1. 招聘数据人才，建立自己的数据人才团队

传统媒体时代以记者、编辑或独立撰稿人等为主体。在大数据时代，很多报道是团队协作的产物，数据分析师和视觉设计师成为媒介人才的主要需求对象。数据分析师的主要任务是收集、清理、挖掘、统计、分析数据，用高级算法发现、分析并解决问题，挖掘文

本和进行语法分析等。视觉分析师的主要任务是负责整个数据新闻产品最终的呈现形态和传播平台的构建，使新闻报道能够以一种美观、充实、新颖、高效的形态到达受众。即使是作为报道主体的核心记者、编辑等也将面临数据转型。相比于传统媒体时代的记者、编辑，大数据时代的记者要学会从数据中挖掘新闻价值，将数据中隐含的信息挖掘出来，掌握用数据讲故事的艺术，让普通的数据变成对受众极具吸引力的报道。

2. 通过与数据分析企业合作，在解决当下问题的基础上培养并提高自身队伍的数据素养

例如，中央电视台与美国视频大数据公司 Conviva 在 2018 年开始合作。Conviva 公司有强大的数据分析能力及丰富的媒体服务经验。央视通过与其合作能够更加科学有效地评估节目的传播效果，从而有针对性地进行节目改良，全面提升用户体验与品牌价值。

3. 通过举办竞赛的形式对现有数据进行深度挖掘

目前国内的数据挖掘大赛开展得如火如荼，主办方通过数据竞赛将数据挖掘人才与数据分析需求方进行有效连接，解决了需求方的业务难题，如 DataCastle 大数据竞赛平台、中国国际大数据挖掘大赛等。天池大数据竞赛曾经以"新浪微博互动预测"为题目，要求选手通过数据挖掘与分析找到最快速地甄别新闻价值高的微博的方法，媒体依据这一方法能够有针对性地对这类话题进行议程设置，不断提高传播内容的互动频率，增强微博用户与平台的黏性。传统媒体也可以积极利用各类数据竞赛，通过众筹的方式来解决部分业务难题。DataCastle 大数据竞赛平台及其部分参展项目分别如图 9-1、图 9-2 所示。

图 9-1　DataCastle 大数据竞赛平台

图 9-2　DataCastle 大数据竞赛平台部分参赛项目

在大数据时代，传统主流媒体要想摆脱劣势，求得发展，必须树立新型的传播理念，顺势而为，借助大数据的力量推动行业发展，不断提高从业人员的数字化作业能力，将机器的能力和人的智慧巧妙结合，运用智能技术不断推进行业变革与创新。

第二节　人工智能语境下传统媒体的社交化转型

随着社交应用市场产品类型的不断丰富和多样化发展，社交应用成为网民获取新闻资讯、传播热点事件的重要渠道。中国互联网络信息中心最新发布的数据显示，截至 2022 年 6 月，我国即时通信用户规模达 10.27 亿，即时通信用户通过社交应用来浏览获取或者转发新闻的比例高于使用手机新闻客户端和专业新闻资讯网站获取新闻的比例。社交平台已然成为受众获取新闻资讯的重要平台，随着传统媒体"两微"建设的基本完成，传统媒体已经实现了对社交平台的全面接入，并借助社交平台在一定程度上提高了传统媒体自身的影响力。

但是，从传统媒体的发展来看，借助"两微"平台运营只适合作为其应对互联网挑战的暂时策略，长期过分依赖社交平台会给传统媒体的未来发展造成诸多限制。首先，传统媒体的内容发布权受限。在"两微"平台上运营的传统媒体从内容发布数量到内容发布形式都受到社交媒体平台的限制和制约，内容发布数量有限，只能作为"内容提要"，报道形式及互动方式也相对单一。其次，传统媒体的用户忠诚度消解。传统媒体全面进驻"两微"平台后，进一步增强了社交媒体平台与用户的黏性，却没有带来用户从社交媒体平台到传统媒体客户端和传统媒体网站的迁移，同时，传统媒体的内容通过社交媒体平台呈现后在很大程度上消解了自身的个性特征，从而导致用户对传统媒体本身的忠诚度消失。最后，用户数据的流失。用户通过"两微"平台点击阅读、评论转发新闻等相关数据都会被社交媒体掌握，传统媒体是否能够拥有这些价值巨大的用户大数据，完全取决于社交媒体是否愿意分享。在智能媒体时代，对用户数据资源的掌握是媒体进行内容生产、个性化信息推荐等的重要基础。

近年，人工智能技术在媒介领域取得突破性进展，智能终端的革新与普及让用户能够随时随地上传分享各类文字影音，智能传感器被用来采集新闻的同时也为用户参与新闻报道提供了新渠道。机器人写作与编辑已经被国内外的传统媒体广泛应用，既可以通过"聊新闻"的方式为用户提供深度报道，又能同时将用户的阅读数据即时纳入报道内容。新闻客户端、新闻浏览器、搜索引擎等通过对用户的使用习惯、浏览轨迹、搜索记录等进行大数据分析来确定用户对新闻主题与内容的偏好，并通过智能算法为用户进行信息的精准化推送，使为用户提供千人千面的个性化新闻成为现实。智能媒体技术的出现与运用为传统媒体的社交化转型提供了坚实的技术基础及良好的发展契机。在人工智能时代，传统媒体应当把握时机，以用户为核心进行全面的自有社交平台打造与升级，摆脱"两微"平台的限制，从社交化传播、社交化生产与社交化运营三个层面来实现自身的社交化转型。

一、社交化生产：UGC 内容的利用

传统媒体的社交化生产意味着对用户生产资源，即 UGC（User Generated Content）内容的深层次挖掘与利用。UGC 内容不仅包括用户主动生产的内容，还包括用户在阅读、评论新闻等过程中的态度、情绪等被动产生的内容。建立完善的 UGC 内容使用机制，是传统媒体社交化生产的核心。

1. 技术基础——大数据技术及智能算法的运用

UGC 内容的特点是海量、杂乱、非结构化，其中包含着海量的文本、图像、语音、网络、空间轨迹、时间轨迹等传统方式无法统一分析挖掘的数据。智能媒体时代的大数据挖掘分析技术可以从这些形形色色的非结构化数据中，提取出有用的、可以量化或分类的信息。建立完善的 UGC 内容使用机制，要以用户为核心搭建新闻内容分类系统，运用大数据技术和智能算法技术有效地将 UGC 内容结构化，使内容生产与用户完美匹配，高效地从 UGC 内容中筛选出有效信息。

 相关案例

2018 年年初上映的电影《厉害了，我的国》首日票房就取得了 3 735 万元的成绩，豆瓣评分 8.5 分，成为一部现象级的纪录片作品。这部电影的成功正是来源于 2017 年春节期间中央电视台推出的《厉害了，我的国》系列节目。该节目邀请普通观众用镜头记录下自己身边的变化，拿起手机自己拍自己说，拍出叫人惊喜的变化，说出不吐不快的自豪。并通过内容众筹的方式面向网友征集改革开放四十年相关的老照片、老物件以及短视频拍摄线索，用身边的故事讲述改革开放 40 年的变化。这一活动很快得到响应，节目组陆续收集到一万多条投稿，有超过 1 500 万人次的网友贡献了大量的 UGC 内容，这些来自普通受众的内容使得这部作品不但表现出了国家的快

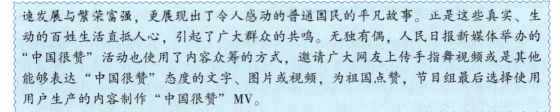

速发展与繁荣富强，更展现出了令人感动的普通国民的平凡故事。正是这些真实、生动的百姓生活直抵人心，引起了广大群众的共鸣。无独有偶，人民日报新媒体举办的"中国很赞"活动也使用了内容众筹的方式，邀请广大网友上传手指舞视频或是其他能够表达"中国很赞"态度的文字、图片或视频，为祖国点赞，节目组最后选择使用用户生产的内容制作"中国很赞"MV。

内容众筹产品的传播效果显而易见，但高效地从大量的用户生产内容中筛选出有价值的高质量的作品，无疑是内容众筹产品成功的基础。未来，随着大数据技术与智能算法技术的日益成熟，传统媒体进行内容众筹的成本将不断降低，产品质量也将不断提升。

2. 生产模式——专业力量与业余力量的合力

传统媒体的社交化生产，需要将用户生产的内容纳入传统媒体的报道范围，并可以持续扩大用户生产内容的比例，但是完全依靠用户生产内容并不可行。未来的生产模式应该是专业生产与业余生产的合力。专业记者编辑的职责是按照检查列表的原则，建立一套核心引导机制对用户进行有效的培训，使他们能够迅速领会并严格遵守新闻规则，生产高质量的新闻产品，并根据市场需求及技术变化等不断调整，保证机制的有效运行。目前，国外媒体在这一生产模式实践上进行了成功尝试。

📖 相关案例

　　从2005年至今，BBC已经建立起相对成熟完备的用户参与新闻内容生产与管理机制，用户生产的内容已经成为其广播电视节目制作的主要素材之一。2016年，BBC的利兹分站开展了一个名为MyBradford的公众新闻项目。项目旨在鼓励当地公众有效地讲述并发布自己的故事，广泛参与到媒体报道中来。为了保障该项目的顺利实施，项目组对当地民众开设了团体及个人新闻技巧培训课程，内容包括如何利用手机拍摄、编辑视频以及如何突出视频内容的闪光点等。专业记者对公众的观点加以引导但不会过分干预，因此受众对他们的故事有充分的控制权。BBC从该项目中收获了大量的优秀视频资源并将其制作成了"布拉德福德城电影"（Bradford City of Film）系列视频在城市公园的媒体终端上播放。

　　2017年4月，维基百科的创始人之一吉米·威尔士运用众筹的方式建立了新闻网站"Wikitribune"。该网站是一家非营利性社区网站，旨在通过专业记者与社区志愿者的合作，建立公民新闻与专业新闻的混合发布平台，共同打击假新闻。每天上午10点，该网站会发布当天的日程，邀请编辑、投稿人和读者共同进行讨论确定选题。网站上的新闻可以由多个用户同时编辑，专业记者及社区用户在修改新闻后需要等待编辑的审核批准，同时该网站通过"历史记录"功能向全部用户公开新闻所有相关活动的审计线索，用户随时可以通过该功能查看每条新闻的编辑历史记录。如2017年10月关于美国反性骚扰运动的报道，直至2018年年初仍不断有用户进行更新。该网站目前的注册用户达8107人，网站经营者期望在近年能够达到员工贡献50%内容、用户贡献50%内容的目标，并在未来持续提高用户贡献内容的比例。

二、社交化传播：变用户为传播渠道

传统媒体的社交化传播意味着让用户成为媒体的传播渠道。从当前的媒介市场来看，单纯依靠优质内容已经无法有效地吸引用户，只有将内容和社交进行有机结合才能够有效地将内容传播出去。中国互联网络信息中心统计数据显示，截至 2022 年 6 月，我国网民使用手机上网的比例达 99.6%。目前，移动端已经成为互联网新闻最主要的竞争市场，其中社交平台、手机浏览器和新闻客户端是移动端的三大主要传播渠道。但是，在移动端互联网市场竞争格局中，今日头条等新媒体仍然占据主要市场，传统媒体仍需迎头赶上。因此，以扩张传统媒体新闻客户端传播影响力为起点，着力打造属于传统媒体自身的社交平台是传统媒体未来的发展方向。要实现这一目标，首先要促进用户从"两微"平台向传统媒体新闻客户端迁移，可以采取以下四个方面的措施。

1. 改变传统媒体的传播语态

传统媒体中的硬新闻尤其是时政新闻的报道语态过于僵硬陈旧，很难吸引年轻网民的关注与参与。在社交化传播中，应当以用户体验为核心，采用多样化的报道手段和传播语态。针对年轻用户群体的个性需求，采用轻松活泼的语态及多元创新的报道形式。如 2018 年人民日报客户端对于两会的报道采用了很多亲民的方式，包括图解新闻、H5 作品"两会记忆"、微课作品"两会冷知识"等。这些对两会新闻的花样解读和传播语态的革新，使两会报道在年轻的用户群体中取得了非常好的传播效果。

2. 加强客户端中用户间的互动，增加用户的社交动力

网络新闻用户更愿意通过社交应用来浏览新闻的原因在于，进入关系圈内进行分享的新闻或话题多是圈内热点或共同关注、感兴趣的话题，用户通过这些渠道能更快接触到正在发生的热点事件，并通过社交应用对热点事件进行分享和讨论。传统媒体客户端要通过多种手段集中力量开发与经营自己的社交平台，一方面为受众打造多元化、互动化的新闻阅读体验，另一方面提升用户黏性和用户使用率。增加用户的社交动力，既要增加优质内容，激发用户分享参与的热情，又要创新报道形式，唤起用户的兴趣，同时还需要进一步升级用户的参与方式，使其更加简单便捷，实现用户"零负担"的社交分享。

3. 加强对本地新闻的报道，增强新闻客户端的接近性

客户端中的新闻除了要满足受众的知晓欲，同时还要帮助用户建立并维持良好的社交形象，激发其传播信息参与讨论的热情。相比之下，本地新闻能够更好地刺激用户参与。2018 年，Facebook 在进一步加大力度打击假新闻的基础上，宣布将着重加大更新本地新闻的比例，将本地媒体发布的新闻推荐到用户首页上，刺激用户点击及分享。

4. 通过功能性政务服务的延伸来带动用户迁移，降低对其他社交平台的依赖

例如，人民日报客户端目前已经为用户提供了丰富的生活服务项目，包括水、电、燃气费缴纳等便民服务，车票购买、出行路线查询等交通出行项目，空气水质查询、灾害预警、网络不良信息举报等综合服务，以及美食、电影、酒店、娱乐等休闲娱乐项目。

三、社交化运营：定位并维护核心用户群体

传统媒体的社交化运营意味着对核心用户资源的维系与应用。结合大数据挖掘技术和

智能算法，确定传统媒体的核心用户群体。对这一核心用户群体及其资源进行长期维护，一方面能够树立媒体本身的品牌信誉度和影响力，另一方面能够在此基础上探索出多种可行的盈利机制，对传统媒体将产生长远影响。

传统媒体确定核心用户群体，首先，要对用户在新闻网站及客户端等的浏览、点击、搜索、评论以及转发等数据进行收集分析，同时结合实时获取的用户时间、地理位置等物理信息以及用户的浏览路径等，来为受众群体进行精准的用户画像。其次，在确定用户需求的基础上为其提供深度的网络社区服务，同时组织线上、线下的活动，不断刺激用户参与，增强用户与平台的黏性，从而激发核心用户群体的力量。

未来，利用区块链技术，能够在促进优质内容传播的同时建立良好的盈利机制。比如，2018 年 1 月 22 日，美国去中心化社交网络和内容价值预测平台上线，旨在通过区块链技术来改善并解决社交网络中低质内容泛滥的问题，在区块链网络中，用户的每一次投票都需要花费代币，而能够在早期就发现优质内容并为其贴上标签的用户能够获得代币奖励。将这种对转载者的奖励机制与传统的个性化推荐技术结合起来，能够有效地促进高质量内容在用户间流通。传统媒体可以利用区块链去中心化的特点，让每个用户都可以发布内容，同时建立智能合约机制规定用户阅读、转载需付的费用，为传统媒体创造利润空间的同时有效减少劣质内容的流通。通过区块链技术，将内容与用户有效对接，传统媒体才能够摆脱对社交媒体平台的依赖，将自身的优质内容直接变现。区块链的版权验证机制和共识机制能够有效保护内容版权，传统媒体在内容生产完成后，可以直接在去中心化平台上发布，不需要借助社交媒体平台分发内容，能够为传统媒体本身赢得更大的利润空间。

总之，在智能媒体时代，传统媒体仅仅作为内容生产者很难成为市场上的主导，必须借助人工智能技术建立并经营好自有社交平台，才能在竞争中占据优势地位。

 **小知识**

区块链

所谓的区块链是指按照时间顺序将不同的数据区块连接起来，构成一种链式结构的数据，同时利用链式数据结构进行数据的验证与存储，使用分布式节点共识算法进行数据的生成与更新，利用密码学的方式确保数据传输和访问的安全性，利用自动化脚本代码等组成的智能合约进行编程与操作。区块链中没有中心，每个节点都能够操作，大家共同进行操作维护。但操作的过程全程留痕，确保所有的数据操作都能够追溯，原始数据不能修改，从而实现区块链数据的"真实"与"透明"。区块链技术的广泛应用，一方面能够解决各主体之间的信息不对称问题，另一方面更加有利于达成多元主体间的信任，促使多元主体采取一致行动。如智链和善粮味道为北大荒集团联合研发的大米安全追溯平台，该平台能够提供大米供应链中各项信息的来源，支持用户的信息溯源和透明化管理，所有交易都可以通过二维码的方式进行查询验证。使用了区块链技术，企业就无法更改信息以隐藏大米的真正来源，使消费者能够对产品信息完全信任。

第三节　广电行业服务县级融媒体中心建设

一、建设背景

2018 年 8 月 22 日，全国宣传思想工作会议强调，要扎实抓好县级融媒体中心建设，更好引导群众、服务群众。2018 年 9 月，中宣部在浙江省长兴县召开的县级融媒体中心建设现场推进会上正式提出，2018 年将启动 600 个县级融媒体中心建设，2020 年基本实现覆盖全国。

目前，我国县级融媒体中心建设已经取得较大进展，县级融媒体平台普及率高达 90% 以上。与快速发展形成鲜明对比的是建设效果差强人意，其中无序融合问题最为突出，部分县级媒体机构之间呈现的是协作关系而不是融合关系，新媒体产品量多质低，从业人员工作积极性不高等。解决无序融合问题的关键在于县级融媒体中心建设主体的确定，县级融媒体中心建设总体业务的要求是按照移动优先的原则，采取"媒体+"理念，开展综合服务业务，这就要求提供技术支撑的平台必须同时满足大屏（电视端）和小屏（移动端）的专业视频采集、制作、播出和分发要求，因此，以广播电视台为主导力量进行县级融媒体中心建设更加符合县级媒体的传播规律和受众需求等客观实际。

二、广电行业服务县级融媒体中心建设的优势

广播电视台目前仍然是各县区标准配置的媒体资源，基本上保持"一县一台"的规模。遍布各个县区的广播电视台是当前最贴近县区老百姓日常生活的媒体，也是传播县区文化信息的重要平台和提供县区公共文化服务的重要主体。除此之外，以广电行业为主导的县级融媒体中心建设路径还具有内容优势和技术优势。

1. 内容优势

首先，县级广播电视台拥有海量的原创音视频内容资源。县级广播电视台具有悠久的办台历史，因此积累了非常丰富的音视频资源。这些优质音视频资源的数字化转存再利用，能够为县级融媒体中心提供内容支撑。

其次，县级广播电视台传播内容贴近性极强。县级广播电视台始终保持着对本地生活变动的密切关注，是优质民生内容的主要来源。同时，县级广播电视台的从业人员具有非常丰富的区域媒体传播经验，能够为优质内容的生产提供保障。

2. 技术优势

首先，县级广播电视台音视频传播技术成熟。从融媒体发展趋势来看，未来将是信息视频化时代。《第 47 次中国互联网络发展状况统计报告》数据显示，截至 2020 年 12 月，我国网络视频的用户规模达 9.27 亿，占网民整体的 93.7%，其中短视频类应用抖音的国内用户规模日活跃量可达 2.5 亿，快手的国内用户规模日活跃量可达 1.6 亿。以短视频为主的视频传播思维和手段，已经成为县域信息传播的最大变革。广播电视台在视频采集、生产与传播过程中具有先天优势，充分发挥广电在专业视音频生产方面的强项和优势，在县级台基础上建设融媒体中心更加科学合理。

其次，随着我国"两微一端"建设的基本完成，"两微一端"基本已经成为县级广播电视台的标准配置，形成了较为完整的新媒体传播矩阵，为县级融媒体中心建设奠定了坚实基础，积累了一定经验。另外，以县级广播电视台为主导的县级融媒体中心建设更容易实现智能媒体时代的用户内容定制和信息精准分发。信息的精准分发必须建立在完备的数据平台建设基础上，广播电视台在建设基于大数据的用户平台信息采集上具有先天优势，通过数据机顶盒收集用户大数据能够为内容定制和精准分发提供数据基础。

三、广电行业服务县级融媒体中心建设的策略

以广电行业为主导，构建以新型主流媒体平台为核心的现代传播体系应坚持移动优先原则，全面贯彻"媒体+"理念，以面向用户提供优质服务为根本。

1. 平台建设

第一，整合县域媒体资源，打造基层传播矩阵。以县级广播电视台为主体，将报纸、政府网站、微信、微博、客户端等县域公共媒体资源进行整合，着力打造传播渠道丰富、用户覆盖广泛、传播效果显著的新型基层媒体传播矩阵。如，邳州广电将全县的媒体资源整合成"两微一网一端"，其中"邳州新闻网"是集电视、广播、日报、手机报等各栏目内容于一体的综合型新闻门户网站，致力于以主流媒体的内容优势打造邳州最具影响力的网络媒体平台；"银杏甲天下"APP则充分结合当地特色，重视民生服务，成为邳州有影响力、百姓喜闻乐见的掌上品牌。同时，邳州广电还广泛入驻了头条号、企鹅号、网易号、大鱼号、百家号等媒体平台，最终形成"两微一网一端多平台"的移动传播矩阵。

第二，借力省级技术平台，建设独立运营端口。融媒体中心建设需要技术支撑，要求每个县都自己建设一个云平台是不现实也不可取的，当前的首要任务是集中力量建设省级技术支撑平台，由建设完备的省级云平台为新媒体环境下全省的县级融媒体中心提供管理安全、使用便利、传播高效的技术支撑。县级融媒体中心着力建设和运营具有独立形态的本土化移动互联网端口，使县级融媒体中心成为省广电云平台的运营端口。县级融媒体中心不但能够借助省级广电云平台实现云端生产，减少独立建设和运营成本，还能够节约大笔的系统后期更新维护费用，从根本上解决县级平台建成后难以持续更新升级的问题。

相关案例

> 中国蓝云平台是浙江广电集团从浙江媒体融合布局着手，以提高技术资源的共享能力和再分配能力为目的构建的全媒体业务支撑平台，目前已经成为支撑集团融媒体生产的重要基础。中国蓝云平台通过索贝综合云管平台实现对各个租户云桌面的统一管理，同时建立多租户模式，独立控制业务单位资源，为租户提供独立享受的私有空间，将各业务单位的资源批量挑选到共享库中，实现了素材在各租户和系统间的秒级迁移。其目前已在萧山广电、诸暨广电、衢州广电等完成了地方云平台建设项目。

2. 内容建设

第一，积极转变传播理念，强化服务用户思维。以"新闻+政务+服务"为基本模块，为县级融媒体中心设计扩展包容不同内容的业务模式。截至2020年12月，我国互联网政务服务用户规模达到8.43亿，占总体网民的85.3%，"互联网+政务服务"得到进一步深

化。在此基础上，将互联网政务服务整合入县级融媒体中心，既能为人民提供更加精准优质的政务信息和政务服务，拓展融媒体中心业务内容，同时还能增强融媒体中心的权威性。

除此之外，县级融媒体中心还可以负责全县所有信息发布服务，内容资源从单纯的新闻宣传向公共服务领域拓展，将媒体与民生、电商、教育等业务相结合，构建"新闻+民生""新闻+电商""新闻+教育"的易扩展、易维护的全媒体中心，面向用户开展多元化服务，满足用户的多样化需求。

第二，深入优化原创内容，努力激活聚合内容。在原创内容生产上，县级融媒体中心应采取本土化策略，充分发挥和利用本地的信息资源，了解民生，关注民生，贴近民生，全方位满足当地受众的切身需求。如，邳州广电传媒集团 2016 年着力打造的"银杏甲天下"客户端，从创办之初就一直秉承着"听群众说、向群众讲、带群众干、让群众享"的策略。目前，"银杏甲天下"总用户量突破 50 万。邳州广电也成为江苏省四个融媒体试点县市台之一。

在优化原创内容生产的基础上，还要充分激活 UGC 内容。由于缺少成熟的内容审核系统，目前国内传统媒体引用 UGC 内容较少。UGC 内容的激活，一方面能够为媒体的专业报道提供补充，丰富媒体的新闻来源，拓展媒体的报道视角。另一方面能够激发受众参与，增强受众黏性。县级融媒体中心可以借鉴成功的社交媒体运营经验，建立并维护好受众与平台，受众与受众之间的互动关系，增加平台黏性，树立媒介品牌。

3. 人才队伍建设

媒体竞争关键是人才竞争，媒体优势核心是人才优势，要加快培养造就一支政治坚定、业务精湛、作风优良、党和人民放心的新闻舆论工作队伍。因此，融媒体人才队伍建设是县级融媒体中心建设的关键。

第一，加强人才引进力度，健全人才培养制度。在人才引进上，注重对掌握新媒体技术的创新型人才、一专多能的全媒体复合型人才和具备前沿传媒理念的媒介经营与管理人才等高端稀缺人才的引入。要加大人才建设投入力度，打破传统的户籍、地域、学历、工作经验等的制约，做到因才施策。加大资金投入力度，为人才落地和发展提供激励和保障。当然，县级融媒体中心受体制、地域、经济水平等多方面因素限制，在优质传媒人才引进上存在较大困难。各单位也要正视县域媒体财力不足、传播力度不足、对稀缺人才缺乏吸引力的现状，在当前无法引入全媒体人才的情况下，可以转变思路，引进具备全媒体思维的内容型人才、技术型人才和管理型人才，促进他们在同一个组织中产生正向的丰富的化学反应。

在人才培养上，结合融媒体中心岗位需求和员工专业专长开展定向培训，有针对性地提升员工的专业素养，培训方式可以灵活多样，有条件的媒体单位可以与相关机构或专业院校合作，共享师资等培训资源。不具备条件的媒体单位可以充分利用互联网平台，采用更加灵活的方式提高员工的专业能力。

第二，优化人才管理模式，创新人才激励机制。在人才管理模式创新上，打破传统媒体僵化的人才管理机制，引入新媒体竞争机制，采用新型用人制度和分配制度，使人才管理模式与市场接轨，让人才能够在体制中高效发挥作用。例如，遂宁日报报业集团自 2016 年开始实施项目制，以项目为核心，采用扁平化管理模式，跨部门整合媒体资源，极大提

高了集团的经济效益与社会效益。

在人才激励上，创新考核机制，建立适应融媒体传播的绩效考核制度，构建集新媒体影响力与传统的收视率指标于一体的全媒体评价机制，讲求多劳多得，优劳优酬，全面激发员工在融媒体环境中的工作积极性。

4. 运营模式建设

县级融媒体中心兼具政治属性、社会服务属性和商业属性。强大的营收能力和成功的商业模式是融媒体中心能够建设成功并持久发展的原动力。从当前县级融媒体中心建设的实践来看，部分县级融媒体中心取得了非常可喜的营收效果，具有较强的示范意义。

第一，利用"媒体+"构建全产业链条。树立"媒体+"的理念，实现媒体与其他领域的跨界融合，积极利用媒体平台为各类经营服务主体提供商业服务。例如，邠州广电推出的"政企云"服务项目，为政府、事业单位、国有企业等合作单位提供信息发布、新闻宣传、活动策划、数据共享、平台托管、技术研发等个性化服务，已经与全市50多家政企单位开展合作，实现直接创收500多万元。

第二，利用"大数据+"挖掘公众服务功能。大数据技术为媒体运营提供了新的机遇。融媒体中心建设的基础是对媒介传播内容与方式的数字化改造，传媒行业作为信息的主要生产者，其自身特殊的工作性质使其在数据信息收集中具有高度的便捷性。对海量信息的收集、监测、分析、挖掘，不仅能够优化传统媒体的新闻服务，还能够针对用户的个性化需求提供数据定制服务，强化融媒体中心的社会服务功能。通过优化服务对新闻数据进行变现，提升融媒体中心的市场竞争力。

第四节 辽西地区县级融媒体中心建设

从2018年县级融媒体中心建设目标提出以来，我国大部分地区的县级融媒体中心建设取得了很大进展。但是，部分欠发达地区距离真正地建强用好县级融媒体中心还存在一定的差距。广义的辽西地区是指辽宁省辽河以西与内蒙古、河北接壤的辽宁西部地区；狭义的辽西地区主要包括辽宁省锦州市、朝阳市、阜新市、葫芦岛市和盘锦市，其中锦州市和葫芦岛市属于渤海湾地区的沿海城市，其他三个城市属于内陆城市。辽西地区大多处于半干旱地区，农业生产条件相对较差，而部分矿产资源型城市如阜新市，由于多年开采，也面临矿产资源枯竭的问题。因此，辽西地区整体属于经济欠发达地区。辽西地区的县级融媒体中心建设一直存在经济发展水平不高、基础设施建设不够完善、体制机制创新困难等劣势。

一、辽西地区县级融媒体中心建设的意义

1. 推动国家媒体融合战略的全覆盖

媒体融合战略自实施以来，自上而下从中央媒体到省级媒体再到县级媒体逐层逐步推进。目前以人民日报等为代表的中央媒体和以南方日报传媒集团等为代表的省级媒体都已经在媒体融合上取得了重大成果。但县级融媒体建设，尤其是欠发达地区的县级融媒体建设仍然步履维艰，部分县级媒体融合仅停留在形式上的融合，缺乏实质融合，建设效果堪

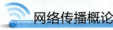

忧。因此，加大力度建设欠发达地区的县级融媒体中心，是实现国家媒体融合战略全覆盖的关键举措。

2. 巩固辽西地区的基层思想舆论阵地

从受众的媒介使用习惯上看，存在媒介形式相对单一化、简单化的现象。特别是在农村地区，随着近年抖音、快手等自媒体产品的下沉，受众市场被自媒体占去极大份额，这些自媒体产品中存在色情、暴力等不良内容，在突发事件等状态下还会滋生传播大量谣言，成为影响县域舆论生态的主要不良因素。尽管目前相关部门针对自媒体平台的内容乱象进行了各种整治，但根治仍需时间。因此，加大力量建设辽西地区的县级融媒体中心，通过县级融媒体中心为广大农村地区的受众提供优质资讯，开展包括政务服务在内的全方位服务，能够切实提升主流媒体的舆论引导力，为巩固辽西地区基层思想舆论阵地提供保障。

3. 提升辽西地区县级主流媒体的竞争力及话语权

当前辽西地区县级融媒体竞争力不强，话语权较弱。一方面是因为县级媒体缺少资金，硬件设施相对较为落后；另一方面，则是由于县级媒体对优秀的记者、编辑等人才缺少吸引力，软件也难以保障。此外，运行机制不够成熟，整体运行不能形成良性循环，也是导致辽西地区县级融媒体不够"强势"的重要因素。加强辽西地区县级融媒体中心建设，为其提供资金、人才、机制等各方面支持，能够极大提升辽西地区县级主流媒体的竞争力和话语权。

二、辽西地区县级融媒体中心建设的困境

1. 经济基础薄弱，缺乏必要支撑

县级融媒体中心建设需要充足的人力、财力等支撑，相比于发达地区的富裕县区，辽西地区的县级融媒体建设缺乏必要的保障和支撑。地方财政资金紧张，对县级融媒体中心建设投入不足。县级融媒体中心基础设施等硬件设备落后，人才引进困难，技术创新难以实现。迫于现实，只能达到表面的"物理融合"，将各种传统媒体平台与微博、抖音等新媒体平台简单相加，无法做到真正的"相融"，生产和传播方式缺乏创新，内容没有吸引力，用户黏性低，传播效果较差。

2. 体制机制僵化，缺乏创新活力

部分县级政府等相关部门对媒介融合政策理解不够深刻，重视程度不够，严重影响到县级融媒体中心建设政策的落实。另外，部分县级媒体部门体制机制僵化，在用人制度的制定、人员报酬的分配、人员奖惩制度的施行上缺乏创新手段和改革动力，从而导致创新生产力严重不足、产品与市场需求脱节，很难在新媒体时代打开局面。部分地区的县级融媒体中心建设工作由县委县政府负责，从人员的调配使用到奖惩机制的制定再到相关业务的决策和开展都需要得到县委县政府授权，各项业务均需层层上报，极大地限制了县级融媒体中心的发展。

3. 技术创新不足，缺乏专业人才

县级融媒体中心发展需要依靠先进的传播技术，更需要掌握先进技术的全媒体人才。县级融媒体中心的业务开展需要记者不仅具备扎实的文字功底，能够独立撰写新闻稿件，

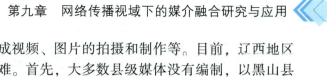

还能够熟练使用摄影摄像器材，并独立完成视频、图片的拍摄和制作等。目前，辽西地区县级融媒体中心在人才引进上存在巨大困难。首先，大多数县级媒体没有编制，以黑山县融媒体中心为例，其2019年12月发布的招聘启事中，招聘的包括全媒体记者在内的20名工作人员全部为合同制。在人员薪酬待遇等不能得到充分满足的情况下，合同制员工由于对单位缺乏归属感等原因很容易出现人员流动的状况。其次，县级融媒体中心在地理位置、薪酬待遇、晋升制度等方面都缺乏对人才的吸引力，很难留住优秀人才。

4. 盈利模式单一，缺乏发展动力

目前大多数县级媒体主要依靠广告经营收入。但随着近年来新媒体的冲击，传统媒体式微，广告收入大幅下降，一些欠发达地区的县级融媒体中心甚至出现拖欠职工工资的情况。县级融媒体中心建设需要大量的资金支持，在建设初期可依靠政府的财政支持，但在后期发展阶段，不能一味地依赖政府的财政投入，必须创新盈利模式，寻找新的发展动力，才能够实现县级融媒体中心长期的、良性的发展。

5. 内容不够丰富，缺乏用户黏性

县级融媒体中心肩负传递党和政府的声音、反映社情民意等多项职责，必须以受众需求为目标进行内容建设，不断增强产品的用户黏性，才能够提升传播力和影响力，实现传播目标。目前辽西地区大多数县级融媒体中心产品内容不够丰富，尤其缺乏融合新闻、数据新闻等富媒体产品，很难吸引受众的注意力，增强用户黏性也无从谈起。

三、辽西地区县级融媒体中心建设的针对性策略

1. 强化顶层设计，加大对辽西地区县级融媒体建设的政策扶持力度

与经济发达地区相比，辽西地区在县级融媒体中心建设上并不具有先天优势，这与其地理位置、经济发展和社会服务等多方面因素息息相关。因此，辽西地区的县级融媒体中心建设亟须从中央到地方的各级主管部门在制度、资金、技术、人才等各方面给予大力支持。可以采取公益一类事业单位的运作体制，给予财政、政策、资源等方面的全力支持。同时在制度上适度放宽，帮助县级融媒体中心适度引入市场化机制，在为其"输血"的基础上帮助其"造血"，切实解决县级融媒体中心建设的根本性难题。

2. 发挥地域特色，加强对契合区域公众需求的特色产品和服务的建设力度

县级媒体作为最基层的媒体机构，其用户数量相对有限，可供报道的新闻素材也十分单一，主要是县乡镇领导活动、会议安排等，这类新闻内容很难引起受众注意。部分县级融媒体中心在建设过程中虽然为用户提供了大量内容，但内容原创性低，与其他媒体的内容同质性强，因此，阅读量不高，也很难激发用户点赞、评论、转载等互动行为。县级融媒体中心的内容建设要增强地域文化自信。其实，辽西地区历史遗存众多、人文景观和自然资源等非常丰富。在历史、文化等方面具有自己独特的发展优势，有利于打造地域性特色产品。辽西地区县级融媒体中心应当充分发挥地域特色，全力开发与受众日常生活密切联系的融媒体产品和服务。文化产品的开发可以着力于朝阳的"三燕"文化，朝阳和阜新两地的辽金元文化，绥中、兴城和锦州三地的明清文化，黑山和盘锦两地的民国文化等。一方面能够为县级融媒体中心的内容生产提供素材，另一方面也能够对城市进行多样化宣传，带动文化旅游业的发展，实现乡村振兴等。另外，在服务功能上，虽然大部分县级融

媒体中心采用了"新闻+政务服务"模式，但是一方面部分政务服务功能并未建设完善，无法使用，另一方面，已经建设完成的应用服务没有得到用户的常态化使用，效益不高，政务服务职能没有彻底实现。因此，政务服务尚未建设完成的县级融媒体中心应当加快建设速度；已经建设完成的县级融媒体中心应当对政务服务功能的使用情况进行充分调研，及时了解应用的不足和提升空间，在有效提升县级融媒体中心影响力的基础上，避免社会资源的闲置和浪费。

3. 打造人才队伍，加大辽西地区县级融媒体中心建设的人才选育力度

人才队伍建设是县级融媒体中心发展的关键和保障，县级融媒体中心的发展必须依靠结构合理、能力素质兼备的全媒体人才队伍。辽西地区县级融媒体中心建设中的人才短缺问题，一直是制约当地县级融媒体发展的严重瓶颈。考虑到辽西地区的地理位置、经济条件等对人才的吸引力度相对有限，应当在现有人才的培养与提升，以及与其他相关单位合作等方面下功夫。首先，加强对现有人才的培训力度。积极为现有人才制订职业规划，通过访谈、交流、培训等方式帮助其迅速提升业务和技能水平。其次，与高校、科研机构或相关企业充分合作，采用兼职、交流等方式借助以上部门的人才优势为县级融媒体中心建设服务。

4. 创新盈利模式，加强辽西地区县级融媒体中心建设的发展动力

县级融媒体中心要想长久发展、良性发展，必须积极探索多元化的盈利模式，不断拓展服务范围，提高营收能力。以江苏邳州融媒体中心为例，邳州融媒体中心在2015年进行的机制体制改革过程中，改变了传统的各平台分散经营的方式，建立了"项目制"经营方式，经营范围包括教育培训、酒水零售、电商服务等多个领域，为邳州融媒体中心的未来发展提供了强大的经济保障。安吉县融媒体中心在2021年7月进行了第二轮体制机制改革，在坚持事业单位性质的前提下，实行企业运行机制，开展新闻、文创、智慧产业等多元化市场经营，当年就实现营收4.012亿元，同比增长35%。

建强用好县级融媒体中心是推进我国媒体深度融合的关键步骤，对于辽西地区等经济欠发达地区来说，要想建强用好县级融媒体中心必须多方协同努力，全力解决束缚县级融媒体中心发展的体制、财力、人力、物力等问题，使县级融媒体中心真正成为治国理政的新平台，充分发挥其引导群众、服务群众的功能。

课后思考

1. 结合实际案例谈谈传统主流媒体的数据转型。
2. 结合实际案例谈谈传统主流媒体的社交化传播。
3. 县级融媒体中心如何助力乡村振兴？
4. 县级融媒体中心如何助力社会治理？
5. 简述当前经济欠发达地区县级融媒体中心建设存在的问题及解决策略。

【春风化雨　润物无声】

全媒体时代，信息无处不在、无所不及、无人不用，舆论生态、媒体格局、传播方式等都在发生深刻变化。党中央深刻把握时代发展大势和信息化趋势，进行了推动传统媒体和新兴媒体融合发展的重大决策部署。

坚持正确舆论导向。这是新闻舆论工作的生命线。推进媒体深度融合发展，必须始终坚持正确舆论导向，不断做大做强主流舆论，巩固全党全国人民团结奋斗的共同思想基础，为实现"两个一百年"奋斗目标、实现中华民族伟大复兴的中国梦提供强大精神力量和舆论支持。这是加快推进媒体深度融合发展的题中应有之义，也是保证媒体融合发展正确方向的内在要求。媒体融合发展不能以技术取向淡化价值取向、以经济效益取代社会效益，而是必须牢牢把握正确政治方向，始终坚持正确舆论导向，强化价值引领，服务党和国家工作大局，不断凝聚社会共识。这就要求把坚持正确舆论导向贯穿新闻采集、撰写、编排、发布各个环节，落实到采写人员、编辑人员、审看人员、签发人员身上，层层把关、人人负责。

坚持一体化发展。传统媒体和新兴媒体不是取代关系，而是迭代关系；不是谁主谁次，而是此长彼长；不是谁强谁弱，而是优势互补。要坚持一体化发展方向，加快从相加阶段迈向相融阶段。

坚持内容为王。内容永远是根本，融合发展必须坚持内容为王，以内容优势赢得发展优势。媒体的作用在于传递信息，不管传播方式、舆论生态发生多大变化，内容生产始终是媒体生存发展的根本。全媒体时代，各类信息无处不在，但思想深刻、见解独到、价值独特的优质内容依然稀缺。只有做好内容建设，媒体才能提升传播力、引导力、影响力、公信力。

2020 年 12 月 21 日《人民日报》王君超《加快推进媒体深度融合发展》节选

第十章 网络传播实践专题

学习目标

1. 数据新闻的概念和分类
2. 数据新闻的制作与传播
3. 微信公众号的注册与设置
4. 微信公众平台的基本操作
5. 微信公众号中新闻标题的制作技巧
6. 微信公众号中的新闻写作技巧

第一节　数据新闻实践专题

一、数据新闻的概念

　　数据新闻是指利用数据统计分析、数据挖掘等手段进行新闻信息的采集、加工和呈现的新闻报道形式。这一报道形式要求新闻生产者将采集到的信息转化为可以被量化计算的数据，然后根据报道的目的采用科学的方法对相关数据进行统计分析，并最终以形象化、艺术化的新闻报道形式加以呈现。需要注意的是，数据新闻中的"数据"不等于"数字"，而是指所有可以被计算机加工、处理的对象，包括文字、符号、表格、图片、音频和视频等。以下这则数据新闻来源于人民网2021年数据新闻优秀案例展示，题目为《荧幕书写"她印象"》，作者为柳宇成等，如图10-1所示。该作品以近四十年的华语爱情电影为研究对象，通过样本筛选和编码，找寻了120部经典爱情电影里的167位女性形象，并将其分别归入1980年至2020年的四个时代周期中，统计了爱情故事中女性形象的特征信息，并对不同时代的形象特点进行了对比，探索女性形象的变迁脉络，聆听爱情里女性的"声音"。这一数据新闻作品所使用的数据主要是视频资源。

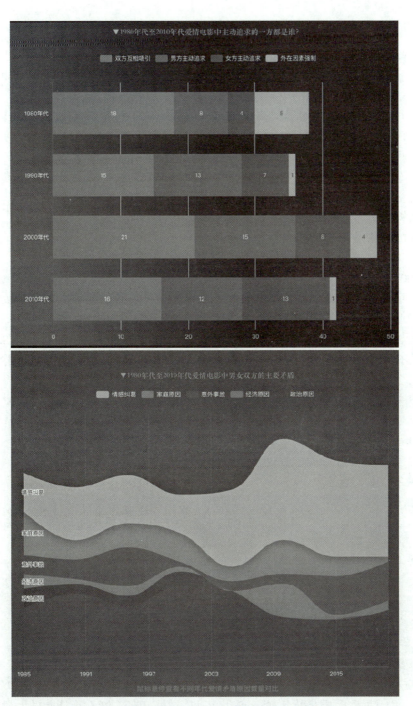

图 10-1 人民网数据新闻《荧幕书写"她印象"》

　　另外，使用大量数字的报道未必就是数据新闻，数据新闻报道中也未必包含大量的数字。对比以下两篇报道，其中第一篇来自 2022 年 1 月 7 日的网易数读栏目，通过对屈臣氏近年销售业绩和销售策略等进行数据分析，展示了屈臣氏当前的市场发展状况，这是一篇典型的数据报道，通过数据统计分析与呈现来实现报道目的。相比之下，来自中国证券网的另一篇报道《纽约股市三大股指 16 日大幅下跌》中虽然也包含大量的数字，但只是

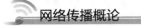

对纽约股指的客观介绍，并不能称为数据新闻。

报道1：屈臣氏，正在被年轻人抛弃

你还记得，上次去屈臣氏是什么时候吗？

这个问题，恐怕很多年轻人都记不太清了。屈臣氏，作为风靡一时的美妆集合店，是不少大学生、刚入职场的小白领周末逛商场常去的采购"基地"。

但如今，如果你去商场，会发现曾经需要排长队结账的屈臣氏，店内顾客零零星星，和其他门店相比还略显寂寥。

屈臣氏风光不再，这可能并不是我们的错觉。

曾经的零售业王者，如今后劲不足了

1989年，屈臣氏在北京开出内地首家门店，2005年开出第100家门店，6年后开出第1 000家门店，如今屈臣氏已经遍布了近500个城市，门店数量超过4 000家。

作为中国最大的美妆日化连锁品牌，屈臣氏曾一路高歌猛进，还一度被喻为商场的"流量收割机"——商场只要入驻了屈臣氏，就不愁没有客流量。

但从2016年，屈臣氏在中国的营业收益为209.14亿港元，首次出现业绩下跌。用来衡量企业主营业务产生现金流的能力的EBITDA，即税息折旧及摊销前利润，也下降了4.21%。

接下来几年，当屈臣氏在全球市场的EBITDA增速经历扭负为正时，中国市场却开始出现增收不增利的情况，EBITDA增速仍在波动中萎靡不振，趋于下滑，再没超过2015年的盈利水平。

2020年，零售行业都不好过，长期倚重线下门店销售的屈臣氏也深受疫情打击。即使下半年，屈臣氏在全球市场开始恢复元气，EBITDA同比增速转正时，中国市场却仍在经历下跌。

直到2021年上半年，屈臣氏在中国市场的EBITDA同比增速达66.8%，才有了点触底反弹的迹象，但这波回血，也仍未复苏到疫情前的水平。

业绩疲软的原因很简单——屈臣氏，卖不动了。

在零售行业，同店销售额是个重要的指标，用来衡量已开门店销售增长情况。2015年，屈臣氏同店销售额同比下降5.1%，并连续四年都是负增长。

这几年，屈臣氏的导购被大量吐槽。很多曾走进屈臣氏门店的人，都有过这样被"热情招待"的记忆：不停的促销信息、推销办卡、强推自有品牌……

在社交平台搜索"屈臣氏"可以看到，诸如"屈臣氏是如何让消费者一生黑的？""被屈臣氏导购忽悠是一种怎样的体验？"的话题已经收获了几千条回答。

2019年，屈臣氏同店销售额小回升，同比增幅2%，但又紧接着碰上新冠肺炎疫情遭遇重创。随着疫情稳定，2021年上半年屈臣氏同店销售额同比增长17.8%，业绩有所复苏。

不过整体来看，屈臣氏还是难掩经营颓势，这意味着，屈臣氏依靠已开出的门店来获得业绩增长变得越来越难。

曾经掏空不少学生党、都市丽人腰包的屈臣氏，在中国确实有些后劲不足了。

> **错过电商，对品牌又不再有"议价权"**
>
> 虽然靠老店已经卖不动，但屈臣氏依旧在疯狂开新店。
>
> 根据屈臣氏母公司长江和记的公开财报，2016 至 2019 年，中国区门店数从 2929 家增长为 3 947 家，几乎一天开一店。2019 年后，屈臣氏在中国的门店扩张速度有所放缓，但依旧要大于全球门店扩张速度。
>
> 想要不断增加店面数量、下沉市场，通过规模效应来实现增长，但屈臣氏又错失了电商红利。屈臣氏业绩出现停滞的时间段，中国化妆品行业的电商时代已经来临……（后略）
>
> ### 报道 2：纽约股市三大股指 16 日大幅下跌
>
> 新华社纽约 6 月 16 日电（记者刘亚南）　截至当天收盘，道琼斯工业平均指数比前一交易日下跌 741.46 点，收于 2 9927.07 点，跌幅为 2.42%；标准普尔 500 种股票指数下跌 123.22 点，收于 3 666.77 点，跌幅为 3.25%；纳斯达克综合指数下跌 453.06 点，收于 10 646.10 点，跌幅为 4.08%。板块方面，标普 500 指数十一大板块全线下跌。能源板块和非必需消费品板块分别以 5.58% 和 4.76% 的跌幅领跌，必需消费品板块跌幅最小，为 0.66%。

二、数据新闻的分类

按照使用数据的量级，数据新闻可以分成大数据新闻和小数据新闻。大数据新闻是指在数据新闻报道中使用大数据量级的数据作为分析对象或研究结果。小数据新闻是指在数据新闻报道中使用小数据量级的数据作为分析对象或研究结果。两者的差别如表 10-1 所示。

表 10-1　数据新闻类型对比

新闻类型	报道对象	使用数据量	数据类型	报道成本	技术要求
大数据新闻	复杂，社会影响力强	数据量级巨大	构成多样	成本高，人员多，数量大，耗时长，资金投入大	高
小数据新闻	简单	数据量级小	构成简单	成本低，人员少，数量小，耗时短，资金投入小	低

由于大数据新闻与小数据新闻在报道成本上差别巨大，因此在实际运用中，大多数媒体机构采用的都是小数据新闻报道形式，大数据新闻报道形式目前仍比较鲜见。但随着大数据技术的不断完善，未来大数据新闻的发展前景会越来越好。

2022 年 5 月，《纽约时报》的《为什么许多警察的交通拦截变得致命》（*Why Many Police Traffic Stops Turn Deadly*）获得第 106 届普利策奖的国内报道奖。该报道采用了大数据的方式量化警察在交通拦截中危险且致命的工作模式，说明了这种工作模式产生的原因和造成的严重后果。以下的案例为该文中本版节选，重点选择了这个大数据新闻中的数据分析部分，英文全文版见附录。

相关案例

《为什么许多警察的交通拦截变得致命》（案例节选）

《纽约时报》的一项调查发现，在过去五年里，警察杀死了400多名司机或乘客，这些人既没有使用枪支或刀具，也没有因为暴力犯罪而被追捕——这个比例每周超过1人。

大多数警官这样做却没有受到惩罚。根据对公开报道的案件的审查，只有5人在这些杀戮中被判有罪。然而，地方政府至少支付了1.25亿美元来解决约40起非正常死亡诉讼和其他索赔。许多交通拦截都始于常见的交通违规行为，比如打破尾灯或闯红灯；从人口比例上看，黑人司机在死亡人数中所占比例过高。此类案件的反复发生和定罪的罕见，都源于法庭判例和警察文化中根深蒂固的一种夸大，即车辆拦截对警察构成危险。

在一次又一次的事件中，官员们说他们担心自己的生命安全。在一个又一个案件中，检察官宣布杀害手无寸铁的司机是合法的。但查阅视频和音频记录、检察官的陈述和法庭文件，找出了警方可疑行为的模式而不仅仅是近期备受瞩目的非武装司机死亡事件。结果发现，证据往往与执法人员的说法相矛盾。

数十次的遭遇战似乎都与犯罪学家所说的警察制造的危险有关：警察经常——而且不必要地——把自己置身于危险之中，他们站在逃跑的车辆前，或伸手到车窗内，然后开枪，他们后来说这是自卫。警方似乎还经常夸大威胁。

到目前为止，交通拦截是警察与平民最常见的接触方式，警察有理由在接近时保持警惕：他们不知道车里有谁，也不知道车里是否有武器。

在许多部门，警察学院的课程和每日简报中都有大量穿戴摄像头的视频，这些视频描述了警察被那些突然拿出枪支的司机枪杀。训练人员和战术指导人员通常强调，车辆拦截造成的警察死亡人数比其他任何形式的接触都要多。

《纽约时报》的一项分析显示，自2016年年底以来，约有280名警察在执勤时死亡，其中约有60人死于被拦下的司机之手，其中大部分死于枪击。约有170名警察在执行任务时发生事故死亡。但是，关于危险加剧的断言忽略了一个背景：车辆拦截的数量远远超过警察与平民打交道的所有其他类型。

事实上，两项研究表明，由于警察让这么多的轿车和卡车靠边停车——每年有数千万辆——一名警察在任何车辆停车时被撞死的概率不到360万分之一，不包括车祸。根据阿肯色州大学法学教授乔丹·布莱尔·伍兹2019年的一项研究，在因常见交通违规而停车的情况下，这种概率低至650万分之一。

"从统计上看，这种风险可以忽略不计，但它在本质上被放大了，"检察官吉尔说。他直言不讳地支持加强警察问责。

根据《华盛顿邮报》和"警察暴力和致命遭遇地图"研究组织收集的警察被杀数据，自2016年9月30日以来，警察杀害了5 000多名平民。许多人死于正在进行的重罪、入室抢劫、家庭暴力电话或街头枪战。至少有1 500人在警察拦截、追逐嫌犯和其他车辆拦截时丧生。

这些数据中有400多名没有携带武器的司机和乘客，他们没有因为暴力犯罪而受到追捕。所有的死亡事件都由当地新闻机构报道，其中一小部分成为全国头条新闻。

这个结论来自研究了180多条的视频或音频，采访了数十名主管、官员、培训师和检察官，提交了数十份公开记录的请求以获得调查文件，审查了150多起民事索赔案件。

超过75名司机被怀疑偷车，要么是因为注册问题，要么是因为偷车报告。近60名司机因鲁莽驾驶被拦下，其中许多人后来被证实是醉酒或吸毒。还有一些人被拦在路边接受问话，询问他们是否犯有像入店行窃这样的非暴力犯罪行为。

在400多起手无寸铁的司机被杀事件中，时报列举了32起针对警察的指控。在被定罪的5名警官中，1名被判缓刑，1名被判7个月，1名正在等待判决，还有1名将很快在得克萨斯州最高法院听取他的上诉。第5人的罪名是谋杀乔治·弗洛伊德（George Floyd），后者因涉嫌在明尼阿波利斯的一家便利店使用20美元假钞而被警方从一辆车里拖出来。

有近24起刑事案件悬而未决。新墨西哥州一名警官因威胁要掐死一名司机而面临谋杀指控；拉斯克鲁塞斯市支付了650万美元来解决一起非正常死亡诉讼，这名官员也被解雇，他是被解雇或辞职的20多名官员之一。

（案例来源：https://www.pulitzer.org/winners/staff-new-york-times-1）

三、数据新闻的制作与传播

（一）数据采集

采集数据是数据新闻制作的起点。数据采集主要有以下两种方式：一是自主采集数据，即报道者通过采访或问卷调查等科学的调研方法主动获取原始数据，采用这种方式的数据新闻报道者往往在报道之初就有明确的报道目标和展开调研收集详细数据的能力；二是利用他人数据。

1. 自主采集数据

自主采集数据主要包括以下几种方式。

（1）申请政府信息公开。自2007年《中华人民共和国政府信息公开条例》施行以来，媒体获得公共信息实现了有法可依，政府信息公开也成为各政府网站建设的主要内容。以辽宁省人民政府网站为例，主动公开内容主要包括省政府领导及分工，省政府工作机构及其主要职能、机构设置、联系方式，地方性法规、省政府规章，省政府及省政府办公厅依法公开的政府文件及解读，省政府重要会议的主要内容，省政府重点工作，省政府工作报告，辽宁省国民经济和社会发展计划、专项规划、区域规划及相关政策，省级财政预算、决算报告，辽宁省经济和社会发展的主要统计信息，省政府人事任免信息，省政府公报，突发公共事件的应急预案、预警信息及应对情况，政府集中采购项目的目录、标准及实施情况等。如果媒体需要的数据不在公开之列，还可以通过申请信息公开的方式获得数据。媒体从业人员以个人身份或媒体单位的身份申请皆可，申请前应先确定被申请机关，然后通过现场、信函、传真和电子邮件等方式提出申请，省政府办公厅收到政府信息公开申请后，予以登记，除可以当场答复的外，自收到申请之日起 20 个工作日内予以答复；如需延长答复期限的，经省政府办公厅政务公开办公室负责人同意并书面告知申请人，延长答复的期限最长不超过 20 个工作日。辽宁省人民政府办公厅依法申请公开政府信息流程如图 10-2 所示。

（2）抓取网页数据。抓取网页数据，即通过数据采集技术或软件自动对网页上的信息进行抓取、分析、整理并制成数据库。与数据机构合作，数据公司除了拥有庞大的数据量，还掌握着先进的数据分析技术，媒体机构也可以通过与数据机构合作的方式来获取数据。

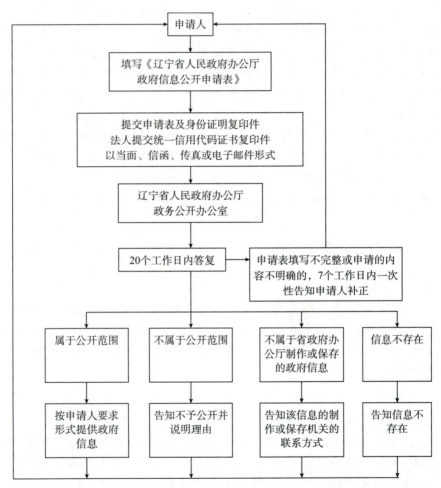

图 10-2　辽宁省人民政府办公厅依法申请公开政府信息流程

相关案例

RUC 新闻坊的数据新闻作品《1 183 位求助者的数据画像：不是弱者，而是你我》通过 400 余万条微博数据和国内 19 家媒体刊载的与新冠肺炎患者相关的 1 413 条原创报道的大数据分析与报道框架分析，为受众呈现出新闻报道中的患者形象，其中的 400 余万条微博数据来自清博大数据。

（3）组织问卷调查。问卷调查主要包括问卷设计和样本选择两个方面。

第一，问卷的设计。一般情况下，规范的问卷应当包括前言、指导语、调查问题与答案、调查过程记录四个部分，其中前言和指导语两个部分可以合并。

①前言。前言往往放在首页上方，内容主要包括调查者身份介绍，调查主要目的和意义，调查程序及数据使用规范等。语言规范简洁，语气礼貌真诚，在结尾部分应对被调查者表示感谢。

②指导语。指导语的用途是为调查对象填写问卷提供技术指导，如明确封闭式问题是单选还是多选，多选的标准，标注的方式是打钩还是画圈，开放式问题的字数不能少于多少等。如果调查问卷中有多数调查对象不熟悉的专有名词，也可以在此进行解释。

③调查问题与答案。调查问题主要包括封闭式问题和开放式问题两种，一般情况下，以封闭式问题为主，以开放式问题为辅。封闭式问题即客观题，将全部有可能的答案罗列出来供调查对象选择，可以单选也可以多选，还可以让调查对象根据答案的重要性等标准排序。开放式问题即主观题，需要留出足够的空白处供调查对象填写，也可以在问题结尾处对回答提出包括字数在内的简明要求。两类问题的优缺点对比如表 10-2 所示。

表 10-2 调查问卷问题类型对比

类型	优点	缺点
封闭式问题	便于调查对象填写，费力程度低；格式规范统一，便于编码和统计分析	调查对象无法自由表达
开放式问题	调查对象能够自由表达	填写耗时长，费力程度高，后期统计分析困难

④调查过程记录。为了保证调查结果的科学有效，应当在调查过程中对调查者的相关情况、调查地点、问卷发放与回收数量、问卷发放与回收时间等内容进行记录。

第二，样本的选择。选择样本的目的是采用科学的抽样方法来确保样本的代表性，从而确保调查结果的科学性。抽样主要包括概率抽样和非概率抽样两种方法。概率抽样是指调查总体样本中的每个单位都有相同的概率被抽中的抽样方法，如简单随机抽样、分层抽样等。这类抽样方法科学性强，但操作规范严格，费时费力，主要用于科学研究。新闻媒体出于人力、物力和时间成本的考量，往往采用非概率抽样的方法。但是由于非概率抽样的调查总体样本中的每个单位被抽中的概率都是未知的，有可能出现较大误差，因此，不能根据样本调查的结果推论出总体情况，只能用来调研受众对某个问题或某种现象的大致意见、态度或想法等。非概率抽样主要的方法包括方便抽样、判断抽样等。网络调查就是很典型的方便抽样，其调查方式便捷，调查成本低，但缺乏科学性。

（4）"众包"方式获取。"众包"（Crowdsourcing）概念来自美国《连线》杂志的编辑杰夫·豪，是指采用公开招募的形式将原本由企业雇员完成的工作外包给其他个人或团体。采取"众包"形式获取数据就是指媒体将新闻数据采集的任务分配给受众，媒体通过统计分析受众提供的内容来制作数据新闻。对于一些数据分布广泛且与用户关联密切的选题来说，"众包"方式能有效降低数据的获取难度。

相关案例

澎拜新闻美数课栏目在2018年5月12日发布的数据新闻《在1 827份汶川记忆里，我们发现了什么？》就是采用的"众包"形式，如图10-3所示。该栏目通过社交媒体等渠道发起的"汶川记忆地图"项目向广大网友征集汶川记忆，收到的近2 000封留言分别来自中国的西北、东北、西南、东南、港澳台，以及加拿大、美国、英国、德国、俄罗斯等国，通过技术手段对留言内容的分类、对比和分析，为受众呈现了这些共同记忆中难以忘怀的场景。

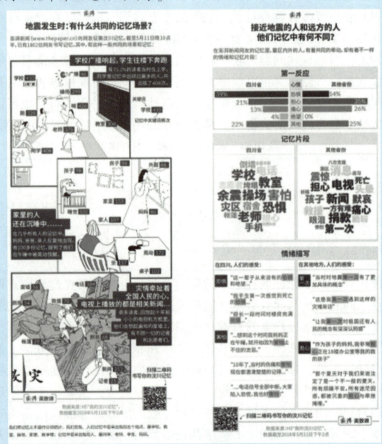

图10-3 数据新闻《在1 827份汶川记忆里，我们发现了什么？》

2. 利用他人数据

利用他人数据是指对来自政府、企业、科研机构或个人的数据进行数据挖掘，按照自身的报道意图将数据进行重组，体现数据价值。

互联网是巨大的数据库，通过网络在线搜集数据高效便捷，尤其是政府网站、社会团体网站、企业网站、媒体网站、高校及科研机构网站等，也可以通过个人网站或社交媒体获得信息，但需要注意防止侵犯用户的隐私权等问题出现。

由中国互联网络信息中心（CNNIC）发布的《第47次中国互联网络发展状况统计报

告》显示，截至 2020 年 12 月，我国共有政府网站 14 444 个，主要为政府门户网站和部门网站，各行政级别的政府网站共开通栏目 29.8 万个，其中信息公开类栏目数量最多，达到 21.5 万个。这些数量庞大的政府网站能够提供各类新鲜、权威的数据。

以国家统计局网站中国统计数据库为例。国家统计局作为中国主要数据的生产者以及中国统计工作的组织者和领导者，通过中国统计数据库为用户提供其调查统计的各专业领域的主要指标时间序列数据等。用户可以直接输入想快速得到的信息，也可以按报告期、按主题、按地区浏览默认定制报表以及统计图表；可以跨专业、跨报告任意选取感兴趣的指标进行个性化的定制并收藏，也可以对指标进行筛选、加工、统计、计算，同时对已有的表格进行转制、维度转换，将表格图形化并选择任意的格式进行下载，还可以预制未来的时间发布和更新的数据信息等。国家统计局网站首页如图 10-4 所示。

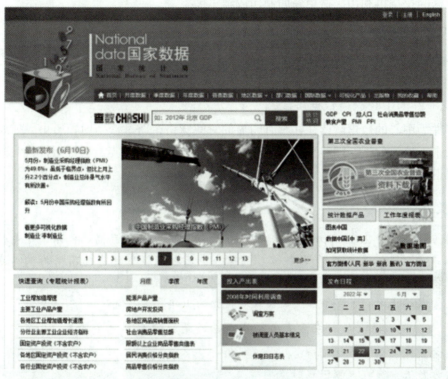

图 10-4　国家统计局网站首页

商业网站也是非常重要的数据获取渠道，以百度为例，截至 2022 年 6 月，百度向用户提供了观星盘、百度统计、百度指数、百度云检测、百度移动统计等多项数据服务，其中的观星盘服务聚合了百度域内数据、客户数据、合作伙伴数据组成的全域数据。2019 年 9 月 24 日，人民数据资产服务平台项目正式在北京启动。人民数据通过对各方数据源的汇集，并对数据进行清洗、分析、建模、可视化等，面向全国提供数据服务，目的在于促进数据流通，规范数据服务行为，建立数据资产标准、维护数据服务市场秩序，保护数据服务各方合法权益，向社会提供完善的数据服务、结算、交付、安全保障、数据资产管理和融资等综合配套服务，打造"国家级"的大数据资产服务平台。

自主采集数据和利用他人数据两者各有优缺点，如表 10-3 所示。

表 10-3　不同来源数据对比

数据来源	优点	缺点
自主采集数据	独家报道，原创性强，数据过滤处理难度小，单位数据价值密度大	制作成本高，人员投入大，投入时间长，资金投入高，时效性不强，操作风险高
利用他人数据	制作成本低，人员投入少，投入时间短，资金投入低，时效性强，操作风险低	缺少原创性，数据过滤处理难度大，单位数据价值密度小，新闻失实风险高

在当前我国的数据新闻媒体实践中，自主采集数据的比例并不高，多数媒体主要依赖对已有数据的挖掘再利用，避免新闻制作成本过高。

（二）数据解读

数据解读是决定数据价值的关键，充分解读数据并选择最佳的报道角度才能将数据中最具新闻价值的部分展现给受众。

1. 以事件为中心进行数据解读

以事件为中心的数据解读往往具有明显的时间脉络，通过数据回顾历史，描绘现状甚至预测未来。这类数据新闻注重以点带面，以"事件"为中心点，对该事件代表的整体情况进行报道。

 相关案例

网易数读栏目 2022 年 6 月 23 日的报道《爆火的新东方直播：被捧杀还是救命稻草》以东方甄选依靠"双语带货+心灵鸡汤+才艺表演"晋升直播顶流为切入点，通过数据分析其发展现状，回顾其发展历程尤其是三次发展危机，在此基础上带领受众共同思考在终止 K-12 业务后，未来教培企业的出路。

爆火的新东方直播：被捧杀还是救命稻草（节选）

东方甄选，新晋直播顶流。

东方甄选，火在老罗退场时。

6 月 12 日，罗永浩宣布退网，离开直播圈"再次埋头创业"。"真还传"就此告一段落。

值得玩味的是，他的前东家俞敏洪打造半年的东方甄选直播间在这个时间节点成了"天选之子"，登上了抖音直播带货的流量宝座。

6 月 6 日，东方甄选直播间的当日总观看人次不足 40 万，直播销售额仅 51.2 万元。10 天之后，6 月 16 日的直播观看人次达到超过 6 000 万，直播销售额 6 880.8 万元，涨幅超一百倍。

第一个高速增长的节点在 6 月 10 日，在俞敏洪的个人公众号里，这个走红的故事简单到令人讶异。

"10 号早上，有网友看了董宇辉的直播，觉得挺好玩儿，又卖东西，又讲英语，就

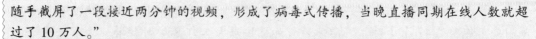

随手截屏了一段接近两分钟的视频，形成了病毒式传播，当晚直播同期在线人数就超过了 10 万人。"

俞敏洪表示，这个数字突破了他开播以来的最好成绩。

就像董宇辉在直播里喂我们的那口"毒鸡汤"一样——坚持不断地努力，有一天突然就和好运撞了个满怀。

6 月 16 日，东方甄选直播间的最高在线人数达到 66.6 万人，被俞敏洪称为"真正成为现象级的传播"，这份扶摇直上的好运在两天后到达巅峰——"618"当日的直播销售额直逼 7 000 万元。

虽不及两年前罗永浩首场直播 1.1 亿元的成绩，但也远远超过了俞敏洪 2021 年 12 月 28 日首场直播 460.4 万元的销售额。

舆论场的火热，也震动了二级市场。

股价下行近两年后，东方甄选直播间所属的新东方在线于 6 月 16 日迎来高光时刻，暴涨 72.71%，股价一度突破 33 港元，收报 28.6 港元/股。

自 2020 年 7 月抵达 43.45 港元/股的高点后，新东方在线的股价一路下行，就在董宇辉走红前，上个月的股价已经跌破 2.84 港元/股。

东方甄选的出圈，一定程度上拯救了新东方在线的颓势。

不过，最近几个交易日，新东方在线的股价冲高后又重新回落。腾讯大幅减持新东方在线股票，套现超 7 亿港元几近清仓，也证明了新东方的转型之路仍然充满不确定性。

作为国内规模和影响力最大的教培企业，新东方的直播带货转型，远不像它走红的故事那样简单。

2. 以话题为中心进行数据解读

以话题为中心进行数据解读更加致力于体现数据新闻的新鲜性和贴近性。通过数据挖掘从受众司空见惯的话题中发现新鲜事，找到新闻事件和普通受众间的联系。

相关案例

2022 年 6 月 22 日澎湃新闻美数课栏目发布的数据新闻《多国考虑实施的四天工作制，离我们有多远？》以"英国 70 家公司的 3 300 名员工开始试行一周四天工作制"这一热点新闻为背景，通过对中国城镇就业人员工作时间等相关数据的分析，围绕"中国能否实施一周四天工作制"这一话题展开探讨，将国际新闻与普通受众联系到一起，极大体现了新闻的贴近性。

多国考虑实施的四天工作制，离我们有多远？（节选）

最近，英国 70 家公司的 3 300 名员工开始试行一周四天工作制：在工作量和薪水不减的前提下，员工每周的工作时间从 40 小时变为 32 小时。

在此之前，世界上一些国家也进行了类似的试验，甚至已经实施。在国内，也有不少有关四天工作制的呼声。2018 年，中国社会科学院就在《2017—2018 年中国休闲发展报告》中建议，2030 年起实行"做四休三"。

只是理想很丰满，现实很骨感。根据统计，在 2020 年，中国城镇就业人员平均每周要工作整整 47 个小时。这意味着，如果按每天工作 8 小时换算，大家每周平均要工作将近 6 天。

加班最久的行业，不是互联网

如今，提起企业把加班当文化的问题时，我们立马想到的是互联网公司。

伴随着加班话题的不断讨论，大家已将加班的重灾区和大厂画上了等号。但如果你去翻翻"为什么加班只提互联网公司，其他行业没有吗？"这类知乎提问下的上千个回答后就会发现，受加班问题困扰的行业，有很多很多。

根据人力资源和社会保障部的统计，2020 年，过度劳动情况最严重的五个行业，分别是住宿和餐饮业，居民服务、修理和其他服务业，建筑业，批发和零售业以及采矿业。这些行业有超过四成的从业者，每周要工作至少 48 个小时。

相比之下，频繁因加班问题成为社会焦点的信息传输、软件和信息技术服务业，过度劳动的问题却不是最严重的——有 63.4% 的人每周工作时间没超过 40 个小时。

（三）数据呈现

1. 注重可视化

数据新闻可视化能够将复杂的文字转变为清晰易读的图表、视频等形式，极大提高了数据新闻的阅读时效。

相关案例

2022 年 6 月 15 日澎湃新闻美数课栏目发布的数据新闻《油价"十连涨"后，我们离油价天花板还有多远？》通过动态图表（见图 10-5）的方式向受众展示了从 2021 年 5 月 15 日到 2022 年 6 月 14 日广东地区 95 号汽油的价格变化以及加满 50 升汽油的价格变化，生动形象，简单明了，让受众迅速了解到近年的油价变化。

图 10-5　油价变化

2. 注重社交化

数据新闻从采集制作到传播的整个过程都需要用户的积极参与，H5 新闻形式非常适合在社交媒体平台传播。

相关案例

新华网的数据新闻作品《防患于未"燃"——全国十年火灾大数据警示》中，新华网联合国家应急管理部消防救援局，分析了自 2008 年以来全国较大及重特大火灾案件信息数据共 7 047 组，层层深入，寻找酿成大祸的根源，发现那些被人忽视的火灾隐患。在该新闻作品末尾为用户提供了 H5 新闻，点击后即可进入"消防备忘录"，用户通过回答一系列问题即可生成自己的个性化消防备忘录并支持将其分享至朋友圈，如图 10-6 所示。

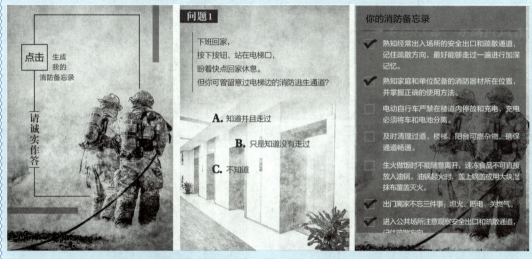

图 10-6 数据新闻《防患于未"燃"——全国十年火灾大数据警示》

3. 注重个性化

通过互动形式满足用户的个性化信息需求。

相关案例

新华网 2021 年 2 月 24 日发布的数据新闻《"鬼先生"和最后的女猎人》采用角色扮演的方式为受众讲述脱贫故事。受众点开新闻后需要从"鬼先生"和"女猎人"中选择一个角色，为了让角色生存下去，受众要面临很多选择，最终角色通过转行学习新技能，成功脱贫，如图 10-7 所示。

图 10-7　数据新闻《"鬼先生"和最后的女猎人》

4. 注重应用化

应用化的数据新闻更突出报道的应用价值。

相关案例

　　新华网 2021 年 1 月推出的数据新闻报道《各地就地过年举措和返乡隔离政策一站查》在 2021 年春运即将开始之际，通过数据新闻的形式为用户提供各地的新冠肺炎疫情防控措施动态，让渴望返乡的用户能够方便快捷地了解到各地的"就地过年"举措和返乡隔离政策，如图 10-8 所示。用户只需要在对话框中输入查询所在地和目的地，就能立即了解相关政策。

图10-8　数据新闻《各地就地过年举措和返乡隔离政策一站查》

第二节　微信公众号的内容写作与版式设计专题

一、微信公众号的注册与设置

1. 微信公众号的注册

根据目前微信公众平台的规则，个人类主体仅可以注册一个微信公众号。首先，打开微信公众号的官方网站，点击"立即注册"后即可进入注册页面，如图10-9所示。

选择订阅号后进入基本信息填写页面，如图10-10所示，基本信息主要包括邮箱和密码，其中邮箱作为登录账号，必须填写未被微信公众平台注册，未被微信开放平台注册，未被个人微信号绑定的邮箱。输入邮箱后，点击"激活邮箱"按钮，输入的邮箱中将会收到一个6位的验证码，将验证码回填到"邮箱验证码"一栏即可。接下来输入密码并进行确认，勾选"我同意并遵守《微信公众平台服务协议》"，点击"注册"按钮，即可进入下一步。

图 10-9　微信公众平台注册页面

图 10-10　基本信息页面

　　如图 10-11 所示选择类型的时候，默认选择"中国大陆"即可，单击"确定"按钮进入账号类型选择界面。

① 基本信息 ── ② 选择类型 ── ③ 信息登记 ── ④ 公众号信息

请选择企业注册地，暂只支持以下国家和地区企业类型申请帐号

中国大陆　　　　　　▼

确定

图 10-11　选择国家和地区页面

在"账号类型选择"界面，选择"订阅号"，单击"选择并继续"进入下一步，如图 10-12 所示。

① 基本信息 ── ② 选择类型 ── ③ 信息登记 ── ④ 公众号信息

请选择帐号类型，一旦成功建立帐号，类型不可更改

订阅号	服务号	企业微信 原企业号
为媒体和个人提供一种新的信息传播方式，构建与读者之间更好的沟通与管理模式。	给企业和组织提供更强大的业务服务与用户管理能力，帮助企业快速实现全新的公众号服务平台。	为企业和组织提供专业的通讯与办公工具，员工能以专业的身份添加并服务客户，实现成交。
适用于个人和组织	不适用于个人	适用于企业和组织
群发消息　　　1条/天	群发消息　　　4条/月	群发消息　　　无限制
消息显示位置　订阅号列表	消息显示位置　会话列表	消息显示位置　会话列表
基础消息接口/自定义菜单　有	基础消息接口/自定义菜单　有	基础消息接口/自定义菜单　有
高级接口能力　无	高级接口能力　有	高级接口能力　有
微信支付　　　无	微信支付　　　可申请	微信支付　　　有
了解详情	了解详情	了解详情
选择并继续 >	选择并继续 >	选择并继续 >

图 10-12　选择类型页面

接下来进行信息登记，首先选择主题类型为"个人"，登记信息主要包括主体信息登记（身份证姓名、身份证号），管理员信息登记（管理员手机号等）和创作者信息（创作平台、创作者昵称、证明资料、证明链接等）。其中，管理员身份验证需要用微信扫描二维码并进行人脸识别验证。创作者信息为选填项，可以选择不填。信息全部填写完毕后点击"确认"按钮进入下一步"公众号信息"。

在"公众号信息"页面需要填写公众号的账号名称、功能介绍和运营地区等。注意公众号账号名称应当简洁明了，与公众号的内容定位、受众定位和风格定位等相一致。同时要注意与其他的公众账号名称的差异，要尽可能体现出自身的特色。功能介绍即公众号简介，当用户初次扫描关注公众号时会出现在账号下方，因此这部分要用简明扼要的语言概括公众号的主要内容、特色、创办理念等。语言风格可以不拘一格，根据公众号的内容风格选择使用恰当的语言风格即可。注意字数尽量控制在 42 字以内，超过 42 字会以折叠状态显示，传播效果不好。以上内容填写完成，单击"完成"按钮，微信公众号就注册完成了。部分媒体公众号的功能简介如图 10-13 所示。

图 10-13　部分媒体公众号的功能简介

2. 微信公众号的设置与开发

微信公众号的设置与开发主要包括公众号设置、人员设置、安全设置、违规记录查询、基本配置、开发者工具、运维中心和接口权限设置等。

其中，在"公众号设置"模块，我们可以修改公众号的名称（个人账号一年可以修改两次），微信号（一年仅能修改一次），公众号介绍（一个月最多可以修改五次）、登录邮箱（一个月可以修改一次），还可以进行公众号认证、视频号绑定、注销账号等操作，如图 10-14 所示。

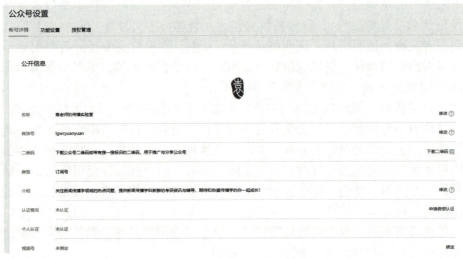

图 10-14　公众号设置页面

在"人员设置"模块，我们可以修改管理员的相关信息，还能绑定运营者微信号，最多可以绑定25个，如图10-15所示。

图10-15 人员设置页面

在"安全设置"模块，我们可以修改微信公众号的登录密码等信息，如图10-16所示。

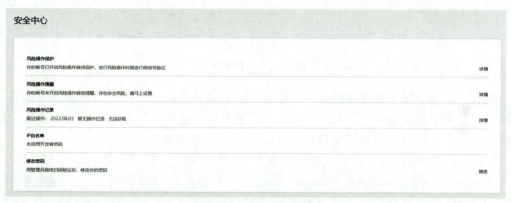

图10-16 安全设置页面

在"违规记录"模块，我们能够查询到运营账号的违规情况及相关规则，如图10-17所示。

违规记录

违规记录里记录了公众号的违规情况，运营者可随时进行查看，以更清晰了解帐号违规情况及相关规则。如对违规记录存在异议，可通过站内信处罚通知的申诉入口进行申诉。

以下为公众号的违规记录(2015年8月21日后)

记录ID	违规类型	违规内容	时间

图10-17 违规记录页面

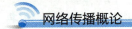

更高级的设置包括基本配置、开发者工具、运维中心和接口权限，其中基本配置可以修改或启用服务器配置等。

除此之外，还可以添加新功能，新功能主要包括内容与互动、广告与服务两个方面，其中，内容与互动部分默认开通的功能有原创、赞赏、视频弹幕、自动回复、自定义菜单、合计标签、投票等。

原创功能是指内容发布者可以对发布的内容进行原创声明，随后微信公众平台会对作者声明原创的内容进行审核，审核通过后该内容就能够获得原创内容的标识，如图10-18所示。获得原创标识的文章可以附加赞赏功能，用户阅读文章后可以通过赞赏功能向该公众号赠予赏金等，赏金在7天后会自动结算并进入公众号运营者的微信零钱包。

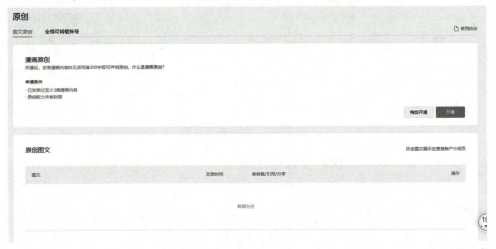

图 10-18 原创功能

微信公众号中发布的视频还支持弹幕功能，公众号受众在视频消息页发表弹幕后，能够及时在视频中得到显示。同时，视频发布者也可以通过微信公众平台的后台查看、删除弹幕，或者根据自身需要对某些弹幕进行优先显示，如图10-19所示。

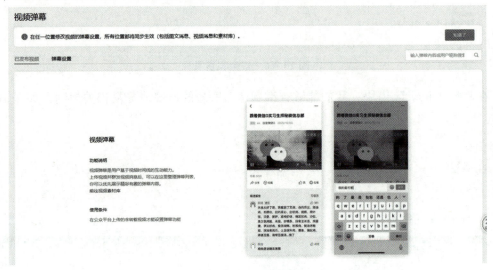

图 10-19 弹幕功能

为了弥补微信公众平台互动缺乏及时性等不足，运营者可以利用微信公众平台的自动回复功能，如图 10-20 所示。自动回复可以根据用户的三种行为进行设置，分别是关注时自动回复、发送消息时自动回复和根据关键词进行自动回复。

图 10-20　自动回复功能

自定义菜单功能是指用户可以在微信公众号的会话界面底部根据自身的需要设置自定义菜单，受众可以通过点击菜单接收消息、跳转链接等，如图 10-21 所示。

图 10-21　自定义菜单功能

合集标签功能方便作者对相同主题的内容进行整合，将文章、视频和音频等整合为合集后，受众可以连续浏览内容，还可以将合集内容一次性转发、收藏或分享到微信朋友圈等，如图 10-22 所示。

图10-22　合集标签功能

投票管理允许公众账号对投票进行新增、删除或查看等操作，如图10-23所示。

图10-23　投票管理

除上述功能外，还可以申请开通付费功能、微信红包封面等内容与互动功能，以及我的商店、卡券、客服、电子发票、门店小程序、一物一码等广告与服务功能。其中付费功能需要公众号至少发表过3篇原创文章且近3个月内无严重违规记录方能使用。使用付费功能的文章必须是原创文章，付费的方式可以设置成单篇付费或者合集付费两种。受众未付费的情况下仅能阅读部分指定内容，付费后才能阅读全文或撰写留言。微信红包封面功能要求以个人为主体的微信订阅号，其订阅用户数量达到100个并且已经在微信红包封面开放平台注册才能使用。满足以上条件的个人用户可以在微信红包开放平台定制并购买个性化的红包封面，并通过微信红包封面功能在图文消息中插入红包封面，受众可以通过点击的方式领取。

二、微信公众平台的基本操作

1. 单篇文章的推送

在微信公众平台上推送文章可以按照以下步骤操作。

第一步，打开微信公众平台官方网站，输入账号和密码，登录进入微信公众号的管理界面，如图10-24所示。

图 10-24　微信公众平台登录界面

第二步，在"新的创作"板块，根据需要发布的信息的形式选择创作模式并单击。目前微信公众平台为创作者提供了图文消息、选择已有图文、视频消息、视频号、直播、转载、图片消息、文字消息、音频消息等多种媒体形式，如图 10-25 所示。

图 10-25　"新的创作"板块

其中，选择已有图文可以从已经发表的文章、草稿箱或素材库中载入图文资源。视频消息、图片消息、文字消息、音频消息等分别支持视频、图片、文本与音频形式内容的上传。视频号和直播需要绑定后才能使用，绑定成功后，微信公众号主页将展示绑定的视频号。公众号也将展示在视频号的资料页上，受众在视频号观看视频的同时能够直接关注公众号，通过单击头像或昵称的方式进入公众号主页，便于通过视频等富媒体形式为微信公众号引流。直播功能也是如此，绑定后，当视频号开始直播时，公众号的受众能够在订阅号的消息列表、公众号主页或者文章顶部等位置看到作者的直播状态。接下来我们以最常用的"图文消息"为例，对微信公众号推文的发布进行介绍。

第三步，点击"图文消息"，进入图文消息编辑页面。

①输入文章的标题。平台要求文章标题字数不能超过 64 个字。但在实际操作中，标题的拟定不能过长，一是因为超过 38 个字的标题会以折叠的方式显示，省略号不但影响标题整体的美观度，还会给受众的理解造成障碍。二是因为标题不够精练会增加受众阅读的费力程度，更难引起受众的阅读兴趣。

②输入文章的作者。作者名字不能超过 8 个字，这部分并不是必须要输入的内容，可以选择不填。

③输入正文内容并排版。正文内容的排版非常重要，这将极大影响微信推文的传播效果。对于以文字为主的推文，尤其是文章内容较长的推文，正文中要尽量使用多级标题。同样级别的标题应当采用同样的格式，这样编排出来的微信推文才能够层次分明、美观清晰，便于受众的阅读和理解，提升用户的体验。建议正文标题的排版可以采用以下样式：一级标题字号使用 18 ~ 20px，加粗显示，居中对齐，标题上下可以留出 1 ~ 2 行的距离，

让标题更加醒目；二级标题字号使用 15～16px，如果没有三级标题的话，也可以使用与正文相同的字号，但建议加粗显示；如果文章正文需要使用三级标题，则使用 14～15px 字号，或者让三级标题使用和正文文字相同的字号，同样也建议加粗显示。注意，如果正文中的标题较长，需要根据标题的内容主动分段，系统自动分段不但影响美观度，还会影响内容的表达。正文的字号可以使用 14～16px，字符间距可以设置为 1.5～2，字符间距过小或过大都容易影响用户的阅读体验，字符间距过小会导致文字过于拥挤，难以辨识，字符间距过大会导致有效空间承载的信息量不足，尤其是在手机阅读环境下。行间距也是如此，建议行间距设置在 1.5～1.75。另外，文章中文字较多时，在不影响文章内容表述的前提下，以手机屏幕显示为标准，6 行或以上的文字建议分段，段落间一般空一行即可。

与传统的报纸、杂志等排版不同的是，微信正文不需要首行缩进，直接顶格写即可，既美观又实用。但是文字两边要留白，不要让正文内容显示后紧靠手机屏幕的两边，可以采用两端缩进的方式，具体的缩进距离根据文章的具体内容设置，一般 5～15 不等。正文的对齐方式包括左对齐、右对齐、居中对齐和两端对齐四种。其中居中对齐和两端对齐的效果更加美观。如果推文的文字内容较少，每行只有几个字，采用居中对齐的方式更加美观，且每个句子后面不需要使用标点符号。如果推文的文字内容较多，建议采用两端对齐的方式，文字会自动均匀排布。

另外，微信公众平台编辑器本身带有默认格式，默认的段后距为 24。从 Word 或者 WPS 文档中复制进正文编辑器的内容，将会自动使用编辑器的默认格式。如果已经在文档中编辑好格式了，可以在粘贴内容的末尾选择"保留源格式"，这样文档中的格式就自动带入编辑器了，如图 10-26 所示。

图 10-26　微信公众平台编辑器

④**上传封面图片**。在封面和摘要部分，可以拖拽或者选择封面，封面可以从正文或者图片库中选择。如果正文中插入了适合做封面的图片或者视频，可以直接从正文中选择。除此之外，还可以从图片库中选择。图片库属于素材库的一部分，如图 10-27 所示。

封面和摘要

> 选填，摘要会在订阅号消息、转发链接等文章外的场景显露，帮助读者快速了解内容，如不填写则默认抓取正文前54字
>
> 0/120

图 10-27　封面和摘要

一些经常使用的图片、音频或者视频可以在编写推文前上传到素材库中进行管理，便于在写作的过程中随时调用。其中图片素材限制每张图片的大小不能超过 10 MB，当素材库中的图片较多时，可以通过分组的方式对图片进行归类管理，除了系统提供的"最近使用""我的图片""未分组"外，还可以点击素材库右上角的"新建"按钮建立新的分组，分组完成后还可以点击"管理"按钮对已经设置好的分组进行"分组重命名""删除""拖拽"等操作。需要注意的是，系统默认提供的三个分组是不能进行以上操作的。音频素材文件大小不能超过 200 MB，格式可以为 mp3、wma、wav、amr、m4a 五种类型，音频上传的同时需要为其命名并选择合适的分类，命名的标题不能超过 30 个字符，分类可以选择财经、动漫、儿童等 20 种。音频上传成功后，平台将会对音频进行转码和审核，只有审核通过后的音频才能够公开发表、供受众播放。视频素材可以上传时长短于 1 小时的视频，支持大部分的视频格式，包括常见的在线流媒体格式（mp4、flv、f4v、webm）、移动设备格式（m4v、mov、3gp、3g2）、RealPlayer（rm、rmvb）、微软格式（wmv、avi、asf）、MPEG 视频（mpg、mpeg、mpe、ts）、DV 格式（div、dv、divx）、其他格式（vob、dat、mkv、lavf、cpk、dirac、ram、qt、fli、flc、mod）等。视频上传成功后首先要为视频拟一个清晰、准确、生动的标题并为其选择合适的分类，一个好标题能让受众印象深刻，准确的分类能赋予视频更多被受众发现的机会。然后可以给视频写一段简要的文字介绍，字数不能超过 300，要尽可能用简洁的语言将视频的主要信息、价值和特色表述出来。最后可以对视频文件进行发布设置，设置中包括弹幕、自定义贴片和合计标签三种功能。弹幕功能可以设置能够发送弹幕的用户，包括"所有用户""已关注用户""已关注 7 天及以上用户"三种选择。

无论从正文还是从图片库中选择完图片，接下来都要进入封面编辑步骤，微信公众平台提供了 2.35：1 和 1：1 两种裁剪比例，只需要拖动裁剪框选择图片中适合的部分即可。鼠标按住并拖动裁剪框的四个角能够改变裁剪框的大小。裁剪完成的 2.35：1 的图文封面将展示在订阅号的信息列表中和内容推荐里，1：1 的图片封面将展示在转发的链接卡片上。选择合适的部分裁剪并点击完成即可。

⑤**撰写文章摘要**。文章的摘要最多可以撰写 120 个字符。如果不主动填写摘要，系统

会自动抓取正文的前 54 个字作为摘要。为了保证良好的传播效果，摘要不但要主动填写，还要用心填写，尽可能通过摘要将正文中最精彩的部分展示出来，抓住受众的注意力。

⑥选择原创声明。原创文章可以声明原创。首先阅读图文原创声明须知并勾选"我已阅读并遵守相关协议"，接下来填写原创声明信息，包括赞赏、作者、文章类别、文章白名单等，最后点击"确认"按钮即可。

⑦完成文章设置。文章设置中提供了原文链接、快捷私信和合集三项功能，如图10-28 所示。其中原文链接功能可以通过添加链接的方式帮助受众找到原文，并为提供原文的相关账号或平台引流。选择快捷私信功能后，已经关注该公众号的受众就能够从文章内以快捷的方式发私信。选择合集功能，合集标签可以被受众订阅，也可以被推荐，选择合集标签后，文章开头将出现"收录于合集×××"的超链接，帮助受众快速找到标签下的全部文章，文章末尾将出现连续阅读的标志"上一篇×××""下一篇×××"等。

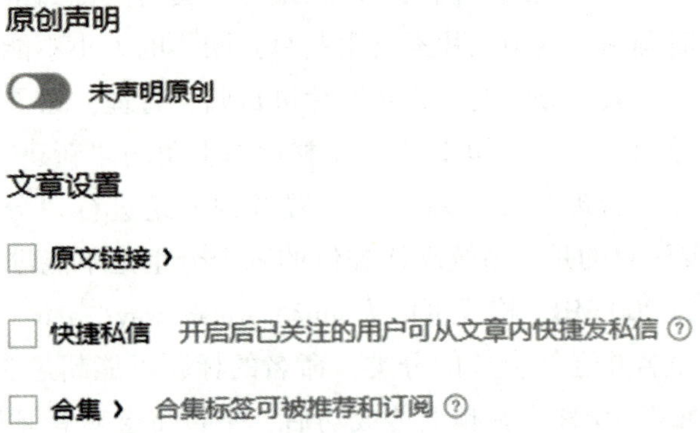

原创声明

⬤ 未声明原创

文章设置

☐ 原文链接 ＞

☐ 快捷私信　开启后已关注的用户可从文章内快捷发私信 ⑦

☐ 合集 ＞　合集标签可被推荐和订阅 ⑦

图 10-28　文章设置功能

第四步：保存或发布微信推文。未撰写完成的推文可以选择"保存为草稿"，留待下次继续撰写编辑。撰写完成的推文可以选择"预览"。点击"预览"按钮，微信公众平台将会生成临时的预览链接方便作者查看文章的实际效果，需要注意的是，预览链接仅短期有效，而且需要关注公众号后才能接收。预览链接可以同时发给多人的微信号，微信号之间按〈回车键〉进行分隔即可。在预览过程中，要认真检查微信推文中是否存在错别字、标点符号错误、排版错误等方面的问题。预览确定无误后才能进行文章的推送。文章的推送包括"群发"和"发布"两种形式。群发功能一天仅能使用一次，可以选择定时群发和分组群发，定时群发的时间可以设置在 5 分钟后的 48 小时之间，设置成功后不支持修改，但是可以在设定的时间到来之前取消，取消以后不占用群发的条数。分组群发可以按照用户的国家、性别或者标签（如星标用户）进行群发。点击群发后这篇推文就会被推送给关注该公众号的受众，并且显示在公众号的消息列表中。与群发功能不同的是，选择发布功能，微信推文并不会推送给关注该公众号的用户，也不会显示在公众号的消息列表中，但是发布的内容没有次数限制，受众通过"搜一搜""看一看"等功能能够看到发布的内容在信息流中的显示。发布的内容可以用于自动回复、自定义菜单、页面模板或者话题中，与"预览"功能不同的是，"发布"成功后就会生成一个永久性链接，如果作者想将发布的链接进行群发，可以在发表记录中找到这一链接，然后点击群发即可。

2. 多篇文章的推送

多篇文章推送通过点击编辑界面左侧的"＋新建消息"就能实现，也包括"写新图文""选择已有图文"等6个选项，编辑步骤与单篇文章推送的步骤完全一致，如图10-29所示。

图10-29 多篇文章编辑界面

微信公众号一次最多可以同时推送8篇文章，其中第一篇文章是头条文章，在信息流页面中，头条文章的标题和封面图片最为醒目，因此头条文章的标题拟定和封面图片的选择最为重要，它们能直接影响受众的点击率和公众号的关注度，从理论上来说，头条文章的点击率和阅读量往往是最高的。第二篇文章是次条文章，这篇文章也会显示在信息流中，但是标题和图片占据的面积比头条文章占据的面积小，因此，一般情况下，这篇文章的点击率和阅读量比头条文章要少得多，仅有头条文章的三分之一左右。这篇文章标题的拟定如果具有足够的吸引力，也能够带来很好的传播效果。剩下的6篇文章无法直接显示在信息流中，会被折叠起来，只有点击"余下×篇"才能够看到，因此，这部分文章的关注度和影响力就更弱了。一般情况下，只有前两条显示在信息流中的文章能够引起受众的兴趣，受众才有可能打开折叠的部分。

3. 实用功能介绍

（1）引用。如果公众号推文内容中某一部分或某几部分并不是原创的，作者可以使用"引用"功能对这些内容进行标注。这样做有两点好处，一是充分尊重他人的知识产权，避免版权纠纷等情况的出现。二是微信公众平台在进行原创内容审核时不会将标注了引用的内容计入原创内容，更加有利于原创内容的审核通过。点击编辑界面中的〈"〉按钮，就能够为引用内容插入引用格式，如图10-30所示。如果引用的内容来自微信公众号文章，首先输入引用文本，字数限制在300字以内，然后点击选择"输入文章地址"或"查找公众号文章"。如果选择"输入文章地址"，需要在下方输入引用文章所属公众号的文章链接；如果选择"查找公众号文章"，需要输入引用文章所属的公众号名称或者微信号。如果引用的内容来自外部，在填写完引用文本后，在引用来源处填写引文的作者、来源等

信息即可。

图 10-30　引用功能

（2）投票。公众号运营者可以通过投票功能对受众观点、满意度等进行调研。单击编辑界面中的"投票"按钮，就能够发起投票了。点击"新建投票"，进入投票设置界面，可以设置投票的名称、截止时间、投票权限、投票问题等。其中，投票名称不会显示在受众看到的投票内容中，只用来方便运营者进行投票项目的识别与管理，名称字数限定在 35 字以内即可；投票的截止时间最多可以设置到半年以后，在投票截止时间到来之前，可以对投票的截止时间进行修改，但修改的时间也不能超过从创建投票时间开始的半年时间，如果投票截止时间到了，就不能对截止时间进行修改了；投票选项默认为"所有人都可参与"，目前该选项还不支持修改；投票问题的设置包括标题、选择方式和选项三个部分，其中标题字数不能超过 35 个字，选择方式包括"单选"和"多选"两种，默认提供三个选项，如果默认选项数不够或太多，可以通过点击选项框右侧的"+"或"-"进行添加或删减。选项支持文字和图片两种格式，其中文字字数不能超过 35 个字，图片的大小不能超过 1 MB，格式为 png、jpeg、jpg 或 gif 均可，建议上传图片的最佳尺寸为"300×300"像素，这一尺寸的页面效果最佳。一个问题编辑完成后可以通过单击问题编辑框下方的"添加问题"继续添加其他问题。全部问题编辑完成后，可以先单击"预览"，检查投票项目中的内容和格式等问题，确认没有任何错误后就可以点击"保存"或"保存并发布"了。"保存"后的投票内容仍然可以再次编辑，但"保存并发布"的内容就不能继续编辑了。但是，"保存并发布"并不意味着受众能够使用投票功能了，接下来还需要把投票插入推文中，待推文发布成功之后投票才能够使用。新建好的投票发布成功后，返回文章的编辑界面，再次单击"投票"按钮，刚刚编辑好的投票会出现在投票列表中，单击选择并确定，就能将投票插入文章中了。带有投票功能的微信推文发布后，可以在投票列表中查看投票的相关情况，包括投票的人数、状态等。同时，还可以修改投票的截止时间，但是投票中的标题、选项等内容均不支持修改。投票完成后，运营者能够在投票详情中查看投票的相关数据并按照调研目的进行数据分析。需要注意的是，同一个投票项目如果重复出现在公众号的多篇文章中，投票的结果会累计在一起。但是针对同一个投票项目，同一个微信受众只能投一次票。投票功能如图 10-31 所示。

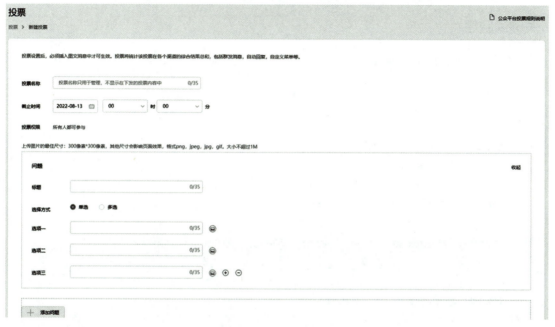

图 10-31　投票功能

4. 公众号的个性化设置

（1）自动回复设置。自动回复主要包括"关键词回复""收到消息回复""被关注回复"三种形式。

① "关键词回复"是指系统能够根据受众在公众号中输入的关键词自动回复设置的内容，如图 10-32 所示。单击"添加回复"按钮，即可进入"关键词回复"的设置界面，包括"规则名称""关键词""回复内容"和"回复方式"四个部分。其中"规则名称"不会作为回复内容显示给受众，只是为运营者的辨识和管理提供便利，最多不能超过 60个字。在"关键词"右侧的文本框中可以输入一个或多个可供识别的关键词，界面默认提供一个关键词，可以通过单击"关键词"输入框右侧的"+"进行添加。输入关键词后可以选择"半匹配"或"全匹配"两种形式。其中，"半匹配"意味着只要受众在公众号中发送的信息内包括设置的关键词，系统就会自动回复该关键词对应的内容；"全匹配"意味着受众必须精准地回复与设置关键词完全一致的内容，才能够自动回复该关键词对应的内容。多数情况下，选择"半匹配"设置更有利于微信公众号的互动。"回复内容"可以是已发表内容、文字、图片、音频、视频、视频号动态等多种形式。其中"选择已有图文"包括已经"群发"或者"发布"的内容。"文字"字数不能超过 300 字。图片和视频

可以从素材库中选择，也可以从本地上传文件，图片和视频的大小等要求与微信正文中对图片和视频的要求一致。音频支持从素材库中选择或者从本地上传，但是目前仅支持60秒以内的音频。由于版本兼容等问题，平台不支持长音频的自动回复。微信号与视频号绑定后，还可以将视频号的动态内容插入进来作为自动回复。"回复方式"可以选择"随机回复一条"或者"回复全部"。选择"随机回复一条"，系统会从回复内容中随机选择一条给受众进行回复；选择"全部回复"，则会将回复内容全部推送给受众。

图 10-32　关键词回复

②"收到消息回复"是对"关键词回复"功能的补充，如图 10-33 所示。设置好"收到消息回复"后，如果用户在公众号中发送的内容中不包含任何关键词，不论用户给公众号发送了任何内容，系统都会自动给受众发送统一设置的内容。"收到消息回复"目前主要支持文字、图片、音频、视频、视频号动态五种形式。其中文字最多可以设置600个字。其他形式回复内容的要求与"关键词回复"一致。

③"被关注回复"的设置方法与"收到消息回复"相同，但作用不同。"被关注回复"是受众关注公众号后收到的第一条自动回复内容，相当于公众号与受众初次见面"打招呼"的过程，如图 10-34 所示。

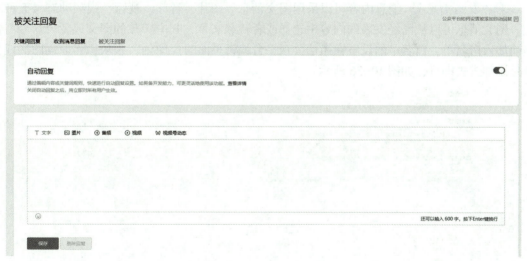

图 10-33　收到消息回复

根据公众号本身的定位、风格、内容等设置适宜的"被关注回复"内容，有利于迅速和受众建立良好的互动关系，赢得受众的好感。以央视新闻和南方周末的微信公众号为例，央视新闻微信公众号的"被关注回复"内容为"又来了一位有颜有才华的朋友，谢谢关注央视新闻，更多资讯下载央视新闻客户端"。南方周末微信公众号的"被关注回复"内容为"终于等到你！快把你想了解的话题在对话框里直接回复告知我们。南方周末2022 新年献词已发布，回复新年献词四字即可收到推送阅读"。两者都是在与受众"打招呼"的同时对自身的主要产品及特色进行了推荐。

图 10-34　被关注回复

（2）自定义菜单设置。在信息流状态下，微信公众号中的自定义菜单是被折叠起来的，无法直接显示。只有受众单击进入公众号后，才能在公众号下方看到自定义菜单栏，因此自定义菜单栏的作用不是引流，而是为用户提供更加丰富的内容或功能，为公众号维持流量。单击"自定义菜单"后即可进入菜单编辑界面，如图 10-35 所示。

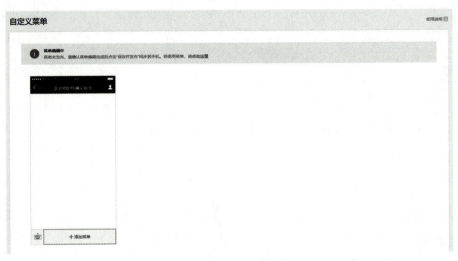

图 10-35　自定义菜单

　　菜单包括一级菜单和二级菜单两种，其中一级菜单直接显示在微信公众号手机端的屏幕下方，二级菜单是被折叠起来的，不能直接显示，需要受众单击一级菜单后才会出现。一级菜单最多可以设置三个，每个一级菜单下方还可以设置最多五个子菜单（即二级菜单）。

　　在不为一级菜单设置子菜单的情况下，可以编辑一级菜单的菜单名称和菜单内容。其中，菜单名称只能使用中英文或者数字，如果使用汉字，字数不能超过 4 个，如果使用字母，字母个数不能超过 8 个。因此菜单名称的命名要尽可能简洁、清晰、明了、独特。菜单内容可以选择三种方式呈现。

　　① "发送消息"。消息内容可以采用图文消息、图片、音频、视频、视频动态号五种形式。图文消息可以从已经发表的内容中选择或者转载文章，其中转载的图文或者公众号需要提前加入白名单，白名单的设置在微信公众平台编辑页面的"原创"板块，将原创图文或公众号添加进去即可，如图 10-36 所示。

图 10-36　发送消息

②"跳转网页"。选择此选项后，受众点击该菜单按钮就会跳转至运营者设置的网页中，将网页地址链接输入对话框即可，如图 10-37 所示。

图 10-37　菜单内容为"跳转网页"

③"跳转小程序"。选择此选项后，受众点击该菜单按钮就会跳转至小程序中，除了选择相关的小程序外，还可以添加备用网页，目前旧版微信不支持小程序，如果受众使用的是旧版微信，当用户点击菜单时，系统会打开备用网页，以免影响用户体验，如图 10-38 所示。

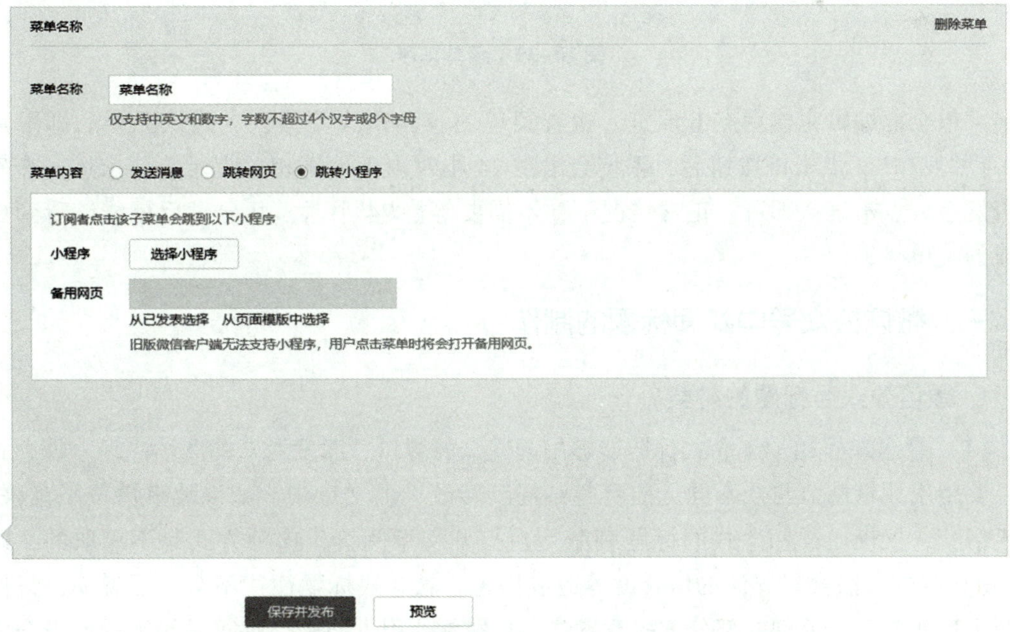

图 10-38　菜单内容为"跳转小程序"

二级菜单的设置方式与一级菜单相同，但是子菜单的名称可以比一级菜单长，如果是汉字，最多可以使用 8 个，如果是字母，最多可以使用 16 个。需要注意的是，如果一级菜单中包含子菜单，菜单内容将无法编辑，只能编辑菜单的名称。编辑菜单的过程中可以随时调整一级菜单的顺序，单击编辑界面中的"菜单排序"按钮，将一级菜单拖动到合适的位置后，单击"完成"按钮即可，如图 10-39 所示。

图 10-39　菜单排序

菜单全部编辑完成后点击预览，检查菜单内容和格式等错误，确认无误后即可点击"保存并发布"。点击该按钮后，系统会出现 24 小时内生效等相关提示，要求进一步确认是否发布，点击确认即可。正常情况下，不需要等待 24 小时，几分钟后就能够看到更新完成的菜单栏了。

三、微信公众号中新闻标题的制作

1. 微信公众号标题的种类

（1）悬念式标题。悬念式标题能够吊起受众的胃口，激发受众的阅读兴趣。悬念式标题主要用于故事情节与众不同、前奏与结局反转较大的文章中。如果故事情节平凡普通、流于俗套，仅仅通过悬念式的标题刺激受众打开文章阅读，这种方式是不可取的，这类"标题党"的做法会对媒体的信誉度等造成伤害。悬念式标题往往不会把话说完，只保留一两个新闻要素，关键的部分被故意省略，且经常使用省略号、感叹号等来激发受众的想象空间。

 **相关案例**

> 中国青年报微信公众号2022年8月10日推送的文章《关注丨外交部深夜发布！》在标题中将发布的内容隐去，吸引受众点击阅读。
>
> 人民日报微信公众号2022年8月12日推送的文章标题为《治愈一幕！》，仅有四个字的新闻标题，报道内容为顺利完成造血干细胞移植的两兄弟，一个11岁，另一个只有4岁。
>
> 人民日报微信公众号2022年7月23日报道了一对英雄父女的故事，父亲张保国是一名排爆警察，在执行任务时被烧成重伤。女儿张汝佳深受父亲的影响，长大后也选择成为一名警察。该篇报道的标题为《父亲排爆时被烧成重伤，女儿长大后选择……》，标题中省略的文字与女儿最终的选择形成了较大的反差，使报道内容更加令人感动。

（2）**直接引语式标题**。直接引语式标题是指直接用新闻报道中某个关键人物的语言作为新闻标题。直接引语式标题具有明显的口语化特征，更能体现新闻的真实性和贴近性，能够营造出清晰的画面效果。引用的语言本身具备的感情色彩越强烈，标题越能打动人。需要注意的是，语言的选择要能够反映新闻报道的核心及全貌，不能断章取义，为了博取眼球片面强调某句话的重要性。

 **相关案例**

> 人民日报微信公众号2022年8月12日发布的新闻《"警察叔叔，我可以摸摸警车吗？"》讲述了暖心民警巡逻时，遇到从外地来给孩子看病的三人，其中一名儿童第二天要进行脑部手术，孩子家人称其从小就特别喜欢和警察有关的东西，最喜欢的就是警车。了解该情况后，民警将孩子抱上警车，让他体验一次当"警察"的感觉，还向孩子科普各种警械的名称、用途等，并让孩子参与了"巡逻任务"。这篇推文直接用孩子的问话作为标题，不但能够制造悬念，吸引受众打开阅读，孩子稚嫩又充满渴望的话语还能够引发共情，达到良好的传播效果。
>
> 人民日报微信公众号2022年7月29日报道了一位河南商丘的"90后"小伙，为了完成患上渐冻症的母亲的愿望，辞职后用31天时间带着母亲去各地旅游的感人故事。该篇报道的标题就使用了这名"90后"在采访中的一句话，标题为《既然治愈不了，那就站到山上、踩着海水》。
>
> 2022年暑假期间，北部战区海军某团官兵借宿山东省某小学宿舍时，发现了一张"神秘"的纸条，上面歪歪扭扭地写满了拼音和文字。这张纸条来自已经放暑假的孩子们，他们通过这样一种质朴的方式向即将来学校的解放军叔叔们表达了暖心的问候。因此，这条新闻的标题就直接使用了孩子们在纸条上的留言《你好呀！我以后 hái 会 jiàn dào 你吗？》。

（3）**行进式标题**。行进式标题往往用于重要事件的连续报道或突发事件报道中，用来突出强调事件的最新进展或事物的变化过程。使用行进式标题能够拉近受众与新闻事件之间的距离，增强新闻报道的贴近性。行进式标题中最为典型的运用是新华社的"刚刚体"。

相关案例

　　2017 年 6 月 21 日，新华社微信公众号推送了一篇标题为《刚刚，沙特王储被废了》的文章，由于其权威的发布来源与平民化、接地气的语言表述方式，这篇文章迅速引起了网友的广泛传播。推文发布后十分钟左右，阅读量就达到了 10 万多，36 小时内点击量达到 800 万，成为当时阅读量、点赞量等最高的报道，转发量 46 万次，留言评论近 7 万条。"刚刚体"良好的传播效果让很多媒体纷纷模仿。

　　央视新闻微信公众号 2022 年 8 月 12 日发布了新冠肺炎疫情动态新闻报道，文章标题为《本土新增 648+1 203，其中海南 595+614》，封面图片为"疫情速报"四字，通过标题将疫情的最新情况展示出来。

　　国家移民管理局微信公众号 2022 年 8 月 12 日发布的新闻标题为《最新消息！调整多项抵港人士检疫安排》，封面图片为"提醒"二字，通过标题向受众传达近期抵达香港的部分人群相关检疫政策发生了变化。

　　（4）提问式标题。用问题做标题是微信公众号推文标题拟定比较常用的方法。问题可以是反问、设问等多种形式。用问题做标题更容易使受众的注意力集中，甚至不由自主地反问自己并渴望了解其他人对待问题的看法，从而对新闻产生阅读兴趣。需要注意的是，标题中提出的问题，在正文中必须给出答案，否则就容易沦为"标题党"，使微信公众号的信誉度受损。

 相关案例

　　南方周末微信公众号 2022 年 8 月 12 日发布的推文标题为《现在做新媒体还有前途吗？》，这一标题对于大部分从微信公众平台中获取信息的新媒体受众来说，具有很强的吸引力。

　　新闻与写作微信公众号 2022 年 8 月 12 日发布的推文标题为《救命！离开表情包就不会表达？盘点豆瓣那些写进你心里的回复》，标题用设问的方式表述了该篇推文的主要内容为豆瓣网中的精彩回复，相比于平铺直叙的方法，设问的方式更加灵活、生动。

　　2022 年 8 月 9 日，一段有关四川泸州福康医院会议 PPT 目录内容的视频在网络上广泛传播，视频中显示的 PPT 目录中出现了"怎么让病人长期留下来"等表述，引起了网友对该医院医德医风的质疑。面对质疑，该医院给出的答复是"新来的员工对 PPT 制作不熟练，因此造成词不达意的情况，让社会公众产生了误解"。青年观察微信公众号 2022 年 8 月 12 日针对此事进行了深入报道，新闻标题为《"怎么让病人长期留下来"，只是医院员工"词不达意"？》。

2. 微信公众号中新闻标题的写作技巧

　　（1）引发情感共鸣，突出真情实感。情感的运用能够赋予文字强大的穿透力和感染力。微信公众号标题的写作应当注重真情实感的表达，贵在真，重在实，将最能引发受众情感共鸣的要素作为确定受众情感突破口的参照物，不断提升新闻报道的传播力。

相关案例

> 2022年7月24日人民日报微信公众号报道了担任问天实验舱发射任务"金手指"的工程师刘巾杰。"金手指"是指在火箭发射现场，在指挥员下达命令后，按下红色点火按钮的工作人员。在实际工作中，"金手指"负责的发控台是火箭控制系统的核心中枢，有100多个按钮，每一个按钮都代表一个控制指令，四个显示器上有近300个参数和状态灯，每个参数代表了前端不同设备的状态。刘巾杰在成为"金手指"之前几乎在控制系统的各个岗位都工作过，用7年的时间将对工作的熟悉度训练到极致。该新闻标题为《为了这轻轻一按，她准备了7年……》，标题通过强烈的时间对比将对航天工作人员的崇敬之情表达了出来，引发了受众的情感共鸣。
>
> 2022年4月24日人民日报发起了"带着我的梦想上天宫"征集活动，邀请受众给中国航天员写一封信寄往"天宫"，可以提问题、谈心愿、聊梦想等，分享自己和航天的故事。人民日报微信公众号对这一活动的报道标题为《你有什么梦想，写下来，我们送它上天宫》，语言简单质朴，却流露出满满的诚意。
>
> 2022年4月14日，遵义蓝天救援队队长邹鑫在对两艘作业设备实施打捞的过程中失联，4月17日，他的遗体被发现，遇难时他只有43岁。4月18日，高速公路遵义东站出口处汽车齐鸣，数百人赶来迎接其灵柩归乡。人民日报微信公众号4月19日对此事进行了报道，标题为《邹鑫，我们接你回家了!》，用第一人称传递出对邹鑫的缅怀之情。

(2) **文字优美动人，触动受众内心**。优美的文字是对新闻内容的精准传达，更是对新闻主题的提炼和升华，往往能够触动受众内心最柔软的地方，引发受众的强烈共鸣。

相关案例

> 北京时间2022年7月24日14时22分，搭载问天实验舱的长征五号B遥三运载火箭在我国文昌航天发射场准时点火发射，约495秒后，问天实验舱与火箭成功分离并进入预定轨道，发射取得圆满成功。当天，人民日报微信公众号发布的新闻标题为《问天升空，叩问苍穹》，语言简洁豪迈，既表达出了问天实验舱升空等太空实践的意义，又展现了我国航天事业飞速发展的豪情。
>
> 2022年4月3日，人民日报微信公众号推送了一条时长一分半的短视频，用优美的画面展示了美丽春光中的祖国大好河山，标题为《春已至花已开，盼疫散愿人安》。

(3) **适当使用"网络热词"**。使用网络热词是微信公众号新闻标题的一种创新方式。网络热词的使用能够迅速拉近传播者与受众的距离。但是，并不是所有的网络热词都能够作为微信公众号的新闻标题，一些庸俗低俗媚俗的标题并不适合作为新闻标题，尤其是主流媒体微信公众号的新闻标题。哪些网络热词能够使用，是对微信公众号编辑的文字水平与价值判断的综合考验。

> 2022年7月4日人民日报微信公众号报道了南京理工大学研究生李天意，李天意是兵器发射理论与技术专业的研二学生，年仅25岁的他已经连续4年在期末为本科生开设高等数学讲座，同时，他将自己精心整理的教学讲义和讲解视频上传网络，分享给更多的人。由于他的课程视频生动有趣，体现出了非常积极的生活态度，吸引了数十万人在线学习，不少网友称他为"招生代言人"，南京理工大学也对此事表示了积极的肯定。这则推文的标题为《你是招生办的，实锤了~》，其中"实锤"是网络流行用语，字面意思为很重的锤击，引申意思为某些事情有了确凿的证据，能够确定事物的性质。
>
> 2022年5月18日是国际博物馆日，人民日报微信公众号将十八大以来习近平总书记到访过的博物馆进行了整理，总结报道了习近平总书记对文物保护和文化传承工作的一系列安排部署，报道的标题是《这些年，习近平"打卡"过的博物馆》。

四、微信公众号中的新闻写作

1. 使用倒金字塔结构

虽然微信公众号支持长文写作，从理论上讲，微信推送的新闻没有字数限制，但是实际上，用户进行微信公众号在手机阅读状态下的阅读费力程度，尤其是阅读文字的费力程度较高，再加上用户往往是在移动场景下利用碎片化时间进行阅读，因此，微信公众号中的新闻写作仍然要采用倒金字塔结构，将最重要的信息放在最前面。

> 2022年8月5日，澎湃新闻微信公众号对中国男排亚洲杯比赛进行了报道，该报道采用了倒金字塔结构，其报道原文如下。
>
> **3比0击败日本队，中国男排冠军！**
>
> 北京时间8月14日晚，2022男排亚洲杯的冠亚军决赛上演。中国男排在争冠之战中与日本男排狭路相逢，最终3比0战胜对手，时隔十年再度夺得男排亚洲杯冠军。
>
> 本届亚洲杯共有11支队伍参赛，中国男排先是在小组赛中连胜中国台北男排和巴林男排进入复赛，复赛中又先后击败巴基斯坦和伊朗，一路闯进四强。
>
> 半决赛中，中国男排与同样派出了主力阵容的老对手韩国男排遭遇，在两度落后的情况下，中国男排两度将大比分扳平，最终在决胜局以17比15获胜，3比2艰难赢下比赛。
>
> 这是中国男排时隔6年再次进入亚洲杯决赛。2016年亚洲杯上，中国男排曾闯进决赛，最终获得亚军。此次再度拿到决赛门票，主教练吴胜认为，球队顶住了压力，展现出了顽强拼搏的精神。
>
> 而上一次中国男排在亚洲杯夺冠，还是在2012年。想要时隔10年再度捧得亚洲杯，中国男排也面临着日本队的严峻挑战。本场比赛，中国男排派出的首发阵容是俞元泰、于垚辰、张哲嘉、彭世坤、张冠华、张景胤、杨一鸣。

第一局比赛一开始，双方的对抗就非常激烈，虽然日本男排没有派出最强阵容，但在网口高度处于下风的情况下，日本队还是利用进攻的多样性给中国男排制造了麻烦，双方比分在僵持中交替上升。局末阶段，中国队依靠强势的发球取得优势，成功以25比20先下一城。

第二局日本队提升进攻表现，率先取得了10比5的领先，好在局末阶段中国男排再度发威，将比分追平并完成反超，成功以25比23再度拿下一局。

第三局比赛，双方激烈的争夺仍在继续，但来到局末的关键分，中国男排又一次展现出强大的心态，在第二个赛点成功兑现，最终以3比0的比分赢下了本届亚洲杯的冠军。

在结束亚洲杯的征程后，中国男排的下一个大赛任务将是世锦赛。根据赛程安排，2022年男排世锦赛将于8月26日至9月11日在波兰和斯洛文尼亚举行。

2. 文章字数不应过多

除了必要的深度报道类新闻以外，一般微信新闻的长度不能超过2 000字，应当尽可能用简单明了的语言将新闻内容讲清楚。短新闻不但能够提升用户的完整阅读率，还能够有效提升用户的转发率。微信公众号等新媒体平台与传统媒体相比，其优势主要通过时效性、互动性等特点来体现，短新闻能够极大提升新闻发布的时效性。同样是对2022年8月5日晚男排亚洲杯比赛的报道，人民日报微信公众号的报道时间比澎湃新闻快了一个多小时，其报道全文为："8月14日晚，2022年男排亚洲杯决赛在泰国佛统体育馆结束争夺，中国男排以3比0战胜日本男排时隔十年再度夺得亚洲杯冠军，祝贺中国男排!"全文包括标点符号在内共计63个字。

3. 文字表述口语化

与传统媒体相比，微信公众平台的新闻受众更加多元化，口语化的文字表述风格更加容易获得广泛的受众认可。亲民化、口语化的新闻表述不但能够降低新闻阅读的费力程度，还能够有效提升新闻的贴近性和趣味性。中央广播电视总台新闻新媒体中心推出的短视频栏目《主播说联播》节目也通过央视新闻微信公众号进行发布，节目内容紧密结合当天重大事件和热点新闻，用通俗的语言传递主流声音。

 相关案例

2022年8月14日，《主播说联播》栏目的推文标题为《这"三好"，你做到了吗?》，其正文部分内容如下："今天来说一个让人很暖心的群体：中国好人。先问大家几个问题，您觉得什么样的人才算中国好人? 身边有这样的好人吗? 昨天，习近平总书记在一封回信中，就提到了两位典型的'中国好人'，他们分别是李培生和胡晓春。李培生被称为是黄山峭壁上的'扫地僧'，20多年来坚守在黄山，攀上爬下，捡拾垃圾，宁脏一人不污一处; 胡晓春是黄山迎客松第19任'守松人'，十余年来，每年超过300天守在山上，与迎客松为伴，并写下厚厚的《迎客松日记》。他们俩有个共同特点，就是用平常心做不平常事，在平凡工作中创造不平凡业绩，这一点非常可贵，他们入选中国好人榜，实至名归。"

五、优秀微信公众号新闻赏析

1. 新闻消息

2019年3月22日，习近平主席访问欧洲，在回答意大利众议长菲科提问时说，"我将无我，不负人民。我愿意做到一个'无我'的状态，为中国的发展奉献自己。"人民日报以微镜头的形式记录了这段精彩对话，再现了高层访谈过程中的动人细节，展现了大国领袖的人民情怀，呈现了我国在世界外交舞台的风采魅力。报道《习近平：我将无我，不负人民》瞬间引爆网络，国内外广泛转载，成为全网点击量过亿的刷屏爆款文章。新闻原文如下：

习近平：我将无我，不负人民

"最后，我有一个很好奇的问题，不知能不能问一下？"

22日下午，意大利众议院，习近平主席同众议长菲科举行会见。临近结束时，"70后"的菲科突然抛出了这句话。

全场目光注视着他。

"您当选中国国家主席的时候，是一种什么样的心情？"听到众人的笑声，菲科补充道："因为我本人当选众议长已经很激动了，而中国这么大，您作为世界上如此重要国家的一位领袖，您是怎么想的？"

习近平主席的目光沉静而充满力量，他说："这么大一个国家，责任非常重、工作非常艰巨。我将无我，不负人民。我愿意做到一个'无我'的状态，为中国的发展奉献自己。"

稍作停顿，他继续讲道："一个举重运动员，最开始只能举起50公斤的杠铃，经过训练，最后可以举起250公斤。我相信可以通过我的努力、通过全中国13亿多人民勠力同心来担起这副重担，把国家建设好。我有这份自信，中国人民有这份自信。"

"欢迎你到中国去！看看一个古老而现代的中国，看一看勤劳智慧的中国人民。"

受到习近平主席的邀请，菲科朗声答道："我一定会去的！"

这篇新闻切口小、格局大，篇幅短、韵味长，文风清新、立意深远，是一篇微中见大的新闻佳作。其优点主要体现在以下三个方面：第一，视角独特，"微"场景中见大道。文章通过领导人对话这一微镜头，引出党和国家领导人治国理政的大话题，彰显了习近平主席夙夜为公的使命担当。第二，构思新颖，"微"话题中见大义。把"我将无我，不负人民"这句话作为题目，主题突出、观点鲜明，人民领袖的大情怀、大担当跃然纸上。第三，文风简洁，"微"篇幅中见大势。新时代，新文风，文虽短，意深长。这篇文章是人民日报顺应融合报道新趋势、契合移动传播新业态的优秀作品。

该作品获得了第三十届中国新闻奖一等奖，其获奖的推荐理由为：文约意丰、立意高远，在不长的篇幅中生动展现了习近平主席忘我奉献的公仆精神，向世人展示了大国领袖的人格魅力。"微传播"产生"巨能量"，可圈可点。作品新闻价值高、时效性强，标题简洁明快，直接引语运用精当，制作精良，成为引爆互联网的现象级精品力作。

2. 新闻评论

2020年6月，一些地方农村合村并居工作推进引发群众不满和质疑，引起了社会的高度关注。为什么本来想办好事却搞得怨声载道，甚至办成了让群众失望的糟心事？人民日报政文微信公众号作者徐隽在深入了解实情的基础上，撰写评论，分析了合村并居的目的、工作中存在的问题和原因、化解矛盾的办法。值得一提的是，评论结合刚刚通过的《民法典》相关条文，鲜明地提出了"各级领导干部在处理合村并居这样的问题时，真正对标对表""把民法典体现的对公民人身、财产、人格的保护精神落到实处，把法治政府建设的要求落到实处"等重要观点。评论在人民日报政文微信公众号首发，点击量迅速过万。此后，人民日报客户端全文转发，点击量超过百万，评论量超过千条。长沙晚报、凤凰网、网易客户端等120多个报网端微转载，众多网友评论，一些涉及"合村并居"乱象的地区，网友在朋友圈转发评论，形成刷屏之势，迅速引起有关地方和部门高度重视。涉事相关省委省政府主要负责人立即开展调研，提出整改措施。不久后，中央领导作出重要批示。百度百科在关于"合村并居"的词条中全文收录该评论，作为对合村并居的重要评价。该新闻评论原文如下。

合村并居问题，能否在民法典里找到答案？

近日，一些地方农村合村并居引起了舆论关注。所谓合村并居，就是把临近的几个自然村拆除，农民合并居住到新的社区。据说，推进这件事的背景是一些农村村级组织运转成本高、基层负担重，空心村比例高、土地浪费严重，基础设施建设成本高、公共服务水平低，等等。计划通过合村并居改革落后的农村结构和管理体制，改善群众的生产生活环境，更好地集约土地、发展经济。

应该说，初衷是好的。但个别地方在工作推进中引发群众不满、舆论质疑，很重要的原因是实际操作背离了初衷。还没有把何时何地建好新的社区向群众说清楚、讲明白，就开始拆迁动员；刚建好广场、路灯、硬化路的"美丽乡村"说拆就拆；补偿标准不由分说，接受也得接受、不接受也得接受；以影响子女上大学、考公务员等，威胁逼迫"钉子户"尽快拆迁……种种做法和文件里合村并居的美好愿景相去甚远。

问题出在哪？太急。心急，急于求成；出手急，不顾群众感受。这样就出现了不区分实际情况、不做耐心细致的工作、强力推进、强令上楼的现象。根本的还是一些地方领导干部存在长官意志、替民做主的问题，容易滋生工作中简单粗暴的做法。

由于拆迁工作推得急，后续政策跟不上，一些农民房屋被拆后，住在临时搭建的板房里；一些农民虽然上了楼，但干的还是地里的活，在田边搭窝棚；一些原本各有所居的农民被安置在一套房里，婆媳矛盾、翁婿矛盾激化……

本来想办好事，却搞得怨声载道，甚至办成了让群众失望的蠢事。这其中，除了官僚主义、形式主义作风问题，还得深入分析，"齐步走""一刀切"式的合村并居，适不适合当地的发展阶段、经济基础、社会文化传统。中国农民安土重迁，土地、祖宅、住房绝不仅仅是物质财产，更是精神依托。农民上楼容易，但上楼后的工作、生活怎么安排，不是靠"倒逼"就能解决的。

坚持以人民为中心的发展思想，容不得漠视群众意愿、损害群众利益，更容不得违反法律、背离法治。不久前，全国人大审议通过了民法典，全社会保护公民民事权利的意识空前提高、氛围浓厚。习近平总书记强调："各级政府要以保证民法典有效实施为重要抓手推进法治政府建设，把民法典作为行政决策、行政管理、行政监督的重要标尺，不得违背法律法规随意作出减损公民、法人和其他组织合法权益或增加其义务的决定。"希望各级领导干部在处理合村并居这样的问题时，真正对标对表，把民法典体现的对公民人身、财产、人格的保护精神落到实处，把法治政府建设的要求落到实处。

该作品获得了第三十一届中国新闻奖三等奖，其获奖的初评评语为：描述现象客观准确，分析问题深刻到位，提出建议中肯可行。在对"合村并居"这一热点事件的各类评论中，该文较为全面、客观、理性。同时，该文不失锐气，充满战斗力，紧扣"合村并居"和"民法典"两个热点新闻事件，从中巧妙找到联系，使观点更有说服力，更具针对性，发挥了评论针砭时弊、激浊扬清的作用，为主流媒体在全媒体舆论场积极有效引导热点事件积累了经验。

课后思考

1. 通过网络查找一篇优秀的数据新闻报道并进行分析。
2. 撰写一篇人物报道并用微信订阅号推送。
3. 撰写一篇新闻消息并用微信订阅号推送。

【春风化雨　润物无声】

作为党的政策主张的传播者、时代风云的记录者、社会进步的推动者、公平正义的守望者，广大新闻工作者肩负着光荣使命和重大责任。牢记职责使命，倾听大地心跳，为人民抒写，为时代放歌，在党心民意、国计民生的交融辉映中展示经济社会发展新变化，用生动的笔触、鲜活的镜头全方位呈现我们党治国理政新气象……

回溯历史，诞生于民族危急存亡时刻的党的新闻事业，在战火硝烟的战争年代艰难成长，在艰苦奋斗的社会主义建设中逐渐壮大，在改革开放的大潮中迅速发展，在自信自立的新时代激流勇进。范长江历时10个月、行程6 000余里，用双脚丈量了中国的西北角；魏巍在战火纷飞的战场上书写"最可爱的人"，激扬了人们保家卫国的豪情壮志；穆青"把根扎在最厚的土层里"，通过夜以继日的采写树立起县委书记的好榜样……一代代党的新闻工作者以优秀的作品、优良的文风、过硬的作风，勇担新闻工作者的职责使命，忠诚奉献自己的心血智慧，让党的旗帜高高飘扬。

党的二十大报告提出："实践告诉我们，中国共产党为什么能，中国特色社会主义为什么好，归根到底是马克思主义行，是中国化时代化的马克思主义行。"广袤的神州大地上，一个个生动的奋斗故事，蕴藏着中国共产党为什么能、中国特色社会主义为什么好的关键密码。对新闻工作者而言，矢志增强脚力、眼力、脑力、笔力，坚持用双脚丈量大地、用慧眼洞察问题、用思想研析现实、用妙笔书写时代，更加贴近实际、贴近生活、贴近群众，才能更好展现中国道路的光明前景、中国制度的显著优势、中国发展的世界贡献，彰显一个百年大党为中国人民谋幸福、为中华民族谋复兴的初心使命。

2022年11月8日《人民日报》殷陆君《在新征程上续写经彩华章》节选

附　录

Why Many Police Traffic Stops Turn Deadly

Officers, trained to presume danger, have reacted with outsize aggression. For hundreds of unarmed drivers, the consequences have been fatal.

By David D. Kirkpatrick, Steve Eder, Kim Barker and Julie Tate

"Open the door now, you are going to get shot!" an officer in Rock Falls, Ill. , shouted at Nathaniel Edwards after a car chase.

"Hands out the window now or you will be shot!" yelled a patrolman in Bakersfield, Calif. , as Marvin Urbina wrestled with inflated airbags after a pursuit ended in a crash.

"I am going to shoot you—what part of that don't you understand?" threatened an officer in Little Rock, Ark. , adding a profanity, as she tried to pry James Hartsfield from his car.

The police officers who issued those warnings had stopped the motorists for common offenses: swerving across double yellow lines, speeding recklessly, carrying an open beer bottle. None of the men were armed. Yet within moments of pulling them over, officers fatally shot all three.

The deaths are among a series of seemingly avoidable killings across the United States. Over the past five years, a New York Times investigation found, police officers have killed more than 400 drivers or passengers who were not wielding a gun or a knife, or under pursuit for a violent crime—a rate of more than one a week.

Most of the officers did so with impunity. Only five have been convicted of crimes in those killings, according to a review of the publicly reported cases. Yet local governments paid at least \$125 million to resolve about 40 wrongful-death lawsuits and other claims. Many stops began with common traffic violations like broken taillights or running a red light; relative to the population, black drivers were overrepresented among those killed.

The recurrence of such cases and the rarity of convictions both follow from anoverstatement, ingrained in court precedents and police culture, of the danger that vehicle stops pose to officers. Claiming a sense of mortal peril—whether genuine in the moment or only asserted later—has often shielded officers from accountability for using deadly force.

"We get into what I would call anticipatory killings," said Sim Gill, the district attorney for Salt Lake County, Utah. "We can't give carte blanche to that. "

In case after case, officers said they had feared for their lives. And in case after case, prosecutors declared the killings of unarmed motorists legally justifiable. But *The Times* reviewed video and audio recordings, prosecutor statements and court documents, finding patterns of

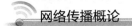

questionable police conduct that went beyond recent high – profile deaths of unarmed drivers. Evidence often contradicted the accounts of law enforcement officers.

Dozens of encounters appeared to turn on what criminologists describe asofficer–created jeopardy: Officers regularly—and unnecessarily—placed themselves in danger by standing in front of fleeing vehicles or reaching inside car windows, then fired their weapons in what they later said was self–defense. Frequently, officers also appeared to exaggerate the threat.

In many cases, local police officers, state troopers or sheriff's deputies responded with outsize aggression to disrespect or disobedience—a driver talking back, revving an engine or refusing to get out of a car, what officers sometimes call "contempt of cop. "

In dashboard – and body – camera footage, officers could be seen shooting at cars driving away, or threatening deadly force in their first words to motorists, or surrounding sleeping drivers with a ring of gun barrels—then shooting them when, startled awake, they tried to take off. More than three–quarters of the unarmed motorists were killed while attempting to flee.

"We have got to take him out," an Oklahoma state trooper declared over the radio in 2019 to patrolmen chasinga man in McAlester suspected of shoplifting a bottle of vodka. The officers used their cars to force his S. U. V. from the road, opened a door as it rolled slowly past and shot from both sides, killing the driver, dashcam footage shows.

A Tennessee sheriff ordered his deputies to fire at a motorist with a suspended license in 2017: "Don't ram him, shoot him!" he later recounted saying, according to a body–camera recording. Knocking the man off the highway might "tear my cars up!"

Struggling to subdue a driver a few months later, a patrolman in Moundridge, Kan. , warned that the man might be reaching for a police sidearm; an officer shot him, another struck his head with the butt of a shotgun and a third pummeled his body with a baton—killing him though he never touched a gun, video records show. And last year a body camera recorded an officer in Las Cruces, N. M. , warning a motorist that he would "choke you out, bro," then pinning him in a headlock. "A good little scrap," the officer called it, before realizing the man had died.

Some families of the drivers said that their relatives were not blameless. "I don't have my head buried in the sand," said Deborah Lilly, whose 29–year–old son, Tyler Hays, had drugs in his car and tried to run away when he was pulled over for tinted windows last year by a sheriff's deputy in Hamilton County, Tenn. "I am just saying he did not deserve to get shot in the back. " (Over the next three months, the deputy shot at two other unarmed drivers, wounding one.)

Almost all of the officers involved in these cases declined to comment or could not be reached. Advocates for the police argue that the dangers of stopping cars require readiness to use deadly force. "I have watched enough videos of an officer who is not on edge enough and his dashcam films his own death," said Larry James, general counsel of the National Fraternal Order of Police. "What are you going to do? Are you going to be indicted, or are you going to be buried?"

Traffic stops are by far the most common police encounters with civilians, and officers have reason to be wary in their approach: They don't know who is inside a car or whether there are weapons. Ten officers have been killed this year in such interactions, including a Chicago officer who was shot in August by a passenger during a traffic stop for an expired registration.

But some police chiefs and criminologists said that alarmist training about vehicle stops has made officers too quick to shoot at times, resulting in needless killings. Academies and commanding officers often rely on misleading statistics, gory cop-killing videos and simulated worst-case scenarios to instill hypervigilance. Many officers are trained to place a hand on the trunk of the car as they approach, to leave fingerprints as evidence if ambushed by the driver.

"All you've heard are horror stories about what could happen," said Sarah Mooney, assistant police chief in West Palm Beach. "It is very difficult to try to train that out of somebody."

The overemphasis on danger has fostered tolerance for police misconduct at vehicle stops, some argue.

"Prosecutors and courts give more leeway to officers' decisions to use force at vehicle stops, as a result of the exaggerated concern about the potential for officers getting hurt," said Michael Gennaco, a consultant to police departments on officer accountability and a former Justice Department prosecutor. "Officers would likely kill fewer drivers if there were deterrence."

'The Most Dangerous Thing'

Three sheriff's deputies surrounded a beat-up Mercedes with a broken taillight in Clark County, Wash., in February. The tools strewn across the passenger seat worried them immediately, they later told investigators.

"That right there can hurt someone," said Deputy Holly Troupe.

The driver's retorts set off more alarms. "You need to chill out!" she recalled him parroting back to her.

To help force him out of the car, Deputy Sean Boyle punched the driver in the nose. Deputy Troupe grabbed him below the jaw in what she called "pain compliance." But the driver, Jenoah Donald, a 30-year-old mechanic who had autism and struggled with drug addiction, started the car with one hand and clutched Deputy Boyle's ballistic vest with the other, the officer later said.

Deputy Boyle, though he had 70 pounds on the driver, told investigators he had feared he might be stuck half-inside a moving car: "I was convinced, 'This is how you are going to die'." he later told investigators. So he shot Mr. Donald in the head.

Prosecutors questioned whether the stop would have ended differently if the officers had explained to the driver why they were ordering him to leave the car. But Deputy Boyle, with two decades on the job, had fired "in good faith" the prosecutors concluded.

"I know from the academy that they tell you traffic stops and D. V. s" —domestic violence cases— "are the most dangerous thing we'll do," Deputy Troupe, a rookie, told investigators. "I thought, 'This is why they tell us that.'"

Some officers involved in fatalities at vehicle stops cite their training, which for decades has stressed the perils of those interactions.

In many departments, police academy lessons and daily briefings include a steady diet of body - worn camera videos that depict easygoing officers being gunned down by drivers who whipped out overlooked firearms.

Seemingly every officer in America has watched the 1998 dashcam footage of Deputy Kyle Dinkheller's murder on the Georgia roadside where he pulled over a veteran with a semiautomatic rifle in his pickup. Roll call briefings often feature fresher reminders, like the images of an officer shot in March outside a Nashville store by a driver who kept a handgun in her purse.

Trainers and tactical guides typically emphasize that vehicle stops account for more killings of officers than almost any other type of interaction.

Of the roughly 280 officers killed on duty since late 2016, about 60 died—mostly by gunfire—at the hands of motorists who had been pulled over, a Times analysis showed. (About 170 other officers died in accidents on the job.) But the assertions about the heightened danger ignore the context: Vehicle stops far outnumber every other kind of police dealings with civilians.

In fact, because the police pull over so many cars and trucks—tens of millions each year— an officer's chances of being killed at any vehicle stop are less than 1 in 3.6 million, excluding accidents, two studies have shown. At stops for common traffic infractions, the odds are as low as 1 in 6.5 million, according to a 2019 study by Jordan Blair Woods, a law professor at the University of Arkansas.

"The risk is statistically negligible, but nonetheless it is existentially amplified," said Mr. Gill, the Salt Lake County district attorney and an outspoken proponent of increased police accountability.

State laws generally prohibit police officers from using lethal force unless they reasonably believe it necessary to prevent imminent death or serious injury. Under pressure from street protests over the 2014 killing of Michael Brown, an unarmed Black teenager in Ferguson, Mo., and the more recent Black Lives Matter marches, many police departments have made de-escalation their watchword. They often advise officers to defuse conflict with motorists, for example by listening attentively instead of just barking orders.

"The last thing I need to try to do is exert my authority, like 'You're going to do what I tell you to do because I said so,' " said Jon Blum, a former police officer who now writes training materials for police agencies and the International Association of Chiefs of Police. "What the officer has to do is sell the person."

Departments have increasingly instructed officers to let suspected lawbreakers drive away and find them later, avoiding the risks of potential confrontation or a high-speed pursuit. "You have the guy's car license plate and you know where he lives," said Scott Bieber, the chief of police in Walla Walla, Wash. "You go get him in 45 minutes at his house and add a charge of eluding."

But some veteran officers say the emphasis on avoiding conflict can embolden criminals.

"I've actually heard people say, 'You're not supposed to chase me, you're not supposed to pursue,' " said Sgt. Sanford Swanson Jr., a patrolman who is also an instructor for Pro Train, which has taught vehicle-stop tactics to trainers in 38 states. "Sometimes walking away can still pose dangers."

A Line in the Sand

Genevive Dawes, a 21-year-old mother of two, was asleep with her boyfriend in a Dodge Journey outside a Dallas apartment building before dawn on Jan. 18, 2017.

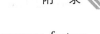

Someone had reported a suspicious vehicle in the parking lot, and body – camera footage shows six police officers surrounding the car with bright lights and raised guns. "Hands up!" one shouted, video footage shows. "Show your hands! Don't move!"

Ms. Dawes, awakened, slowly backed up the S. U. V. until a patrol car moved to block her. Then she edged forward and tried to reverse again.

Shouting at her to stop, two officers fired 13 bullets through the passenger–side window that passed over Ms. Dawes's crouching boyfriend and struck her in the neck, chest and arms. As she collapsed, an officer continued yelling, commanding her boyfriend to reach through the shattered window to open the door so that his hand stayed visible.

"Step out! Get on your knees!" the officer, Christopher Hess, ordered. "Walk on your knees towards me!"

Then, body camera footage shows, he falsely announced into his radio, "They rammed the squad car twice. "

The officers later said they had feared the Dodge might run them down, but in a rare departure, skeptical prosecutors persuaded a grand jury to indict Officer Hess for aggravated assault.

At trial, his lawyers attacked Ms. Dawes's character—she had heroin and methamphetamines in her system, the Dodge had been stolen before she bought it and a handgun was later found on the back floorboard. Christopher Hess, by then fired from the police force, was acquitted.

Many of the fatal vehicle stops reviewed by The Times unfolded in a similar way: Officers acted as if their lives were in constant peril, and killed drivers who failed to obey orders.

"The fear is excessive," said Grant Fredericks, an authority on the forensic analysis of dash–and body–camera footage and a former officer who has examined scores of police shootings at vehicle stops. "The more fear officers feel, the more aggressive they become. "

But no degree of fright, he said, explained the approach of some officers, who often threatened or used deadly force in response to mere defiance.

"The reaction sometimes seems to be, 'How dare you?" Mr. Fredericks said. " 'How dare you not do what you're told to do?' "

Officers have killed more than 5,000 civilians since Sept. 30,2016, according to data on police killings collected by The Washington Post and the research groups Mapping Police Violence and Fatal Encounters. Many died during felonies in progress, home invasions, domestic violence calls or shootouts in the streets. At least 1,500 were killed by officers pulling over suspected carjackers, during chases and at other types of vehicle stops.

From that data, The Times identified the more than 400 unarmed drivers and passengers who were not under pursuit for a violent crime. All of the deaths were reported by local news organizations, and a small numbermade national headlines.

The Times examined video or audio from more than 180 of those encounters; interviewed dozens of chiefs, officers, trainers and prosecutors; submitted scores of open–records requests to obtain investigative files; and reviewed civil claims from more than 150 cases.

More than 75 of the drivers were suspected of car theft, either because of registration issues or stolen vehicle reports. Nearly 60 motorists were stopped for reckless driving, including many

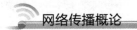

who turned out to be drunk or high. Others were pulled over for questioning about nonviolent offenses like shoplifting.

The police say there is no such thing as a routine stop; the driver's behavior can turn it into a high-risk encounter, calling for drawn weapons and other measures. In *The Times*'s review, motorists were often resistant or evasive. Some had been hiding illegal drugs or weapons; others had had outstanding warrants for failing to pay a fine or missing a court date.

Among those killed, some became icons of the Black Lives Matter movement, including Daunte Wright (shot in Brooklyn Center, Minn., after being pulled over for expired registration tags); Rayshard Brooks (shot running from officers in a Wendy's parking lot in Atlanta); and Jordan Edwards (a 15-year-old passenger shot leaving a house party in Balch Springs, Texas). But relatives of many others also questioned whether race played a role in their deaths.

In 2017, a white officer in Kent, Wash., told investigators that he had stopped a Honda Accord in part because its young Black occupants seemed afraid of him; one "had a scared look on his face."

The officer pulled over the car for a canceled registration, and the driver, Giovonn Joseph-McDade, a 20-year-old community college student, sped off. A second officer shot him. Although prosecutors deemed the shooting justified, a civil court judge questioned whether the officers had faced any real threat, and the city of Kent this year paid the driver's family $4.4 million to settle a wrongful-death suit.

"My son never would have been pulled over had he not been Black," said his mother, Sonia Joseph. Police officials declined to comment.

Kalfani Ture, a criminologist at Mount St. Mary's University in Maryland and a former Georgia police officer who is Black, said overstating the risks compounded racial bias. "Police think 'vehicle stops are dangerous' and 'Black people are dangerous' and the combination is volatile," he said.

The problem is especially acute at so-called pretextual stops, he argued, where officers seek out minor violations—expired registration, a dangling air freshener, tinted windows—to search a car they consider suspicious.

"We fish," Dr. Ture said, recalling his past work as a policeman. "If I follow a car for five minutes, I can always find one or two moving violations."

Officers in about four dozen of the deadly cases shot unarmed drivers because they had appeared to reach for something or held an object that the police took for a weapon—including several cellphones, two butane torch lighters, a cigarette, an electric toothbrush case, a bottle of antifreeze and a bag of sandwiches.

Body-camera footage showed an officer in Evansville, Ind., in 2019 pleading with a drunken motorist to stop reaching below his seat: "Whoa, whoa, whoa, let me see your hands!"

When the man didn't comply, Officer Mario Reid shot him—then discovered that he had been grabbing a hammer, not a gun.

"That is the worst day of my life," Officer Reid said in an interview.

But he defended meeting disobedience with deadly force. "If an officer is giving commands repeatedly and they are not being followed and the officer hesitates a bit—there are plenty of those officers who are no longer living or were seriously injured," he said. "I understand the risks involved in doing what I do, and I have to get up every day and face that."

In other cases, officers were carried away by the momentum of a chase. "Police are trained and driven to satisfy their curiosity," said Chief Kenton Buckner of Syracuse. "Sometimes that gets the best of them—why is the car running from me when I stopped them for a taillight?"

On Christmas Day in 2018, Officer Marco Mercado in San Jose, Calif. , heard a tip over police radio about a white car that may have been used in a drive-by shooting. He spotted a white Toyota Camry with a license plate that had been reported stolen. When the driver did not pull over, he suspected it was the car linked to the shooting, he later told investigators.

The fleeing Toyota crashed into a chain-link fence. Boxed in by patrol cars, the driver edged forward and back 11 times in an attempt to free the vehicle. "I'm going to shoot you if you don't stop," Officer Mercado threatened, according to body camera footage.

Moments later, as the Toyota bumped into a patrol car blocking its path, he and three other officers fired 37 shots at the driver, 24-year-old Jennifer Vasquez, killing her.

The officers told investigators that she was reaching for something, that she might have tried to run them down, that her eyes looked "scary" according to a prosecutor's report. But Officer Mercado also told investigators that he had decided "to draw a line in the sand" if Ms. Vasquez did not stop driving.

He later learned he had followed the wrong car. The police concluded that the stolen Toyota, which Ms. Vasquez had borrowed from a friend, had not been involved in the drive-by shooting.

'Get-Out-of-Jail-Free Card'

"Can you prosecute a police officer for a killing at a vehicle stop?" asked Mr. Gill, the Salt Lake County prosecutor. "Theoretically, you can. But practically it becomes virtually impossible."

The legal standard, he said, "overwhelmingly errs on the side of sheltering police misconduct."

Although protests since the killing of George Floyd in Minneapolis last year appear to have spurred a modest uptick in criminal charges against officers, the police continue to claim special allowances for the use of force at vehicle stops.

In the more than 400 killings of unarmed drivers, *The Times* identified charges brought against officers in 32 cases. Among the five officers who were convicted, one got probation, another served seven months, one is awaiting sentencing and a fourth will soon have his appeal heard by the Texas Supreme Court.

The fifth conviction was for murdering George Floyd, who had been pulled from a car on suspicion of passing a fake $20 bill at a Minneapolis convenience store.

Nearly two dozen criminal cases are pending. The New Mexico officer who threatened to choke out a motorist is facing murder charges; the city of Las Cruces paid $6.5 million to settle a wrongful-death suit. That officer was also fired, one of more than two dozen who were dismissed or resigned.

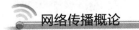

A series of U. S. Supreme Court rulings have expanded the powers and protections of officers pulling over cars, including a 1997 decision holding that the police "must routinely exercise unquestioned command of the situation" because of the unpredictable dangers, and a 2014 decision allowing the police to shoot at moving cars.

"You watch the movies about bank robberies, you know, it happens all the time," Justice Antonin Scalia said during oral arguments, asserting the practice was standard. "Are these movies unrealistic?"

Even in instances of officer-created jeopardy—the police putting their lives at risk and then citing that risk to justify killing a driver—half the federal appeals courts tell judges and juries to look only at the final moment when a trigger is pulled, ignoring officers' earlier choices, said Cynthia Lee, a law professor at George Washington University. The results are "arbitrary and inconsistent," she said.

Police advocates say that even if officers step into the path of a car or reach into a window, a tactical error should not cost them their right to self-defense.

"That doesn't give somebody a green light to run them over and try to kill them," said David Mastagni, a California lawyer for police officers and unions. "It doesn't take away the officers' justification to use deadly force."

In more than 150 formal statements or public comments declining to bring charges, some prosecutors emphasized that the legal standard tied their hands, regardless of whether a killing was avoidable. Many others focused on the faults of the drivers, such as their criminal records or drug use.

After the Tennessee sheriff ordered deputies to shoot at a fleeing pickup to avoid damaging patrol cars, for example, the district attorney noted that the driver had taken methamphetamines and had veered all over the road to try to evade his pursuers. He was "a dangerous and unstable subject," District Attorney Bryant Dunaway wrote.

In other cases, officers faced no charges even when evidence appeared to undermine their explanations.

A Georgia state trooper told investigators that, after forcing a Nissan Sentra with a broken taillight into a ditch, he had felt threatened by its engine "revving" and wheels "wrenching" toward him. A state inquiry found that the battery had been disconnected, the engine disabled and the wheels pointed away from the officer. But a grand jury this spring declined to indict the trooper, who is white, for killing Julian Lewis, a Black 60-year-old carpenter, with a bullet to the head. The possibility of racial bias "is hard to ignore," said his son, Brook Bacon.

Claiming to fear for their lives "is a get-out-of-jail-free card for the police," said Sheila Albers, a former middle school principal in Overland Park, Kan., whose 17-year-old son, John, was killed by the police.

After friends reported John as a suicide risk, officers found him backing the family minivan out of the driveway, and one fired more than a dozen shots into the vehicle. Prosecutors accepted the officer's explanation that the boy had driven "in an extremely aggressive manner."

But exhibits submitted in a wrongful-death lawsuit indicated that the minivan had been moving at about three miles per hour and that the officer was not in its path when he started shooting. The city paid the family $2.3 million to settle.

Some shootings were commended. In January 2019, Deputy Jason Hanratty of Pueblo County, Colo., stepped out of his car to confront the driver of a GMC Yukon with a broken taillight that had spun out on a lawn after a chase.

When the S. U. V. lurched toward the officer, he pushed off against the driver's side hood with his hand and got out of the way, previously unreported body-cam footage shows.

But, Deputy Hanratty later told investigators, he nonetheless feared the S. U. V. would hit him, and he was frightened by the driver, Alicia Martinez, who was 20 and pregnant: She was "ghost-white" and "looking through me, like I was not even there." He fired three shots through her side window as the car passed, seriously injuring her and killing her 18-year-old passenger, Amiliano Apodaca.

A year later, the sheriff awarded amedal of valor to the officer, who by then had made sergeant, praising his actions that night as "truly heroic".

Arya Sundaram contributed reporting. Seamus Hughes contributed research.

（案例来源：https://www.pulitzer.org/winners/staff-newgork-times-1）

参 考 文 献

[1] 彭兰. 网络传播概论 [M]. 北京：人民大学出版社，2017.

[2] 苏宏元，于小川. 网络传播学 [M]. 北京：中国传媒大学出版社，2020.

[3] 李良荣. 网络与新媒体概论 [M]. 北京：高等教育出版社，2014.

[4] 周涛. 为数据而生：大数据创新实践 [M]. 北京：北京联合出版公司，2016.

[5] 方洁. 数据新闻概论 [M]. 北京：人民大学出版社，2015.

[6] 钟瑛. 网络传播导论 [M]. 北京：人民大学出版社，2012.

[7] 彭兰. 网络传播案例教程 [M]. 北京：人民大学出版社，2010.

[8] 周蔚华，徐发波. 网络舆论概论 [M]. 北京：人民大学出版社，2016.

[9] 叶妙林. 微信公众号平台操作与版式设计全攻略 [M]. 北京：人民邮电出版社，2021.

[10] 袁媛. 智媒体时代的新闻产业链重构 [J]. 传媒，2018 (8).

[11] 袁媛. 智能媒体时代用户的个人信息隐私权 [J]. 青年记者，2018 (9).

[12] 袁媛，韩晶文. 广电行业服务县级融媒体中心建设策略研究 [J]. 辽宁工业大学学报（社会科学版），2021，23 (3).

[13] 袁媛. 类信息流模式下传统媒体微信订阅号的发展策略 [J]. 编辑学刊，2018 (6).

[14] 袁媛. 传统媒体的社交化转型 [J]. 青年记者，2018 (27).

[15] 袁媛. 基于大数据的纸媒转型策略研究 [J]. 编辑学刊，2018 (3).

[16] 袁媛. 大数据背景下传统主流媒体的转型策略 [J]. 青年记者，2018 (5).

[17] 马龙，刘先云，吕毅品，等. PX，一场特殊的"科学保卫战" [J]. 科学之友（上半月），2014 (6)：9-11.

[18] 黄旦. "把关人"研究及其演变 [J]. 国际新闻界，1996 (4).

[19] 王乐萍，陈磊. 国内关于"把关人"理论的研究综述 [J]. 新闻世界，2014 (4).

[20] 阮立，朱利安·华勒斯，沈国芳. 现代把关人理论的模式化——个体、算法和平台在数字新闻传播领域的崛起 [J]. 当代传播，2018 (2)：86-91.

[21] 范佳明. 网络传播对把关人理论的冲击与重组 [D]. 长春：东北师范大学，2009.

[22] 黄楠. 新媒体环境下"把关人"理论的变异与危机管理 [D]. 上海：复旦大学，2008.

[23] 麦克斯韦尔·麦考姆斯，郭镇之，邓理峰. 议程设置理论概览：过去，现在与未来 [J]. 新闻大学，2007 (3).

[24] 史安斌，王沛楠. 议程设置理论与研究50年：溯源·演进·前景 [J]. 新闻与传播研究，2017，24 (10)

［25］郭镇之．关于大众传播的议程设置功能［J］．国际新闻界，1997（3）：18-25．

［26］蒋忠波，邓若伊．网络议程设置的实证研究——以提升网络舆论引导力为视阈［J］．新闻与传播研究，2011，18（3）．

［27］蔡雯，戴佳．议程设置研究的历史、现状与未来——与麦库姆斯教授的对话［J］．国际新闻界，2006（2）．

［28］袁潇．数字时代中议程设置理论的嬗变与革新——专访议程设置奠基人之一唐纳德·肖教授［J］．国际新闻界，2016，38（4）．

［29］李青青．新媒体时代媒介议程设置理论嬗变与发展［J］．中国出版，2021（16）．

［30］刘海龙．沉默的螺旋是否会在互联网上消失［J］．国际新闻界，2001（5）．

［31］谢新洲．"沉默的螺旋"假说在互联网环境下的实证研究［J］．现代传播，2003（6）．

［32］朱珉旭．当代视域下"沉默的螺旋"理论的反思［J］．国际新闻界，2014，36（1）．

［33］刘汉森．网络传播中反"沉默的螺旋"现象研究［D］．上沙：中南大学，2013．

［34］赵龙．在网络媒介中对"沉默的螺旋"理论的探究［D］．上海：东北师范大学，2008．

［35］陈力丹．媒介对舆论的社会控制机制——沉默的螺旋［J］．国际新闻界，1998（1）．

［36］陈力丹．沉默的螺旋理论简说［J］．当代传播，1999（4）．

［37］黄京华，常宁．新媒体环境下沉默螺旋理论的复杂表现［J］．现代传播（中国传媒大学学报），2014，36（6）．

［38］郭庆光．大众传播、信息环境与社会控制——从"沉默的螺旋"假说谈起［J］．新闻与传播研究，1995（3）．

［39］年度虚假新闻研究课题组，白红义，江海伦，陈斌．2016年虚假新闻研究报告［J］．新闻记者，2017（1）．

［40］中国互联网络信息中心．第46次中国互联网络发展状况统计报告［EB/OL］．（2022-09-29）［2022-11-21］．http://www.cnnic.net.cn/n4/2022/0401/c88-1124.html.

［41］中国互联网络信息中心．第48次中国互联网络发展状况统计报告［EB/OL］．（2021-09-15）［2022-11-21］．http://www.cnnic.net.cn/n4/2022/0401/c88-1132.html.

［42］中国互联网络信息中心．第49次中国互联网络发展状况统计报告［EB/OL］．（2022-02-25）［2022-11-21］．http://www.cnnic.net.cn/n4/2022/0401/c88-1131.html.

［43］中国互联网络信息中心．第50次中国互联网络发展状况统计报告［EB/OL］．（2022-08-31）［2022-11-21］．http://www.cnnic.net.cn/n4/2022/0914/c88-10226.html.

［44］Guare J, Sandrich J, Loewenberg S A. Six degrees of separation［M］. Los Angeles：LA Theatre Works, 2000.

［45］Maslow A H. Motivation and personality (3rd)［M］. Delhi：Pearson Education, 1987.

［46］Mayfield, Antony. What is social media?［M］. New York：Icrossing, 2013.

［47］中国互联网络信息中心. 2016 年中国社交应用用户行为研究报告［EB/OL］.
（2022-08-31）［2017-12-27］. http：//www. cnnic. cn/n4/2022/0401/c123-1119. html.

［48］古斯塔夫・勒庞. 乌合之众：大众心理研究［M］. 冯克利，译. 桂林：广西师范大
学出版社，2007.

［49］彼得・M. 布劳. 社会生活中的交换与权力［M］. 李国武，译. 北京：商务印书
馆，2017.

［50］莫里斯・哈布瓦赫. 论集体记忆［M］. 毕然，郭金华，译. 上海：上海人民出版
社，2002.

［51］桑斯坦. 信息乌托邦：众人如何生产知识［M］. 毕竞悦，译. 北京：法律出版
社，2008.

［52］欧文・戈夫曼. 日常生活中的自我表演［M］. 徐江敏，译. 昆明：云南人民出版
社，1988.

［53］查尔斯・霍顿・库利. 人类本性与社会秩序［M］. 包凡一，王湲，译. 北京：华夏
出版社，2020.

［54］诺尔・诺依曼. 沉默的螺旋：舆论——我们的社会皮肤［M］. 董璐，译. 北京：北
京大学出版社，2013.

［55］路易斯・D. 布兰代斯，塞缪尔・D. 沃伦，欧文・凯莫林斯基隐私权［M］. 宦盛
奎，译. 北京：北京大学出版社，2014.

［56］沃尔特・李普曼. 公众舆论［M］. 阎克文，江红，译. 上海：上海人民出版社，2006.

［57］腾讯网. 中国社交媒体用户使用行为研究报告［EB/OL］.（2022-08-3）［2022-11-
21］. https：//new. qq. com/rain/a/20210803A0BFDH00.